香港大學饒宗頤學術館
十周年館慶同人論文集
饒學卷

顧問／饒宗頤　李焯芬
主編／鄭煒明
編委會成員／鄭煒明　陳德好　羅慧　孫沁

上海古籍出版社

圖書在版編目(CIP)數據

香港大學饒宗頤學術館十週年館慶同人論文集. 饒學卷/鄭煒明主編. —上海：上海古籍出版社，2015.7
ISBN 978-7-5325-7618-0

Ⅰ.①香… Ⅱ.①鄭… Ⅲ.①饒宗頤—人物研究—文集 Ⅳ.①K825.4-53

中國版本圖書館 CIP 數據核字(2015)第 083079 號

香港大學饒宗頤學術館十週年館慶同人論文集——饒學卷

鄭煒明　主編

上海世紀出版股份有限公司
上 海 古 籍 出 版 社　出版

(上海瑞金二路272號　郵政編碼200020)

(1) 網址：www.guji.com.cn
(2) E-mail：guji1@guji.com.cn
(3) 易文網網址：www.ewen.co

上海世紀出版股份有限公司發行中心發行經銷
常熟文化印刷有限公司印刷

開本 635×965　1/16　印張22.5　插頁2　字數282,000
2015年7月第1版　2015年7月第1次印刷
印數 1—1,050
ISBN 978-7-5325-7618-0
K·2034　定價：88.00元

如有質量問題，請與承印公司聯繫

總　　序

　　香港大學饒宗頤學術館於 2003 年 9 月開始運作，至 2013 年的秋天，已滿十周年了。時間過得真的很快，由剛開始時連我在內的四位同事，發展到今天的共十六七位全職或兼職的同人，另還有十餘位名譽研究員，規模明顯大了不少。但一切都恍如昨日。

　　十年如一日，香港大學饒宗頤學術館秉承饒先生的志向，一直把他所提倡的華學的學術研究，作爲工作重點之一。十年來，一群年輕而有活力的青年學者，在學術部主任鄭煒明博士帶領下，孜孜不倦地在好幾個領域努力不懈地學習和研究，也總算做了一點點成績出來。現在呈獻的這一套"香港大學饒宗頤學術館十周年館慶同人論文集"，分敦煌學卷、琴學卷和饒學卷三種，收錄（去除了重見的）論文共四十餘篇，展現了學術館的部分成果。這三部論文集約有兩個特點：一、論文的選題都比較新，並非老生常談的題目，具見一群年輕人有著努力鑽研學問，開闢新領域的學術進取心；二、論文的作者除了鄭煒明博士外，都比較年輕，有七零後的和八零後的，都可算是學界新人，這也是一個可喜的現象，學術和文化正需要一代代的傳承。

當然，學術館同人在過去十年曾耕耘過的學術領域，不止這三部論文集的範圍。他們的個人項目中還包括考古學、人類學、詞學、文獻學、歷史學等等方面的課題，都有一些可觀的成果。饒先生一直非常鼓勵學者要具備跨領域、跨文化的學術能力和表現，而學術館的同人在這方面都很有潛力，這三部論文集就是一個小小的證明。（也因爲這個緣故，三集之中有小部分重見的論文，這是要說明的。）

　　總之，我對香港大學饒宗頤學術館的同人，充滿信心；謹祝願大家在新的十年更進一步，在學術上有更多的建樹，而學術館也因此而發展得更好。

　　是爲序。

香港大學饒宗頤學術館館長

李焯芬

編者前言

饒宗頤教授，字伯濂，又字選堂，號固庵。是蜚聲國際的百科全書式大學者，在歷史、文學、語言文字、宗教、哲學、藝術、中外文化關係等人文科學領域中，皆有卓越的成就和突出的貢獻。更兼擅文學、書畫、古琴等，可謂文、藝、學三者兼備，堪稱"一身而兼三絕"，實是百年難得一遇的巨擘。饒教授成就之博大精深，引起學術界廣泛關注和深入研究，是爲饒學，亦是中國文化研究的一個重要部分。

2003年，饒宗頤教授將其四萬餘冊藏書及二百件書畫作品贈送給香港大學，香港大學饒宗頤學術館因此成立。創館十年來，港大饒館同人以饒教授治學精神爲榜樣，在文史哲藝各研究領域，均有可觀成果；與此同時，亦爲饒學研究及推廣之先驅。本書即彙集建館以來各成員所著饒學論文十數篇，分別探討饒教授的學術思想，以及他在文學、琴學、敦煌學、藏學、歷史考據學、藝術等多個領域的卓越成就，同時注重考證饒教授與當代學者的來往互動，更從側面反映了這位偉大學者在現代學術史中的地位和風采。

香港大學饒宗頤學術館

二〇一五年一月

目　録

總序 /1

編者前言 /1

論饒宗頤先生的華學觀　鄭煒明 /1

選堂字考
　　——兼及先生名、字、號的其他問題　鄭煒明　陳玉瑩 /16

選堂先生軼事數則　鄭煒明 /41

饒鍔先生的潮州方志學初探　鄭煒明　陳玉瑩 /48

饒宗頤先生的琴學初探　龔敏 /69

饒宗頤教授的敦煌文學研究　黃杰華 /95

饒宗頤教授與藏學研究　黃杰華 /133

椎輪爲大輅之始：論饒宗頤先生與歷史考據學　胡孝忠 /166

饒宗頤與顧頡剛交誼考述　胡孝忠 /186

A Representation of the Contemporary Traditional Chinese Painting:
　The Art of Jao Tsung-i　Maria Cheng（鄭寶旋）　Tang Waihung（鄧偉雄）/220

香港大學饒宗頤學術館十周年館慶同人論文集——饒學卷

別開天地

　　——對饒宗頤教授近年繪畫創作的一些看法　鄧偉雄 /253

饒宗頤教授彩筆下的金銀世界　黃兆漢 /259

饒宗頤教授與香港敦煌吐魯番研究中心　羅慧 /287

香港大學饒宗頤學術館饒宗頤教授資料庫暨饒學研究中心藏"《江南春集》檔案"初探　羅慧　孫沁 /309

附錄

饒宗頤《輓季羨林先生［用杜甫長沙送李十一（銜）韻］》補記　鄭煒明 /327

丹青不老

　　——選堂先生九五華誕紀事　李焯芬 /330

記饒宗頤先生九五華誕研討會

　　——兼略述饒氏敦煌學成就　鄭煒明 /334

饒宗頤教授學藝年表（1917—2013）　鄭煒明　鄧偉雄 /341

編後記 /349

作者簡介 /352

論饒宗頤先生的華學觀[①]

鄭煒明

一、引言：華學與關聯主義的國學

　　饒宗頤先生，字伯濂，又字選堂，號固庵，1917年出生於廣東省潮安縣（今潮州市），長期從事學術研究及教學工作，治學範圍廣博，蓋可歸納爲上古史、甲骨學、簡帛學、經學、禮樂學、宗教學、楚辭學、史學（包括潮學）、中外關係史、敦煌學、目錄學、古典文學及中國藝術史等13大門類，已出版專著70多種，發表學術論文500多篇，亦擅書法、繪事及舊體文學創作，並諳操縵，刊行的舊體文學作品集有10餘種，書畫集40餘種，可謂學藝雙攜。此外，先生亦精通中國古代文獻及多種外語，研究着重史料考證，且不斷創

[①] 本文在撰寫過程中，曾參考鄭煒明、林愷欣合著之未刊論文《饒宗頤先生學術歷程及其成就概述》。該文將於北京故宮博物院爲饒先生舉辦過的一個學術研討會的論文集中刊出。

新，在多個學術領域皆有開創性的研究成果，在國際漢學界獲得高度評價，迴響極大，對於海內外推動漢學研究及弘揚中華文化貢獻至鉅。

對於國學一詞，饒先生並不常常提及。近年來，中外學術界研究中國傳統文化的學者，都常常稱他爲一代國學大師，他也就祇好採取一種默認的態度了。據筆者粗淺的理解，所謂國學，有兩大點：一是範疇的問題，二是方法的問題。以我所知，饒師他是主張用華學一詞的。1994 年 2 月他爲自己創辦並主編的《華學》這份大型國際學術刊物寫發刊辭時，就曾這樣說過：

> 中華文明是屹立大地上一個從未間斷的文化綜合體……中國何以能夠維持七八千年的綿延不斷的歷史文化，光這一點，已是耐人尋味而不容易解答的課題。
>
> 從洋務運動以來，國人對自己的傳統文化已失去信心，外來的衝擊，使得許多知識分子不惜放棄本位文化，向外追逐馳騖，久已深深動搖了國本。"知彼"的工作還沒有做好，"知己"的功夫卻甘自拋擲。現在是返求諸己、回頭是岸的時候了。
>
> （略）
>
> 我們所欲揭櫫的華學趨向，有下列三個方面：一是縱的時間方面，探討歷史上重要的突出事件，尋求它的產生、銜接的先後層次，加以疏通整理。二是橫的空間方面，注意不同地區的文化單元，考察其交流、傳播、互相挹注的歷史事實。三是在事物的交叉錯綜方面，找尋出它們的條理——因果關係。我一向所採用的史學方法，是重視"三點"，即掌握焦點、抓緊重點、發揮特點，尤其特別用力於關聯性一層。因爲唯有這樣做，纔能夠説明問題而取得較深入的理解。Assyrian 文法上的關係名詞（Relative Pronoun）有一個（Sa）字，具有 Whom、What

等意義，我在史學是主張關聯主義的，我所採用的，可說是一種"Sa"字觀，有如佛家的阿字觀。我願意提出這一不成熟的方法論點，來向大家求教。

（下略）①

從饒宗頤先生的夫子自道，筆者幾乎可以肯定一般人心目中所謂國學，即饒師心目中的知己功夫、返求諸己的傳統中國文化之學，但他認爲這是研究中華文明這個屹立於大地之上一個從未間斷的文化綜合體的學問，所以他會稱之爲華學。筆者相信，饒師不會反對華學即國學這一說法。饒師在講了華學的範疇之外，也談及了他所主張的方法論：史學上的關聯主義。他一向認爲一切文化領域的研究，皆文化史範疇的研究，故必須具備史學的角度。他所提倡的研究方法上的史學的關聯主義（Sa字觀、阿字觀）等等，以及所謂在研究時所採的縱、橫和交叉錯綜等切入角度和坐標，其實最終皆可總結爲文化的關聯性研究。因此，筆者認爲大可以將之稱爲饒氏的關聯主義國學。至於文化的關聯性，指的是文化源流的複雜性和多元化，這些你中有我、我中有你的內涵及其條理和因果等關係，正是饒師最有興趣、認爲最值得探索的。而這些特點，也許可以被視爲饒宗頤先生的國學新視野。

上述種種，乃饒師在華學方面所提倡的新視野，其實卻是他在經歷了60年以上研究中華文明的深刻體會和積累後的一個大綱。筆者認爲又可將饒師的治學特點再細分爲下列第二、三和四部分的三大項。

---

① 饒宗頤：《華學・發刊辭》，見饒宗頤主編：《華學》第一期，廣州：中山大學出版社，1995年。

二、留意新發現之研究資料、開闢新課題，或新化、深化舊課題，並且持續探索

饒宗頤先生在華學研究方面，以擅於發掘和開闢前人未加注意或重視的新課題見稱，但他對某些課題的堅持和持續探索，卻是更值得我們借鏡的。

饒宗頤先生是研究敦煌本《老子想爾注》第一人，其於 1956 年出版的《敦煌本老子想爾注校箋》，將倫敦所藏這部反映早期天師道思想的千載秘籍，全文錄出，兼作箋證，闡明原始道教思想，並考定了《想爾注》成於張魯之手而托始於張陵，對道教史研究有重要意義。是書出版後引起了上世紀五六十年代歐洲道教研究熱，陳世驤、楊聯陞、嚴靈峰、陳文華，還有日本大淵忍爾等諸位學者紛紛撰文討論。此書在國際學術界負有盛譽，法國漢學家康德謨先生（M. Kaltenmark）選此作爲巴黎大學漢學研究所的道教史教材；饒先生的學生施舟人（Kristofer Schipper，荷蘭漢學家）曾撰文闡釋此著在世界道學發展史上的意義：

> 前此無人敢將早期的道書當成一項專門的研究主題。……饒先生是道教研究的開拓者。他不僅把蒙塵已久的重要文獻搶救出來，並加以各種嚴謹的註釋和考證。可以説，在他之前，從未有人如此科學地研究道教文獻。……饒宗頤先生的成就使法國學者（康德謨、戴明維、史泰安等）非常佩服。《老子想爾注》爲他們提供了一個了解漢代思想的全新角度。①

---

① 施舟人：《饒宗頤先生的〈老子想爾註〉研究和世界道教學的發展》，載曾憲通主編：《饒宗頤學術研討會論文集》，香港：翰墨軒出版有限公司，1997年，第1至4頁。

在探討學術問題方面，饒先生有着一種求實求真和堅毅不撓的精神特質，能持續不斷地鑽研和發掘新問題。1991年由上海古籍出版社出版的《老子想爾注校證》，便是在原著《敦煌本老子想爾注校箋》的基礎上，再增收了先生對此課題的新的研究成果。一個課題，研究、修正、增訂前後達三四十年，這種情況，在饒師來說，絕非孤例。

又如1992年由北京中華書局出版的《詞集考》，實則是在1963年由香港大學出版社出版之《詞籍考》的基礎上修訂增補而成，爲學術史上第一部以目錄學和版本學研究詞學的著作，其研究方法與角度，爲詞學研究提供了豐實的研究資料與基礎。饒師此書，也證明了許多時候，最舊、最傳統的研究方法，其實一樣可以開創學術史上的新課題。

1959年由香港大學出版社出版的甲骨學著作《殷代貞卜人物通考》，全書1300多頁，共80多萬字，是饒先生以20年心力，利用當時所能見到所有的出土甲骨資料，[①] 全面而系統地研究殷商時代貞卜人物的專著。先生開創了以貞人爲綱、排比卜辭的先河，在理論和方法上均超越前人，對了解各個貞人的占卜內容及其所屬的時代很有參考價值；更有學者認爲這是一部早期商代社會原始資料最基本的綜合研究著作。[②] 此著出版後獲中外學術界高度重視，共有13國文字書評予以介紹；1962年，饒宗頤先生更因此書而獲法國法蘭西學院頒授的"漢學儒林特賞"，學術成就得到國際漢學界的認同。後來，韓國學者孫睿徹更以十年時間，將此著翻譯成韓文本於1996

---

① 據劉釗先生記述，《通考》一書共徵引甲骨著錄書58種，囊括了當時所能見到的全部素材，還引用了7種未曾刊布的甲骨材料，可謂窮盡材料，極其難得。參見劉釗：《談饒宗頤教授在甲骨研究上的貢獻》，載曾憲通主編：《饒宗頤學術研討會論文集》，第23至29頁。

② 沈建華：《記饒宗頤甲骨文研究》，《上海社會科學報》第311期，1992年6月11日；又見於鄭煒明編：《論饒宗頤》，香港：三聯書店（香港）有限公司，1995年，第107至109頁。

年出版。① 但饒師並沒有因此而自滿，他其後繼續研究甲骨學，主編有《甲骨文通檢》（共五冊，1989—1999年）等作品。

在香港大學任教期間，饒先生曾赴日本、韓國、英國、法國等地從事研究。1963年，先生應印度班達伽東方研究所之邀，赴天竺作學術研究，成爲該所永久會員，並跟隨白春暉先生（V. V. Paranjepe）父子②二人學習婆羅門經典，曾深入鑽研《梨俱吠陀》等圍陀經典，更兼遊天竺南北各古地。饒先生後來從事"東方學"研究，其梵學知識便植根於此，著作豐贍，而其中悉曇學更是獨繼絕學，成就過人；相關論文後結集爲《中印文化關係史論集·語文篇——悉曇學緒論》（香港中文大學中國文化研究所、香港三聯書店，1990年）和《梵學集》（上海古籍出版社，1994年）出版。前者更是既補充了王力等先生們在漢語史和古漢語研究方面的缺漏，又揭示了中印兩個民族在語言文化方面的關係的一部極爲重要的學術著作，堪稱絕學，可惜至今尚未獲得足夠的重視。

1976年，饒先生第三次往法京巴黎，在遠東學院工作之餘，又追隨蒲德侯（Jean Bottero）學習巴比倫文，開始研究上古楔形文字和西亞上古文獻，後以多年時間將一部以楔形文字記述阿克得人開天闢地的世界現存最早的史詩，翻譯成中文，在1991年由臺灣新文豐出版公司出版的《近東開闢史詩》，成爲巴比倫史詩之第一部中譯本。③

從1978年起，饒宗頤先生的研究可謂碩果纍纍，先後編著書刊

---

① 饒宗頤：《韓譯本〈殷代貞卜人物通考〉著者序》，載饒宗頤著，孫睿徹譯：《殷代貞卜人物通考》Ⅰ-Ⅲ，漢城，1996年。
② 白春暉爲印度資深外交家、古梵文學者；據饒宗頤先生記述，白春暉曾留學於北京大學，1954年尼赫魯訪華期間，曾任翻譯；在香港期間白春暉曾任印度駐港領事館一等秘書，並與饒先生互換梵漢語文知識。詳見林在勇主編，饒宗頤著，胡曉明、李瑞明整理：《饒宗頤學述》，杭州：浙江人民出版社，2000年，第52至60頁。
③ 此著之簡體版於1998年出版，饒宗頤編譯：《近東開闢史詩》，瀋陽：遼寧教育出版社，1998年。

數十部，舉其要者，如《雲夢秦簡日書研究》(1982年)、《楚帛書》(1985年)、《楚地出土文獻三種研究》(與曾憲通合著，1993年)、《饒宗頤新出土文獻論證》等等皆屬新出土簡帛之學；主編《補資治通鑑史料長編稿系列》(1995—2004年)乃據新出土史料以補司馬光的《資治通鑑》。

《符號·初文與字母——漢字樹》(1998年)是一部以全新角度審視漢字的族源，涉及中外多個古民族、多種古文字，實則上已是一部上古文化交流史和比較上古文字史學，其重要性已有多位著名學者撰文推介。

饒師早年曾追隨顧頡剛先生，治上古史地，並曾主編《古史辨》第八冊，後因戰事而未刊。但他對考古、上古史地的研究其實是貫穿他一生的。一直到新世紀，他還出版了《古史之斷代與編年》(2003年)、《西南文化創世紀——殷代隴蜀部族地理與三星堆、金沙文化》(上海古籍出版社，2010年)。後者更體現了饒先生對上古史地研究的一貫性，他以極爲深厚的古文獻功力，結合考古出土的新材料，再參考外國古文化中的相關資料，然後作文化史的關聯性研究，得出許多新知灼見，足堪垂範後學。

從上述的例子，我們可以看到一位並不強調專門的百科全書式的大學者，他強調的是要打通；筆者記得饒師曾經教導説："文科不同於理科，過分強調專家、專門，可能就是不通的意思；我自己就'無家可歸'。研究人文的，就要通古今、通中外、通文化中的多個領域，要文史不分家，其實是要文史哲藝統統都不分家。"[①] 他重視考古新發現、新出土的材料，他有著堅實的古文獻知識，他關注外國同時期、同範疇、同類型的資料，他相信文化間充滿著關聯性，

---

① 據筆者札錄饒師1982年9月爲澳門東亞大學中文系中國古代韻文班上學生講課時第一講的筆記。

所以在他的研究裏，觀點絕不守舊，處處閃爍出新的視角。

三、從"三重證據法"到"五重證據法"——拓展和建構考證方法與理論的多維空間

　　總括其學術歷程，饒先生早年以攻治地方文獻及中國上古史地爲主，中年以後兼治四裔交通及地下出土文獻，壯年則由中國古代的研究擴展到人類文化史的研究，興趣逐漸移到印度至西亞，而新世紀時又回歸到上古史地。由於先生精通中國傳統文獻，史學根基深厚，又長期研治甲骨文、金文和戰國秦漢文字，並通曉英、日、德、法等國語言及印度與巴比倫古代文字，研究問題能旁徵博引，突破地域與學術門類的界限，並常能着人先鞭，發掘新問題，提出原創性的命題與立論，在多個學術領域皆有重要建樹。

　　但作爲一個劃時代的大學者，有沒有自己一套獨特的研究方法論，也是能否獲得認同和肯定的關鍵要素之一。饒先生就是一位有自己的方法論的學者。

　　上世紀20年代，王國維先生在《古史新證·總論》提出"二重證據法"："吾輩生於今日，幸於紙上之材料外，更得地下之新材料。由此種新材料，我輩得據以補正紙上之材料，亦得證明古書之某部分全爲實錄，即百家不馴之言，亦不無表示一面之事實。此二重證據法，惟在今日始得行之"。[1] 王氏主張運用"地下之新材料"，以印證古文獻記載的資料，着重以二重證據互證，爲考證學奠下新法，對傳統學術研究進行了改造與革新，爲上世紀史學的研究帶來巨大

---

[1] 王國維：《古史新證：王國維最後的講義》，北京：清華大學出版社，1994年，第1至2頁。

的影響。

　　過去數十年間，大量的文物與文獻相繼出土，面對這些豐富的史料，饒宗頤先生認爲研究者應在前人的基礎上繼續發展，以縝密的方法與角度，對新出土文獻進行研究，結合傳統與科學的研究方法運用這些珍貴的資料。1982年，先生在"香港夏文化探討會"上，首次提出以"三重證據法"研究夏文化，認爲"探索夏文化，必須將田野考古、文獻記載和甲骨文的研究三方面結合起來進行研究，互相抉發和證明"。① 中山大學曾憲通教授對"三重證據法"作了詳細的詮釋，指出饒先生創新之點，是把有文字的出土新材料與沒有文字的考古材料區隔開來，並特別強調"有文字材料"的重要性。② 此考證法廣爲古史研究學界的專家學者所認同。

　　數年前，饒宗頤先生在《饒宗頤二十世紀學術文集》卷一"史溯"的開篇《論古史的重建》中，進一步闡述"三重證據法"的要旨："余所以提倡三重史料，較王靜安增加一種者，因文物的器物本身，與文物之文字記錄，宜分別處理；而出土物品之文字記錄，其爲直接史料，價值更高，尤應強調它的重要性。"此外，更提出史學研究必須採取的三種途徑：一是儘量運用出土文物上的文字記錄，作爲我們所說的三重證據的主要依據；二是充分利用各地區新出土的文物，詳細考察其歷史背景，做深入的探究；三是在可能範圍下，使用同時代的其他古國的同時期事物進行比較研究，經過互相比勘之後，取得同樣事物在不同空間的一種新的認識與理解。③

---

　　① 原文爲饒先生在1982年5月於香港中文大學中國文化研究所舉辦之"香港夏文化探討會"上致詞內容；又見饒宗頤：《談三重證據法——十干與立主》，《饒宗頤二十世紀學術文集》卷一，臺北：新文豐出版公司，2003年，第12至18頁。
　　② 曾憲通：《選堂先生"三重證據法"淺析》，載饒宗頤主編：《華學》第九、十輯合刊（饒宗頤教授九十華誕國際研討會論文集），上海：上海古籍出版社，2008年，第33至38頁。
　　③ 饒宗頤：《論古史的重建》，《饒宗頤二十世紀學術文集》卷一，2003年，第7至11頁。

对於楊向奎先生在《宗周社會與禮樂文字》中提出以民族學材料，以補文獻及考古之不足的"三重證據"説法，饒宗頤先生指出民族學材料只可作輔助資料，而非直接史料，繼而引申出"五重證據法"。① 筆者曾對於饒先生研究上古史所提倡的"五重證據法"作有簡析：

> 饒師是先將有關史料證據分爲直接、間接兩種，再分成中國考古出土的實物資料、甲骨、金文等古文字材料、中國傳統的經典文獻與新出土的古籍（例如簡帛等）資料、中國域内外的民族學資料和異邦古史資料（包括考古出土的實物資料和傳世的經典文獻）等五大類；前三類爲直接證據，後二類爲間接證據。他最主要的方法是通過比較研究各種證據中各種資料的關係（特别是傳播關係）與異同，從而希望得出較爲客觀的論點。②

從"三重證據法"至"五重證據法"的建立，可見饒宗頤先生提倡的考證法並不局限於直接證據，更廣及間接證據的層面，以上世紀的新資料和新方法爲向導，拓展出研究證據方法的多重性，爲前人學術論理的昇華，古史及古文獻研究方法上的創建，並突破了傳統文史研究學科的發展空間，引領研究者進入一個新的學術潮流。誠如曾憲通教授指出："從中國學術發展史的角度考察，20世紀初至90年代，正是中國學術處於'信古——疑古——證古'的轉型時間……饒先生學術活動七十年中，一直置身於每個時代潮流的

---

① 饒宗頤：《談三重證據法——十干與立主》，《饒宗頤二十世紀學術文集》卷一，第17頁。
② 鄭煒明：《卷一·史溯》，載洪楚平、鄭煒明主編：《造化心源：饒宗頤學術與藝術》，香港：香港大學饒宗頤學術館、廣州藝術博物院、潮州淡浮院、廣東萬品文化藝術發展有限公司，2004年，第8頁。

最前列。"① 其實，這種方法，又豈可僅僅局限於上古史研究呢？

四、學藝雙攜——融通學問與藝事，突破隔閡

學術研究特別是在文藝研究方面，必須有一定程度的實踐作後盾纔能踏實。這是饒師的另一重要教導。② 此所以他教古典文學，一定要學生寫作舊體文學；他教藝術史，也同樣要求學生從事書畫或其他形式的藝術的練習。

饒宗頤先生是一位傳統的人文學者，幼年習畫，至上世紀50年代任教港大期間，重新浸淫繪事，自是學術之餘，又進行書畫創作。饒先生並精通琴律，閒來操縵，另亦擅長於寫作中國各體傳統詩詞、駢文、賦和古體散文，出版作品集不下十餘種，在學術研究、藝術創作和文學創作三方面均深造有得，可謂一身兼三絕，筆者多年前就曾謂先生乃文藝學三絕大師，文指文學創作、藝指書畫古琴等藝術造詣、學指學術成就。③ 這話當時容或有人以爲不過是一句學生吹捧老師的戲言，但我卻由始至終都認爲絕對是事實。先生字取"選堂"有三義，其因之一爲對錢選的景仰："中歲重理繪事，以元人爲依據，尤喜錢選"；④ 其以學入於藝、以藝融於學的追求，亦得悟於錢氏："學與藝相倚相需之理，觀于松雪之與雪溪，可得一證。故知非學無以養藝，非藝無以揚學。余之揭'學藝雙攜'一義，蓋有得

---

① 曾憲通：《治學遊藝七十春——賀饒宗頤教授"米壽"》，載《華學》編輯委員會編：《華學》（第七輯），廣州：中山大學出版社，2004年，第6至14頁。
② 據筆者札錄饒師1981年9月爲澳門東亞大學中文系中國文學史班上課時第一講的筆記。
③ 見2003年9月香港大學饒宗頤學術館成立後的各份簡介單張。
④ 饒宗頤：《選堂字説》，見《固庵文録》，臺北：新文豐出版公司，1989年，第325至326頁。

於錢翁，示私淑之心而已"。① 而且，饒先生因有感現今之世是一個"學、藝隔閡的時代，自專門之學興，學術與藝術分家了"，② 故以自己的學術研究與藝術方面的實踐，力圖突破學問與藝事之界限，其在敦煌學方面的研究，便是一例。先生長年致力敦煌的研究，將理論、實踐互為表裏，例如，他用臨摹古代壁畫所得來的經驗、技法等來研究中國傳統繪畫技法；另一方面，他又將中國繪畫的傳統技法，結合現代思維的表現方式、構圖方式和繪畫理念，通過其對中國西北地區的研究與體會，開創了以西北宗為題的繪法。

對於書法與繪畫創作，饒先生都是廣參古法而別開新面的，既能集古人前人之成，又能融會各體書法的精髓，並參照各種新出土古代書法文物史料，別出心裁地加以貫通，開創出變化多端、面貌新穎、風格獨特的饒氏隸書。此外，先生亦是一位擅長山水、人物、花卉、走獸等各種題材的繪畫大家。已故法國漢學家戴密微教授（Paul Demiéville）曾對饒先生的書畫創作予以高度評價：

> 君精研六法，邃於小學，以書入畫，故能戛戛獨造。觀其所臚列，自殷墟甲骨以降，歷代名迹，多所規摹，尤留心新發現之文字資料。君治楚繒書有聲於時。而推陳出新，眉能發揚過去書法藝術之卓越楷式，更含咀英華，溶合為個人之獨特創造，其成就之高，有足多者。③

1993 年由臺北時報文化出版社出版的《畫䫻》，收入了先生有關中國繪畫史論文 40 篇，乃饒宗頤先生在學藝探究中最為引人注目的

---

① 饒宗頤：《學藝雙攜：饒宗頤藝術天地·小引》，香港：香港國際創價學會，2002 年。
② 姜伯勤：《論饒宗頤先生的藝術史理論——以〈畫䫻〉為中心的引論》，載洪楚平、鄭煒明主編：《造化心源：饒宗頤學術與藝術》，香港：香港大學饒宗頤學術館、廣州藝術博物院、潮州淡浮院、廣東萬品文化藝術發展有限公司，2004 年，第 49 至 50 頁。
③ 戴密微：《選堂書畫集序》，見該集，香港：香雪莊，1978 年，第 1 至 2 頁。

成果之一。而他在中國書畫藝術創作方面的成就，近年亦漸爲世人所重，但其藝術創作，其實是應該被視爲他的研究成果的，這一點是筆者必須指出的。至於他的詩詞、駢、散文創作，也應以等同研究成果視之。學藝不分家，也是饒師的新視野之一。

五、餘　　論

讀萬卷書，行萬里路，以廣知識，開拓學術與藝術的視野，是饒宗頤先生所堅持的學習方式。先生"九州歷其七，五嶽登其四"，足跡遍布世界各地，80年代初更曾以數月時間遊歷中國各地，參觀博物館及文化古迹；所至皆以寫生册相隨，並多有詩文錄之，寓遊與學藝並駕，使學術、詩詞與書畫同途並進。先生學藝雙攜，雙峰並峙，在90多高齡仍繼續藝術創作，至今不輟，其堅毅的精神足爲後學的典範。

饒宗頤先生治學範疇廣博，並能融會東西與古今，在多個人文科學領域中，皆有卓越成就和突出的貢獻，是近代一位蜚聲國際的百科全書式大學者，一位極具開創性的華學家、國學家、漢學家。北京大學季羨林教授曾以"地下實物與紙上遺文"、"異族故書與吾國舊籍"、"外來觀念與固有材料"三個範疇高度評介饒先生的治學方法與成就，還引用了陳寅恪先生的"預流果"比喻加以解析，認爲饒先生是"能預流的"。[1]

對於饒先生的治學風格之形成與特質，筆者認爲可以從其研究方法中的五項特點窺豹一斑，當中必須留意這些特點往往是互濟的。第一，先生經常利用考古出土的實物資料，特別是新出土的文物或

---

[1] 季羨林：《饒宗頤史學論著選序》，見《饒宗頤史學論著選》，上海：上海古籍出版社，1993年，第1至28頁。

新發現的文獻資料，即使是國外的考古出土資料，只要是可資不同文明之間的同一範疇的對比或作比較研究的，或與課題有所關涉的，便會加以參考。第二，先生對中國文化內各個學術領域的古籍、古文獻和傳統資料驚人地熟識。第三，先生有着堅實的文字學、訓詁學等知識，能做到詮釋章句和義理時相對準確。第四，先生能利用域內外古代語言與文化的知識，擅於對比或比較研究各個學術領域在漢語/族以外的，又或是域外的古籍和古文獻資料，從而做到跨語言、跨民族和跨地域、跨國域的跨文化研究。第五，先生經常在某一個單一課題的研究中，出入文、史、哲、藝、宗教、禮俗、民族、文明的交流和發展等領域，作跨學科、跨文明的文化史探索。① 此外，筆者亦曾從楚辭學、古文論研究、詞學，以及文學創作等方面，對饒宗頤先生的文學研究與創作的成就予以具體分析，指出其研究與創作並重的特質，以及其作品所表現出的一代大文學家之風。②

饒宗頤先生對中國歷史和文化的深湛研究，使他深刻地認識到中華文化自古以來，已經包含了極豐富的外來民族文化元素，因此，先生非常重視學術與文化方面的對外交流，並且身體力行。自上世紀50年代起，先後與高羅佩（Robert Hans van Gulik）、戴密微（Paul Demiéville）、謝和耐（Jacques Gernet）、霍克思（David Hawkes）、汪德邁（Léon Vanderschmeer）、貝塚茂樹、水野清一和吉川幸次郎等荷蘭、法國、英國和日本等地學者締交，並曾先後在日本、印度、法國、英國、美國、新加坡和中國臺灣等地從事教學和研究，對多個國家所藏的珍貴典籍和文獻資料進行整理及研究，如日本和歐洲等地所藏的甲骨資料和敦煌文獻等等。

---

① 鄭煒明：《寫在饒宗頤教授演講之後的幾點個人感想》，載李光雄等編：《當代傑出學人文史、科技公開演講文集》，香港：香港公共圖書館，2004年，第13至18頁。
② 鄭煒明：《饒宗頤教授在中國文學上之成就》，《中國文哲研究通訊》，第一卷第四期，1991年12月；又見鄭煒明編：《論饒宗頤》，香港：三聯書店（香港）有限公司，1995年，第478至492頁。

論饒宗頤先生的華學觀

　　饒先生一方面努力鑽研從域外所得的資料,並廣交學海衆儒,另一方面則從各個途徑,積極於海內外推動漢學研究,乃中國與海外漢學研究重要的橋樑人物之一,其學術成就與貢獻得到國際漢學界的認同。季羨林教授曾指出:"從世界各國學術發展的歷史來看,進行學術探討,決不能故步自封,抱殘守缺,而是必須隨時接受新觀點,使用新材料,提出新問題,摸索新方法……饒先生治學方面之廣,應用材料之博,提出問題之新穎,論證方法之細緻,這些都是我們應當從他的學術論著中學習的。"①

　　饒宗頤先生在學術研究上擁有旺盛的開創能力,能匯通衆學,發掘和開拓新的研究視點和領域,是一位重要而有能力開創新風的研究者,對國際漢學界有着深巨的影響,季羨林、錢仲聯、楊聯陞、姜伯勤等中國著名學者,以及戴密微和吉川幸次郎等海外漢學家對饒先生的學術影響,均予以肯定。日本學者池田溫先生曾經提出:"二十世紀前半之代表漢學者可屈指王觀堂先生(1877—1927),而後半者應當舉饒選堂先生。比觀堂先生活動限於東亞,選堂先生講學遠及印度、法京、美國等,壽又近倍,宜矣其業績豐富多彩,更爲學藝並茂。"② 饒先生深邃的學問與超卓的學術成就,學藝雙攜與匯通開拓的研創精神,又能於海內外弘揚中華文化的貢獻,處處呈現出華學的(或國學的、漢學的)新視野,當然也包括化舊爲新的視野;凡此種種,均使之成爲當今國際漢學界的奇葩。

　　(原文最初以《饒宗頤先生的國學新視野》發表於《國學新視野》創刊號(2011年3月),後收入《饒宗頤研究》第1輯,廣州:暨南大學出版社,2011年9月。)

---

① 季羨林:《饒宗頤史學論著選序》,見《饒宗頤史學論著選》,第1至28頁。
② 池田溫:《漢學者》,見《饒宗頤二十世紀學術文集》宣傳册。

選堂字考
——兼及先生名、字、號的其他問題
鄭煒明　陳玉瑩

一、引　言

　　饒師宗頤教授（下稱先生；1917—　），乃中國傳統文化研究百科全書式的大師，又是一位成就卓越的藝術家和文學家。但關於他的字和號，在學術界卻一直有不同的説法。這種分歧主要體現爲兩大系統的表述：

　　1. 認爲先生字固庵，號選堂。這個觀點以潮州籍的學者爲主。如廣州中山大學中文系曾憲通教授就以先生"字固庵，又字伯子，號選堂"。① 影響所及，後來潮州饒宗頤學術館編印的《饒宗頤學術

---

① 原載朱杰勤編：《海外華人社會科學家傳記》，廣州：廣東人民出版社，1991年。轉引自鄭煒明編：《論饒宗頤》，三聯書店（香港）有限公司，1995年，第447頁。

館》一書，在先生"生平事略"部分，以先生"字固庵，號選堂"；①但此說其實早於1989年已見於選堂教授詩文編校委員會②編的《固庵文錄》"作者簡介"部分。③筆者早年亦持此說，以先生"字伯濂，又字伯子、固庵，號選堂"。④

2. 認爲先生字選堂，又號固庵。此說見諸著述的以廣州中山大學歷史系的姜伯勤教授爲最早。他在《中國大百科全書·中國歷史》卷Ⅱ之"饒宗頤"條目中，以先生"字選堂，又號固庵"。⑤姜教授至今仍採用這個說法，可參考他的論文《從學術源流論饒宗頤先生的治學風格》。⑥筆者近年亦持此見，以先生"字伯濂，又字選堂，號固庵"。⑦

先生曾經說過"一個人名，一經研究起上來，亦不是一件簡單的事情。"⑧從上述這種莫衷一是的分歧說法看來，可見先生所言不虛。先生又說："我個人主張在史學上應該開闢二門專門研究，一是人名學，一是地名學，雙軌並進，對於治史將有極大的裨益。"⑨先生肯定會是我國學術史和文化史上的一座里程碑，因此對於他的名、字和號，也是很應該嚴肅地加以研究的。

中國人名學系統研究的先行者蕭遥天先生曾經說過：

---

① 曾楚楠、王振澤編：《饒宗頤學術館》，潮州饒宗頤學術館編印，1991年，第7頁。
② 選堂教授詩文編校委員會，或又名選堂教授詩文編輯委員會，1978年時成員共31人，皆先生的友好及門人（見1978年1月香港出版的《選堂詩詞集》，第245頁）。
③ 饒宗頤著，選堂教授詩文編校委員會編：《固庵文錄》；臺北：新文豐出版公司，1989年，第2頁。
④ 見鄭煒明編：《饒宗頤教授著作目錄》之"饒宗頤教授簡介"，香港：蓮峰書舍，1994年，第1頁。
⑤ 轉引自鄭煒明編：《論饒宗頤》，第455頁。
⑥ 初發表於《學術研究》，1992年第4期。2011年定稿，收入其饒學論文集《饒學十論》（排印中），《香港大學饒宗頤學術館·研究叢書》第一輯，即將由濟南齊魯書社出版。
⑦ 鄭煒明：《饒宗頤先生的國學新視野》，《國學新視野》，2011年3月春季號總第1期，第25頁。
⑧ 饒宗頤：《中國人名的研究題辭》，見［馬來西亞］蕭遥天：《中國人名的研究》，馬來西亞：(檳城)教育出版公司，1970年。
⑨ 同上。

我覺得研究一個人的歷史，如須借助於名字，則家長所命，可證其身世；自己所命，可知其內心活動；群衆所命，可知其社會聲價，這三個來路最有用。①

其實，人物研究之中，一定會涉及人物名稱的種種史料。因此，本文擬從人名學的角度，針對上文所述的分歧，做一次比較系統的資料疏理和理論研究，以期對先生個人歷史中的字號問題，以至有關史實和先生的心理活動等等，獲得更深入的認識。

二、關於先生名、字、號的一份文獻

先生名宗頤，字伯濂、伯子的説法，學術界本無異議。歷來的不同説法，只集中在"選堂"、"固庵"到底是字還是號方面。向來以先生"字固庵，號選堂"一説佔大多數，其中包括在20世紀80年代末以後，先生於自己出版的著作中的作者簡介在內，如《固庵文録》（1989）、《文轍——文學史論集》（1991）、《固庵詩詞選》（2006）等等。

但我們必須注意的是，在此之前，先生的許多編撰著作（1989年以前約有40餘種；可參鄭煒明所編的《饒宗頤教授著作目録》），②都没有附刊作者小傳，縱有亦從未明確指出"選堂"、"固庵"二者到底是字還是號。因此筆者懷疑，持先生"字固庵，號選堂"這一説法的始作俑者，或乃1989年出版的《固庵文録》的編輯者。③

---

① ［馬來西亞］蕭遥天：《中國人名的研究》，第99頁。
② 鄭煒明編：《饒宗頤教授著作目録》，又可參鄭煒明、林愷欣編：《饒宗頤教授著作目録新編》，《香港大學饒宗頤學術館·研究叢書》第一輯·第一種，濟南：齊魯書社，2010年。
③ 見《固庵文録》，第2頁"作者簡介"。

選堂字考

目前有一份涉及先生字號問題最爲關鍵的文獻，標題爲"目前關於饒公字號的幾種説法"（見附錄一），藏於潮州饒宗頤學術館（下稱潮州饒館）。據潮州饒館陳偉明館長告知，該文獻乃該館草擬，曾派專人送至先生處，與先生商討後，最後經先生親定，由其女兒饒清芬女士傳真送回潮州饒館。

該件（下稱"傳真"）其實是一份由潮州饒館草擬，有關先生字號幾種説法的選擇題，其原意是請先生就所列出的三組説法中，指出其中最正確者。就目前的"傳真"影本所見，第二和第三組説法之上打有一個大交叉，似明確表示否定的意思。"傳真"第二組名號以先生"又字固庵，號選堂"，第三組以先生"號固庵、選堂"。剩下的第一組原文是：

饒宗頤，字伯子、伯濂，別字選堂，號固庵。

但有人在這一行文字上，幾經增删修改，最後被改定的全文變成了：

饒宗頤，字伯濂，又稱百子。號選堂，又號固庵。

據曾楚楠教授及陳偉明館長告知，在"傳真"上打交叉和增删修改文字的人，就是先生自己。

"傳真"的下方另有手寫文字兩行：

饒宗頤教授於2010年元月8日下午覆函確定。
即：饒宗頤，字伯濂，又稱百子。號選堂，又號固庵。

這兩行字據説乃潮州饒館館員在收到先生回覆後所寫。如果此説不誤，那麼先生的字號問題，除了最初的"字固庵，號選堂"和"字選堂，號固庵"兩種說法以外，又多了第三種，即"號選堂，又號固庵"，變成兩者都是先生的號。

但"傳真"作爲一份饒學的重要文獻，並不是沒有疑問的。筆者必須指出，在"傳真"的頂端，還有一行相信是傳真機印出的資料：

  01/08/11 03:14PM HP LASERJET FAX P. 01

這行資料明顯是說在公元2011年1月8日下午3時14分，透過HP牌子的鐳射噴墨傳真機所傳的一頁傳真文件。在時間點上，明顯與潮州饒館館員所寫的2010年，有著恰好一年的差異。這也許只是他的筆誤而已。"傳真"可確信的傳遞日期，應定在2011年1月8日，絕非"2010年元月8日下午"。換言之，"選堂"、"固庵"皆是先生之號的這個新說，其始見日期亦應定於2011年1月8日。

"傳真"還衍生出另外一個新問題：其第一項"字伯子"的上方，原寫上"又名"二字，隨又被刪去，而"字伯子"三字也被刪去；"傳真"的最終文本似乎顯示先生並無"伯子"一字。筆者必須指出，如果此說成立的話，就很難解釋先生的師友曾在著作以"饒伯子"稱呼先生的情況，如葉恭綽曾在《全清詞鈔·例言》第十四條中稱先生爲"饒伯子"（按據葉氏所言，先生實爲此書出力最多之助編）。[1] 此外，對書畫收藏界來說，這一說法更難以解釋爲何先生的書畫作品中，尤其是上世紀70年代以前的作品中，常見"伯子"或"饒伯子"的署名或印鑑了，除非說凡署此字的或鈐有這些印鑑的都是贋品。

---

[1] 葉恭綽編：《全清詞鈔》，北京：中華書局，1982年，第7頁。

上文所指"伯子"一字被刪除的情況極不合理，也與先生的個人歷史事實嚴重相左。至此，我們不得不對"傳真"資料在先生個人歷史事實內容方面的可依據性打上一個大問號。此外，"傳真"的證據力，也要取決於其取得資料的方法。現在看來，"傳真"的取證手段也是可商榷的。"傳真"採用選擇題的形式讓先生去選答案，其實已經有一定的引導性。先生雖然依舊身體健康，思路清晰，但這些都是相對的；以一位九十四、五歲的老人而言，聽力偶有不逮，記憶間中有誤、對設問的理解有異、對語境的認知和反應不一等等，都是很有可能的；而我們也未能完全排除先生被引導作答的可能性。上述各個因素都是會影響答案的。因此，關於"傳真"出現的過程和相關情況，是特別值得我們注意的。

　　筆者認爲只憑"傳真"就完全排除其他説法，從先生個人史和人名學研究的角度來看，似尚有未妥，蓋未能完全符合史實。因此我們有必要對先生名、字、號的使用情況，作更全面而深入的考據和論證。

三、先生名、字、號的使用情況概述

(1) 小名福森，小字百子，又稱伯子

　　先生最初名福森，字百子，又稱伯子。據說"福森"和"百子"，是先生的祖母鄭太老夫人所取的；二者皆有吉祥的寓意，大概在先生小時候，未定名宗頤之前使用。這種幼時取小名的習俗，或自晉唐以來已經盛行，[①] 至清末民初仍未衰竭；先生生於民初，故其祖母爲其取小名，亦屬順理成章之事。先生小名福森的記載，見於

---

① 張亮采著：《中國風俗史》，上海文藝出版社，1988年，第102頁。

潮州饒館王振澤老館長所編的《饒宗頤先生學術年歷簡編》。① 筆者嘗聞先生説，他年幼時，祖母呼爲"百子"。按因先生已名福森，故這應該是先生的小字；此字應亦可以視爲先生的乳名。

"百子"這個字，因爲較少公開使用，所以知者不多。但在1943年8月，先生曾署"饒百子"，發表了《揭陽方志考》一文，②又於1948年在《海濱》復刊第一期發表《徭山詠》及《寄慵石丈》等詩。先生又有一朱文方章，文爲"饒氏百子之印"，此印曾鈐於1994年所繪的《辟邪迎福》圖上。③

至於"伯子"，其實原爲"百子"的諧音，因先生是長子，而且百與伯同音（粵音），故師友輩大都稱先生爲"饒伯子"；這個稱呼可見於温丹銘、葉恭綽、曾酌霞、詹安泰、陳湛銓等等與先生唱和贈答詩詞諸題，於茲不贅。"伯子"一字，先生一直有使用，除了早期師友這樣稱呼之外，先生也長期（特別是早期）在他的書畫作品上，用"伯子"或"饒伯子"等印。

(2) 名宗頤，字伯濂

"宗頤"和"伯濂"，是先生父親饒鍔（字純鈎，號鈍盦。1891—1932）爲他取的正式名和字。先生有《宗頤名説》一文④（見附録二），曾説"先君爲小子命名宗頤，字曰伯濂，蓋望其師法宋五子之首周敦頤，以理學勖勉"；又曾謂"我的兄弟排宗字輩，我二弟名叫宗栻……因中國宋朝有位理學家叫張栻"。⑤ 由此可知，"宗頤"、"伯濂"、"宗栻"等的來歷和内涵，都和鈍盦先生對兩子的期許有關。即是要先生要求兩子宗法周敦頤（號濂溪）和張栻等，希望他們最終在理學方面有所成就。《禮記・曲禮上》有云："男子二十，冠而字。"

---

① 王振澤著：《饒宗頤先生學術年歷簡編》，香港：藝苑出版社，2001年，第1頁。
② 見揭陽文獻委員編：《文獻》創刊號，1943年8月1日。
③ 見《意會中西・饒宗頤捐贈藝博館書畫作品展圖録》，澳門藝術博物館，2011年。
④ 見《固庵文録》，第323—324頁。
⑤ 饒宗頤、陳韓曦著：《選堂清談録》，北京：紫禁城出版社，2009年，第3頁。

但先生"伯濂"一字，顯然並非在先生及冠時所取的，它早就由先生的父親所命定，因而實際上僅代表了其父要對前賢表仰慕的熱忱，和對兒子學術發展方向的期許。

相信在更名之後，"宗頤"便取代了"福森"成爲先生正式之名，一直使用至今。此舉與漢魏時期"長則更名，而以小名爲諱"[①]的習俗相符。至於"伯濂"一字，先生自云"伯濂之號始終未用之"（見《宗頤名説》），其實不然。1934年（廣州）《文學雜誌》第11期，發表了先生所作的《優曇花詩》，署名正是"饒宗頤伯濂"。這是筆者至今所知先生唯一一次曾使用"伯濂"一字的著録。除此之外，的確未見先生用此字，究其原因有二：因爲先生早慧，當時所交，大多是他的長輩或前輩，故須自稱名而不稱字；又先生嘗親告筆者，他當時的興趣不在理學，而在文學（包括詩文及章回小説的創作）和藝術方面，因此筆者懷疑他有可能是在有意無意間避用"伯濂"一字。

(3) 號固庵

先生署"固庵"的文獻記載，最早可以追溯至1938年。當時先生22歲，在《更生評論》這一刊物上發表《固庵詩稿》，即署"固庵"。後來於1968年面世的《固庵詞》、1989年的《固庵文録》、2002年的《固庵詩詞選》等，亦以此號命名。先生又有"固庵"印章多款，是先生書畫作品上的常用印之一。

究竟"固庵"是號還是字，現有不同的説法。筆者傾向認爲是號，因爲先生很年輕便已開始用它，它的出現時間遠早於"選堂"（詳下文）。當時先生正式的名和字是"宗頤"和"伯濂"，常用字則有"百子"（或稱"伯子"）。因此，"固庵"是號的可能性較大。

"固"有多重意義，訓有"牢堅，難攻易守"、"定"、"不傾移"、"安"、"一"、"專取"、"必"、"久"、"常"、"信，實"、"自然"等

---

① 張亮采著：《中國風俗史》，第102頁。

等，又《逸周書·常訓》有"九德"之説，其中排第七的就是"固"，朱右曾集訓校釋謂爲"不奪"之意。① 如果説號可以補充名和字的話，"固庵"之號與"宗頤"和"伯濂"配對下，就有要堅定意志，宗法理學的含義在内。而"固"字衆多美好的意涵，也符合《周禮·春官·大祝》"辨六號"注所説的"號爲尊其名更爲美稱焉"② 的理論。就是説，一個人的號，是可以代替他的名而行於世，而且可以被喊得響亮的。

我們尚未有足夠證據證明，"固庵"是先生自己取的，抑或由他父親所命。雖然一般文人的號，多是自取的，但筆者頗疑此號也許是先生的父親鈍盦先生所命的。先生曾自言"自童稚之年攻治經史，獨好釋氏書"（見《宗頤名説》），表明他少時的志趣已不在當理學家，這一點實有異於其父的意願。如果説"固庵"是先生自取的號，則難以確立"固"字的訓義、先生名字本意和先生當時志趣之間的關聯性。但如果説這個號是其父所命的，那麽"固"字就有著落了。當然，號無定法，"固庵"之號不一定要與名字相呼應，它亦可以表達與名字没有任何關聯的意思。我們也不能排除這是先生在其父英年早逝後，又或者是及冠之後爲自己所取的號，那麽"固"字在此處的訓義，就可能是"堅"、"久"的意思，以寄托生命固久的寓意。

（4）字選堂

先生用"選堂"這個字，最早見於文獻的是 1955 年在《楚辭書録自序》中的自署："乙未端午，饒宗頤選堂序"。③《楚辭書録》被

---

① 宗福邦、陳世鐃、蕭海波主編：《故訓匯纂》，北京：商務印書館，2003 年，第 398—399 頁。
② ［漢］鄭元注，［唐］賈公彦疏：《重刊宋本周禮注疏附校勘記》卷二十五，見［清］阮元校勘：《十三經注疏：附校勘記》第 5 册，據嘉慶二十年江西南昌府學開雕本影印，臺北：藝文印書館 1955 年，第 385 頁。
③《固庵文録》，第 317 頁。

選堂字考

先生列爲《選堂叢書》第一種，1956年1月在香港刊行；《選堂叢書》共有六種，出版時間一直至1959年11月。之後又有《選堂賦話》(1975)、《選堂詩詞集》(1978、1993)、《選堂書畫集》(1978)、《選堂集林・史林》(1982)、《選堂扇面集》(1985)、《選堂書楹聯初集》(1992)、《選堂書畫：饒宗頤八十回顧展》(1996)、《選堂雅聚：饒宗頤書畫藝術》(2001)、《選堂書法叢刊1—4》(2005—2006)、《選堂墨藪》(2005)、《選堂序跋集》(2006)、《選堂墨韻——饒宗頤書畫選集》(2009)等等以"選堂"命名的書籍。可見這個字的使用，已貫穿了近一甲子。它的使用率是除了"宗頤"一名之外最高的，先生的書畫和題辭，落款最常署的就是"選堂"。

先生曾引臨沂出土的婺光殘簡"名不正不立"之語，指出"正名"是殷人的舊學；又謂"辯名正物"乃儒者所云禮之大端等等。[①]雖然先生談的是廣義的名號問題，但絕對可以借助爲人名學上的參考。前文提到先生幾乎從未使用"伯濂"一字，因此在"選堂"出現之前，先生其實仍未有一個可以被人稱呼的，而又能夠充分代表自己的名字，以回應"正名"的問題。先生也許在及冠之後便已開始想這個問題了；大概到了1950年代，這時他已過"而立"而趨於"不惑"之年，才開始確立了"選堂"一字。

如上文所述，"選堂"是字抑或號，目前是有爭議的，筆者將在下文加以分析平議。

此外，筆者最近見到有些學者將凡是署名"選堂"的文章，都當成是先生的著作，這是不正確的。因爲民國以來又字選堂的文人，還有戴季陶[②]和楊國謨[③]二人；但這兩位先生所發表的文章，內容

[①] 參考《中國古代文學之比較研究》一文之"名號與文字"部分；見饒宗頤著：《文轍——文學史論集》(上)；臺灣學生書局印行，1991年；第1—11頁。
[②] 戴季陶(1891—1949)，字選堂。曾經留學日本，並參加同盟會。在中國共產黨建黨初期曾參與活動。後來成爲中國國民黨的理論權威。
[③] 楊國謨，字選堂。印尼華僑，後來活躍於新聞界。曾任臺灣省政府編譯室主任。

25

多涉時事或政論，理應很容易辨別。

至於先生字號的其他別署，如"選翁"、"固叟"，別號如"今荆蠻民"，室名如"梨俱室"等，筆者就不打算在這裏展開討論了。

四、《選堂字説》和《鈍盦號説》的關聯

要考察"選堂"是字還是號，我們必須參考先生所撰的《選堂字説》①（附錄三）一文。有學者稱，《選堂字説》篇名中的"字"字，應作"文字"解，而不是"名字"的字；所謂"選堂字説"，是談選堂這個號的字義云云。筆者認爲這個説法，仍欠缺足夠的論據。當然，在研究作爲人名一種的"字"時，我們免不了會涉及説文解字的問題。但作爲文章的篇名，"選堂字説"這個表達，顯然就是爲了要解釋"選堂"這個作爲先生的"字"的涵義。

先生的尊人饒鍔先生曾著有《鈍盦號説》一篇②（見附錄四），縷述其自號"鈍盦"的緣由。文中饒鍔先生自述其本名寶璇，後赴上海讀書時，定名鍔，字純鉤。更謂自己"稟性柔懦，質復孱弱"，故取古劍純鉤作字，以振勵自己。袁庭棟在《古人稱謂》一書中，把先秦到現代國人命字的方法分爲八類，一曰同義互訓、二曰反義相對、三曰近義聯想、四曰同義相及、五曰原名變化、六曰古語活用、七曰追慕古人、八曰名字相同。③ 饒鍔先生蓋取"同義互訓"的方法來命字。後來由於一位朋友忠告，纔有改字的念頭。友人説：

---

① 《固庵文錄》，第 325 頁。
② 《天嘯樓集》卷四，載潮汕歷史文化研究中心編：《饒鍔文集》，2001 年，第 130—131 頁。
③ 袁庭棟著：《古人稱謂》，濟南：山東畫報出版社，2007 年，第 56—58 頁。

選堂字考

　　物莫兩大，兩大則傷。一陰一陽之謂道，一伸一詘之謂運；道也，運也，天地盈虛消息之理存焉。惟人之於名字也亦然。……退而不敢忘義，勝而能守乎讓也。今子既名鍔矣，鍔於義爲利，而復以古寶劍爲字，揆之盈虛消息之理，鋒芒得毋太露乎？

　　大意説，鍔是利刃，純鈎是利器，恐怕會"兩大則傷"。饒鍔先生因爲其名字習用已久，最終没有改字，而增加了"鈍盦"之號，以此作爲一種平衡或補救。

　　饒鍔先生的《鈍盦號説》，反映出作者對其名、字、號三者之間的分野，是十分明晰的。後來先生編集鈍盦先生遺著爲《天嘯樓集》，其卷四便收有此文。既有了父親的《號説》在前，相信先生爲所撰的《宗頤名説》和《選堂字説》這兩篇文章命名的時候，斷不會混同"名説"、"字説"和"號説"之含義。命名是一種有意識的、正式的決定（deliberation）和表達。先生把這篇文章命名爲"選堂字説"，而没有仿照其父的《鈍盦號説》命名爲"選堂號説"，就是一種意識層面的決定。他選用"字説"，其義必是名字的字，而不是文字的字。

　　論者又以《選堂字説》文中"或問於余曰：'子曷以選堂名齋？'"和"余之以選名吾堂"等語，力辯選堂是號而非字。《選堂字説》是一篇散文，爲了顧及行文語氣的流暢性和美感，它的修辭用語不會像學術論文般嚴密和死板。所謂名、字、號等，皆可統稱爲人名，因此這些概念之間有一定的互通性。從散文文體的語體敍述來説，應容許一定的隨意性。更何況，明清以來的文人，在日常交際往還的時候，常有字號混稱現象。先生在寫作《選堂字説》這篇散文時，的確有一些字號相混的表述；但這只屬於從其潛意識層面，而引申到言語表述和寫作風格層面，遠不及命題篇名時的決斷性和準確度。此外，先生作爲一代華學大師，自然知道古人文集中多有"字説"

一類屬於人名學範疇的篇章,①《選堂字説》就是這一類作品。

如果先生真的只是爲了解釋"選"這一個文字及其相關的文化內涵,大可命其篇名爲《選字説》或《説選》、《釋選》之類,一如他的《説袓》(1938)、《釋儒》(1948、1954)、《説鑪》(1953)、《説蠢》(1966)、《釋七》(1974)、《吽字説》(1984)、《説零》(1989)、《説詔》(1989)、《説卍》(1990),等等②。明顯地,《選堂字説》中的"字"字,指的是名字的"字";而先生這篇文章的主旨,就是要説明爲甚麽要用"選堂"這個字作爲名稱之一,和這個字有些甚麽文化和學術上的内涵。所以説,"選堂"一定是先生名字中的"字",至少在先生寫這篇文章的時候是如此。

五、《選堂字説》考析

《選堂字説》的寫作時間,約在 1985 年間。蓋文中有云:"六十退休後,蒞法京,以上代宗教與西方學者上下其論。"又謂"前歲遊吐魯番"。據《饒宗頤先生學術年歷簡編》,先生 1978 年從香港中文大學中文系退休,9 月起應聘爲法國高等研究院宗教學部客座教授,主講中國古代宗教,至 1979 年夏秋間;1983 年秋天至蘭州,出席全國敦煌吐魯番學會第一届會議。③ 因此筆者認爲,先生的"遊吐魯番",應在 1983 年秋;而寫作《選堂字説》的時間,則應在 1985 年。

先生在《選堂字説》文中指出,自己平生治學,有三次大變:自幼愛好文學,特别喜愛《昭明文選》,並在大學講授此書歷 30 年,

---

① 饒宗頤:《中國人名的研究·序言》,見[馬來西亞]簫遥天:《中國人名的研究》,序言,第 2—3 頁。
② 詳參鄭煒明、林愷欣編:《饒宗頤教授著作目録新編》。
③ 王振澤著:《饒宗頤先生學術年歷簡編》,香港:藝苑出版社,2001 年,第 77—89 頁。

選堂字考

這是第一個"選";中年重拾書畫藝術,並以元人爲依歸,尤其喜歡錢選,這是第二個"選";60歲退休之後,曾遠赴巴黎,向西方漢學家講授中國上古宗教,以道教徒創世紀遺說中的"選民"概念及吐魯番博物館藏伏羲女媧交尾圖圖意,比附於希伯來的"chosen people",這是第三個"選"。這三個階段不同的"選",概括了先生在學術上歷經三次大蛻變,充分顯現出先生爲學的創變圖強精神。

"選堂"這字所蘊含的"創變"內涵,應也包括了先生變易其父爲他定下的爲學宗法濂溪的目標。筆者相信先生在1950年代自取此字時的初衷,應也包括了強調要自由選擇治學方向的意思。當時他大概只認知到自己的第一個選,可能還沒有想到後面兩個。直至他寫作《選堂字說》的時候,纔底定了"選堂"一字所繫的"爲學三變"圓滿而系統的詮釋,以寄托完全屬於他自己的抱負和追求。

關於第二選,先生後來在2002年的《學藝雙攜小引》(見附錄五)中,又再作重要的補充說明,力指自己私淑錢選的,就是"學藝雙攜"一義。他說:

> 故知非學無以養藝,非藝無以揚學。余之揭"學藝雙攜"一義,蓋有得於錢翁,示私淑之心而已。[1]

這段話進一步解釋了第二選的內容。其重點不只在於錢選的畫藝,也在於先生近年所大力提倡的"學藝雙攜"(學問和藝術兼修而互益)的思想和方法,其實得力於錢選。

而"選堂"一字,也反映了先生要求在學術文化上,應有自由選擇路向的意志。字是成年人的正式稱號,《册府元龜》有云:"古

---

[1] 《學藝雙攜小引》,見《學藝雙攜——饒宗頤藝術天地》,香港國際創價學會,2002年。

稱孩而名之，冠而字之。蓋以名者義之制，字者名之飾。"① 先生成年之後，長期從事學術研究，堂廡日大，絕非理學一途可以規限，因此他用"選堂"一字，正是要強調他自己所選擇的治學途徑，以突破其名"宗頤"原來意義的制約。筆者相信，先生開始用"選堂"這字時，所附有的意義，應只包括選擇的選和《文選》的選，後來他才逐步悟得錢選的選和宗教學上"選民"的選。直至先生寫作《宗頤名說》和《選堂字說》時，似乎又感應到"天選"的選這一層意思，指的是他治學生涯中的選和變，也許是冥冥中由上天所選擇。

六、《選堂字說》與《宗頤名說》的關聯性

探究《選堂字說》一文的主旨，又不能不與《宗頤名說》並談。這兩篇文章應是同一時期的作品，最早見收於先生的個人文集《固庵文錄》(1989)，可以肯定，它們是先生在編定文集之前寫成的。上文已經考定了《選堂字說》的寫作年份為 1985 年。而《宗頤名說》，據內證應寫成於 1981 年秋以後。在《固庵文錄》書中，《宗頤名說》和《選堂字說》前後並列，屬於姊妹篇，理應一併閱讀。

《宗頤名說》開篇，介紹了先生的父親為他命名為宗頤和命字為伯濂的意涵。但這不是該文的主旨。"名"作為對各種事物的稱呼，是要反映事物的特質的。《莊子·逍遙遊》說："名者，實之賓也。"②便是這個意思。先生寫《宗頤名說》，就是要解說"宗頤"這個名所反映的特質的變易。先生曾說：

---

① ［宋］王欽若等撰：《册府元龜》卷八百二十四總錄部名字條，見《文淵閣四庫全書》電子版，迪志文化出版有限公司。
② 王叔岷撰：《莊子校詮》（上册），臺北：中研院歷史語言研究所，1988 年，第 22 頁。

選堂字考

　　名即是真。返黑暗于光明，有賴于正名之事，而謂之曰引名。……故正名之務，在於反真。反真必須覈名實，正名分。名從天生，皆合天意。效天所爲以起名號，反乎其真，則合天道。此即所謂"究天人之際"。①

這是先生對董仲舒和司馬遷的名號學理論的通解。筆者以爲《宗頤名説》和《選堂字説》兩篇文章，便是先生爲自己而作的"正名之事"，目的"在於反真"。

鈍盫先生原來賦予先生名字的意義，是期望先生爲學能夠宗法宋代理學家周敦頤，但這並非先生之"真"。先生自言："自童稚之年攻治經史，獨好釋氏書，四十年來幾無日不與三藏結緣。"無論是由於緣分亦好，性向亦好，"宗頤"一名，在先生個人歷史上的實質意義，已然有所變易。所謂變易，其實是"反真"（回復其本真）。《論語・子路》："必也正名乎！名不正則言不順，言不順則事不成。"② 於是，先生在《宗頤名説》文中，爲自己的名，作了符合個人歷史的新詮釋，以副其實，以返於真。

先生認爲這種看來似是一己的主觀命定和自圓其説，都歸結爲宿緣；他指出"宗頤"一名新意義的發生，並不是偶然的，而是冥冥中似有天意。先生在《宗頤名説》中，以北宋末年的真定府慈覺大師宗頤，和日本大德寺住持養叟宗頤，與其名偶合，恐非偶然，暗示其間有宿緣。其實，根據筆者的研究，先生與古代釋家字號偶合的例子，還有北宋洪州觀音院住持"選禪師"③ 和清乾隆年間青州

---

① 饒宗頤著：《中國古代文學之比較研究》，收入《文轍——文學史論集》（上）；臺灣：學生書局印行，1991年，第10頁。
② 《重刊宋木論語注疏附校勘記》卷十三，見［清］阮元校勘：《十三經注疏：附校勘記》第13册，第115頁。
③ 見《建中靖國續燈録》卷二，選禪師列爲饒州薦福承古禪師法嗣之一。

31

法慶寺主"僧固庵"① 等。看來先生果與釋家宿緣匪淺。

無論如何，《宗頤名説》可説是重新界定了"宗頤"這個名稱的屬性，使先生得以循名責實地、名正言順地從宋明理學這個相對較小的領域，向比較文化史這個大領域蜕變。

與"宗頤"相同，"伯濂"一字也是代表對周敦頤的仰慕的，但《宗頤名説》並没有加以任何處理，只簡單地説："伯濂之號始終未用之。"先生把《選堂字説》編排在《宗頤名説》的後面，似隱含著以"選堂"替代"伯濂"作字的意思。

《顔氏家訓·風操》："古者名以正體，字以表德。"② 如果説先生作《宗頤名説》是爲了正體，那麽作《選堂字説》就是爲了表德。從"表德"（表述文化屬性）的標準而言，無論字"伯子"抑或字"伯濂"，皆不足以作爲先生的文化屬性和理念的標識。先生自字"選堂"，就是要有一個自己充分認同而有代表性的名稱，以便達到"表德"的效果。又據《中國民俗辭典》，"字與名通常義相比附，以字釋名"。③ "字"往往是"名"的解釋和補充，上文所提到的第三選，涉及宗教意義上的緣因，恰好與"宗頤"一名的新詮釋有暗合之處，一定程度上達到了以字釋名的效果。

對於"宗頤"和"選堂"這一組名字而言，先生原來常用的號"固庵"，就不必作任何改動了。"選"的訓義包括"遣"、"擇"、"善"、"引"、"行"、"迅"、"總"、"遷"等等，④ 而"固庵"此號，除了可以對應"選堂"此字的"擇善"之義（即擇善固執）外，或

---

① 據《清嘉慶三年（1798）法慶寺碑》；見藏於山東省青州市博物館。王士禛從孫王祖昌於《秋水亭詩》卷二中，有與僧固庵贈答詩多首，嘗稱之爲固庵大師。
② ［隋］顔之推著：《顔氏家訓》，見《諸子集成》第 8 册，北京：中華書局，1954 年，第 9 頁。
③ 鄭傳寅、張健主編：《中國民俗辭典》"取名、字"條；武漢：湖北辭書出版社，1987 年，第 16 頁。
④ 宗福邦、陳世鐃、蕭海波主編：《故訓匯纂》，北京：商務印書館，2003 年，第 2313—2314 頁。

更可以補救"選堂"這個字所帶來的經常變易和不確定性等意涵，能起到一種平衡的作用。於是，創變與持久，大可兼收而並蓄。

七、先生字號混稱、晚年以字爲號的可能性

在這裏所謂字號混稱，講的就是"指字爲號"或"指號爲字"的現象。無庸諱言，先生也時有這種情況，特別是在使用口語或語體表述的時候：

1. "或有問余曰：子以選堂爲號……"（《學藝雙攜小引》）
2. "或問於余曰：'子曷以選堂名齋？'"（《選堂字説》）
3. "余之以選名吾堂……"（《選堂字説》）
4. "先君爲小子命名宗頤，字曰伯濂……然伯濂之號始終未用之。"（《宗頤名説》）
5. "我還有兩個大家少知的別號，一個叫伯濂，一個叫伯子。"（《選堂清談錄》）[①]

從上述五條例證，可以看出在言語表達的時候，先生對人名概念中的名、字、號，分野並不森嚴，字與號混爲一談的現象很常見。

第2、3條看似指選堂爲齋名，第1條更直指選堂爲號，但事實上先生從未有過名爲"選堂"的書齋，這30年來先生的書齋，名爲"梨俱室"。

必須指出，上述第1、2條，都是別人設問的語境，最嚴格地説，這種表述未必完全代表先生對名、字、號分野的認知立場。

第4條先生先説"字曰伯濂"，句内隨即又謂"伯濂之號"，表

[①] 饒宗頤、陳韓曦著：《選堂清談錄》，北京：紫禁城出版社，2009年，第3頁。

面上自相矛盾，但筆者卻認爲"伯濂之號"云云，只是修辭上的選擇和需要而已，而"字曰伯濂"一語，纔是先生確指"伯濂"是字的正式表述。爲了行文的方便而作出修辭上的選擇，是寫文章常見的做法；這種做法也同樣見於第2、3條。因此，要判斷選堂是字還是號，應以《選堂字説》的篇名爲正式依據。

第5條看似先生以伯濂、伯子爲別號，但我們要注意，這是在訪問者引導底下所作出的口語表述；訪問者的原話是："您作書畫和題辭，落款最常見的用號是'選堂'，還有無其他別號？"① 號來號去，"用號"在前，"別號"在後，一個90多歲的老人，在這樣的引導作答的情況底下，也就只能"號"下去了。上文第二部分所提及的"傳真"的產生過程，也很有可能存在著這樣的問題。

我們未能完全排除先生晚年亦以字爲號的可能性，蓋先生一向對名、字、號三者在表述方面不甚嚴格，這是原因之一。更重要的是，名號的概念其實是相通的，即董仲舒《春秋繁露‧深察名義》所謂"名號異聲而同本，皆鳴號而達天意者也"②；號可泛指事物的稱謂，在人名的範圍中包括了名、字、號等分類。這或者可以解釋先生在語文表達時，看似字號不分的現象；如此的話，現或把"選堂"重新分類爲號，蓋亦無不可。即如在附錄一"傳真"之中的原文"別字選堂"被改爲"號選堂"，可能就是這個緣故。

此外，我們必須考慮"號以表功"這個人名學理論。《白虎通義‧號篇》有云："號者，功之表也。"③《陔餘叢考》卷三八《別號》："於字、名外，別立一號，以自標榜也。"④ 這些説法，對先生

---

① 饒宗頤、陳韓曦著：《選堂清談錄》，北京：紫禁城出版社，2009年，第3頁。
② [漢]董仲舒著《春秋繁露》卷第十，上海：上海古籍出版社，1989年9月第一版，第59頁。
③ [漢]班固撰，[清]陳立疏證：《白虎通義》（上册），見王雲五主編：《萬有文庫》第二集，上海：商務印書館，1937年，第33頁。
④ [清]趙翼撰《陔餘叢攷》，上海：商務印書館，1957年，第838頁。

這位一代華學大師而言，相信或多或少會起一些影響。如果先生真的在晚年以"選堂"一字爲號，那麼也許就暗含了標榜其"爲學三變"和"學藝雙攜"的深層意義。而先生對當代學術文化的貢獻，功勳卓著，世人多知其然而不知其所以然，先生或以其中壯年時最常用的字，作爲晚年（88歲以後）的號，以示他畢生事功的所以然，也是很有可能的。

八、結　　論

先生名、字、號的更迭，和它們在意義上的嬗變，概括地反映出先生治學格局的開拓和發展歷程。《宗頤名說》、《選堂字說》、《學藝雙攜小引》，無疑是極爲重要的第一手文獻，值得我們深入研究。經過本文的考證和探討，筆者認爲先生的名、字、號資料，應可暫定如下：

先生饒氏，初名福森，小字百子（又稱伯子）。名宗頤，字伯濂，後自字選堂。號固庵，晚或亦以選堂爲號。別署選翁、固叟。別號今荆蠻民。室名梨俱室。

（原文初次發表於 2011 年 12 月"饒宗頤與華學國際學術研討會"，收錄於賈益民、李焯芬主編《第一屆饒宗頤與華學國際學術研討會論文集》，濟南：齊魯書社，未刊。）

附錄一："傳真"（鳴謝潮州饒宗頤學術館陳偉明館長惠贈影本）

01/08/11 03:14PM   HP LASERJET FAX   P.01

目前关于饶公字号的几种说法：

一、饶宗颐，字伯子、伯濂，又字选堂，号固庵。

二、饶宗颐，字伯子、伯濂，又字固庵，号选堂。

三、饶宗颐，字伯子、伯濂，号固庵、选堂。

潮州市饶宗颐学术馆
联系电话：（0768）2255101 2228966
传真：（0768）2231933

饶宗颐教授於2010年2月8日下午复函确定。

即：饶宗颐，字伯濂，又称伯子，号选堂，又号固庵。

附錄二：《宗頤名說》（《固庵文錄》本）

宗頤名說

先君爲小子命名宗頤，字曰伯濂，蓋望其師法宋五子之首周敦頤，以理學勗勉，然伯濂之號始終未用之。自童稚之年攻治經史，獨好釋氏書，四十年來幾無日不與三藏結緣，插架有日本大正正續藏，及泰京餽贈之巴利文藏，日譯南傳大藏經。初，余於法京展讀北魏皇興金光明經寫卷，曾著文論之。八一年秋，遊太原，夜夢有人相告。不久，陟恆岳，於大同華嚴寺覿龍藏本是經，赫然見其卷首序題「元豐四年三月十二日眞定府宗頤序」。元普度編廬山蓮宗寶鑑（卷四）內慈覺禪師字作宗賾。元祐中，住長蘆寺，迎母於方丈東室製勸孝文，列二百二十位。曩年檢宋史藝文志，有釋宗頤著勸孝文，至是知其爲一人，以彼與余名之偶同，因鐫一印，曰「十方眞定是前身」。

又余與扶桑素有宿緣，自一九五四年著文論熙寧中潮州水東劉扶所塑瓷佛，爲小山富士夫取以迻譯，嗣後論文屢在兩京刊布。近時爲二玄社編敦煌書法叢刊凡廿九册，向不知何以結緣如此之深，後悉日本大德寺住持養叟宗頤，與一休宗純同出華叟宗曇之門。一休，卽眞珠庵開祖也；養叟，與余名復相同。前生有無因緣不易知，然名之偶合，亦非偶然，因識之以俟知者。

選堂字說

或問於余曰：子曷以選堂名齋？應之曰：平生治學，所好迭異。幼嗜文學，寢饋蕭選；以此書講授上庠歷三十年。中歲重理繪事，以元人為依歸，尤喜錢選。六十退休後，范法京，以上代宗教與西方學者上下其論。記敦煌本老子化胡經，其十一變詞有句云：「洪水滔天到月支，選擇種民留伏羲。」選民云云，正如希伯來之chosen people，此道教徒之創世紀遺說也。以為洪水過後，人類種民惟餘伏羲，如彼土之挪亞，今苗傜神話尚存其說。前歲遊吐魯番，見其博物館中，伏羲女媧交尾之圖凡數十事，是古代西域有伏羲種民傳說之明證也。由是觀之，選擇之說，亦有可取焉。余之以選名吾堂，蓋示學有三變。客曰善，因紀之以示後之人。

附化胡經第十一變詞

十一變之時。生在南方閻浮地，造作天地作有為。化生萬物由（猶）嬰兒，陰陽相對共相隨。衆生享氣各自為，番（蕃）息多滿地池。生活自衞田桑糜（麻），刧數減盡一時虧。洪水滔天到月支，選擇種民留伏羲。思之念之立僧祇，唯有大聖共相知。

附錄四：《鈍盦號說》（《饒鍔文集》本）

鈍盦號說

余於家法行輩本名寶璇稍長就學名字迭更最後肄業海上始定名鍔而字之曰純鉤純鉤古寶劍也蓋余稟性柔懦質復羸弱惴惴然恐不足以自拔故取字於劍期振勵於無形抑亦欲異於世俗卿臣山川草木泉石之謂以自別也揭陽周次瞻者積學篤行君子也歲之癸丑始與余定交見余名字而異之曰逡巡謂余曰夫物莫兩大兩大則傷一陰一陽之謂道一伸一詘之謂運道也運也天地盈虛消息之理存焉惟人之於名字也亦然故靖節名潛字曰元亮考亭名熹字曰元晦誠有識於道與運之理退而不敢忘義勝而能守乎讓也今子既名鍔矣復以古寶劍為字揆之盈虛消息之理鋒芒得毋太露乎余聞之甚韙其言由是有改字之意然名字傳呼習稱已久終莫有以易也已而次瞻死於水越明年余始有鈍盦之號余之號鈍盦實次瞻啓之也而已不及見矣今距次瞻之死又八年年往歲徂而予德不加修追念故人惓惓之意益不能無愴然於懷云作鈍盦號說

附錄五:《學藝雙攜小引》(《選堂序跋集》本)

學藝雙攜小引

或有問余曰:"子以選堂爲號,自云師法錢選,取義何由?"漫應之曰:"人皆知元畫筆於趙松雪,而不知吳興實得畫法於舜舉。不特師其畫,且又師其學焉。"黃公望曰:"趙文敏嘗師霅溪翁,不特師其畫,至於古今事物之外。又深於音律之學,其人品之高如此!今觀貞居所藏此卷,並題詩其上,詩與畫稱。知詩者,乃知畫焉。"此大癡八十歲時題浮玉山居圖語。松雪集中有論琴之文,知其音律之學,乃得之錢選也。故論元人畫,應溯源於錢翁,松雪不僅師其畫,且師其學,微子久言,世安得知其學之所本耶?學與藝相倚相需之理,覸於松雪之與霅溪,可得一證。故知非學無以養藝,非藝無以揚學。余之揭"學藝雙攜"一義,蓋有得於錢翁,示私淑之心而已。又姚綬跋:"大癡云:知詩者,乃知其畫,亦名言耶,故以大書特書,不一書而足也。"惟知詩者乃能知畫,若徒謂詩中有畫,只是陳言,捨詩而求畫,何足以知簡中三昧哉。因不辭覶縷,並錄大癡之名言,及雲東之警句,世之好畫者,倘有取焉。

　　　　　　　　　　　　　　　　　　　壬午春　選堂

《學藝雙攜——饒宗頤藝術天地》,香港國際創價學會,2002年

選堂先生軼事數則[1]

鄭煒明

選堂先生乃我國一代大學者，畢生在學術與文化事業中努力不懈，碩果累累，世人有目共睹。過去介紹選堂先生的文章，多着重於先生的學術研究與書畫藝術創作方面的建樹，而少有觸及其軼事的，因此一般予人印象是比較嚴肅和沉重的。

筆者乃搜羅了先生的軼事數則，並就其中一些細節訪問了先生，現特加以整理，條述如下。

八歲開始寫詩

選堂先生曾親口告知，謂其八歲已能寫詩，而且寫得不少；他愛好詩詞，少即懂比興之義，因此頗能作詩填詞，可惜該時期的作品，大多已散佚了。現在找得到的選堂先生最早的一首作品，乃其

---

[1] 本文原載《紫禁城》2008年第9期，第35—37頁。

十六歲時（1932年）所作的《優曇花詩》：

序曰：優曇花，錫蘭產。余家植兩株，月夜花放，及晨而萎；家人傷之，因取榮悴無定之理，爲詩以釋其意焉。

異域有奇卉，植茲園池旁。夜來孤月明，吐蕊白如霜。
香氣生寒水，素影含虛光。如何一夕凋，殂謝滋可傷。
豈伊冰玉質，無意狎群芳。遂爾離塵垢，冥然返太蒼。
太蒼安可窮，天道邈無極。衰榮理則常，幻化終難測。
千載未足修，轉瞬詎爲逼。達人解其會，保此恒安息。
濁醪且自陶，聊以永茲夕。①

當時名宿溫丹銘先生，乃有《廣優曇花詩》並序，作爲和應，以嘉勉先生。② 此詩於1934年發表後，先生即詩名大噪，當時有神童、才子之稱；其實大家都忽略了先生已有浸淫於詩詞之學八載的功夫。此後，先生即詩詞創作不輟，至今尚未停筆。

"姑蘇香腐"詩謎佳話

另有一事，可以更加證實和説明選堂先生少即熟讀詩詞，而且聰穎過人，極能融會貫通。先生在泰國的老表親，詩人王誠先生，

---

① 據云發表於1934年的（廣州）中山大學中文系《文學雜誌》第十一期，筆者未親見。據王振澤先生的《饒宗頤先生學術年曆簡編》，該詩的詩題應作《咏優曇花詩》，見王氏《饒宗頤先生學術年曆簡編》，香港：藝苑出版社，2001年，第9頁。本文據選堂先生自編之《清暉集》，詩題作《優曇花詩》，並附序，見饒宗頤著《清暉集》，深圳：海天出版社，1999年，第244頁。

② 據云與先生之詩作一同發表於1934年的（廣州）中山大學中文系《文學雜誌》第十一期，筆者未親見。參考前注王氏著作，第11頁。溫氏詩作，見前注先生自編之《清暉集》，第244頁。

生前曾津津樂道先生的一樁童年逸事："邑中有文壇老宿以城内特産'姑蘇香腐'出謎，求猜唐詩一句，時年六歲的饒宗頤即答以'吴宫花草埋幽徑'，語驚四座。"① 案"吴宫花草埋幽徑"這句唐詩，出自李白的《登金陵鳳凰臺》：

鳳凰臺上鳳凰遊，鳳去臺空江自流。
吴宫花草埋幽徑，晉代衣冠成古丘。
三山半落青天外，二水中分白鷺洲。
總爲浮雲能蔽日，長安不見使人愁。

以"吴宫花草埋幽徑"來對"姑蘇香腐"這一詩謎，不能不説是巧妙絶倫，尤其是先生當時年僅六歲。而此事又恰恰可以證明先生孩童時之詩學根底，已有極深厚的基礎。估計先生之被稱爲神童，應自此事起。

少年時曾寫小説

選堂先生曾親告，謂其十餘歲時，曾寫過一部白話章回小説，名叫《後封神榜》或《後封神傳》。當時已完成十餘萬字，可惜稿子現已失佚了。先生嘗告，謂其當時極愛讀小説，包括武俠小説，如平江不肖生的《江湖奇俠傳》，先生是全部讀過的。

先生又告謂其興趣後來轉向史學，乃嫌小説想象虚構（imagination；案此乃先生原話所用之詞語）太多，不及史學著作，

---

① 見黄挺、林楓林主編：《從韓江走向世界——饒宗頤之旅》，香港：博士苑出版社，2005年，第9頁。

需要利用史實,因此他後來便放棄了寫小説。先生又指出,他後來的研究殷代史及上古史,其淵源亦與他當年曾寫《後封神榜》或《後封神傳》有一定的關係。

易卜救命

選堂先生從來不是一位迷信的人,但他在年輕的時候,曾在非常危難的關頭,以《易經》占卜,救了自己一命。此事十分傳奇,值得一説。孫立川博士在《避難蒙山的文人們——饒宗頤、簡又文、梁羽生的一段難中軼事》一文中曾這樣提及此事:

> 與饒公談到這些往事,他頗有不堪回首之慨。他説曾在蒙山以《易經》卜卦,得離卦,卦云突如焚如。果不其然,日軍入蒙山實行三光政策,燒殺掠搶,無惡不作。其中以此橋所在的文墟街的"五·一六"血案尤爲血腥。日軍在兩小時之内濫殺手無寸鐵的平民七人。從此他不再以《易》卜卦,因爲一卜卦就想到當年那個悲慘的情景。《蒙山史志通訊》中有江注盛文,指日寇在蒙山九個月,共計殺害男女二百二十一人,姦淫婦女九十一人,燒毀民房一千三百零二間,搶掠稻穀四千餘擔,耕牛一百多頭,財物無數。而蒙山人民奮起抗擊日軍的暴行,前仆後繼,可歌可泣。或赤手空拳,或以土槍土炮、棍棒爲武器,與敵殊死搏鬥,斃敵數十名。《瑶山集》中有詩句記云:"餘生懸虎口,盡室寄龍頭(村名)。萬户多荆杞,孤村有戍樓。"《文墟早起》又云:"支頤萬念集蕭晨,獨立危橋數過人。一水將愁供浩蕩,群山歷劫自嶙峋。平時親友誰相問,故國歸期倘及春。生理懶從詹尹卜,荒村衹是走踆踆。"逃難之中,饒公又牽挂國事,《哀桂林》、《哀柳州》、

《文墟行》等詩中，都因戰火下的國破山河在，生靈塗炭的慘景而每每執筆而起，憂患詩篇，讀之催人淚下。①

上引一段文字，有些地方説得不夠清楚。離卦乃《易經》中的第三十卦，主吉：" 離：利貞。亨。畜牝牛，吉。"意即利於卜問，大事順利、吉利。卦體上離下離，離爲火，象徵遭遇光明，因此屬一吉利的卦。但老先生當時占得的其實是離卦的九四爻："九四：突如其來如，焚如，死如，棄如。"此乃居離卦第四位的陽爻，意即遭逢突襲，燒搶殺戮，屍橫遍野，實乃大凶之預言，先生乃毅然決定立即離開蒙山。離開後翌日，他原來居住的地方，果然被日軍夷爲平地。先生的《易》學學問，結果救了自己一命。又據黃偉《閻、饒兩教授避難蒙山追憶》一文所記載：

> 1944年冬（舊曆十二月初二）蒙山縣城淪陷，饒宗頤老師避居文圩鄉龍頭村李家……不過三四個月，日寇已由蒙山縣城撤退，不久日寇宣布投降，饒老師即南下廣州……②

因此可考知先生此事，應該發生在1944年冬舊曆十二月初二前後。

與荷蘭漢學家高羅佩的一段友誼

選堂先生於1958年遊意大利。先生本來是要去開一個漢學會議

---

① 見《文史春秋》2006年2月號。本文所錄下載自網絡。
② 見蘇州大學（原無錫國專）廣西校友會主編《無錫國專在廣西》，不著出版資料，約於1993年6月中旬以後印行，第235頁。

的。當時飛機停貝魯特,乃得順道晤荷蘭漢學家高羅佩(Robert Hans van Gulik;1910—1967 年)。二人見面後相談極歡,暢論琴學。高羅佩一高興起來,隨手就送了一種金陵人楊掄所輯的、明萬曆版的古琴譜《伯牙心法》給先生。此書在序文首葉右下方,還鈐有高羅佩的藏書印,乃彌足珍貴的學術史文物,因爲它見證了 20 世紀中後葉,一段中荷文化學術交流的情誼。而先生亦將之珍藏了近五十年(直至 2003 年 9 月,香港大學創立饒宗頤學術館,先生乃將他的大部分藏書,也包括這一種,捐贈予學術館),更不時會在與朋友聊天的時候提及此事。前輩們的學術文化交往,格調清高之處,有太多非我輩可以企及的,值得我們學習。

選堂先生又曾親告,謂高羅佩最特別的是尊崇明朝的學術文化。高羅佩嘗書自己的書齋匾額曰"尊明閣",據先生引述高羅佩的意思,大概是以明代的七子復古,在中國的學術發展史上地位重要,其中一例就是《文心雕龍》這部書,就是要到了明代纔受到重視的。選堂先生更指出,他接手趙尊嶽先生未完成的工作,編《全明詞》,就或多或少受到了高羅佩的影響;而《全明詞》亦終於在 2004 年由中華書局出版了。

心目中的 Petite Ecole

香港大學於 2003 年的秋天,創立了饒宗頤學術館,以表彰選堂先生在學術上的貢獻和成就;而學術館的外文名字,叫 The Jao Tsung-I Petite Ecole。常常有關心學術館的朋友問我們 Petite Ecole 是甚麼意思,甚至有來自歐洲的漢學家,也曾就這個外文名字質疑過。借此難得機會,我想把五年前學術館開始運作前,有一次先生跟我談起這個名詞的說話,撮要憶述如下:

選堂先生軼事數則

　　先生説他主張爲學者應該謙虛，現在很多人都説他是國學大師、一代大學問家等等，但他卻自覺自己學問很小；剛好 petite 是小的意思，ecole 是學校，合起來就是小學校、小學的意思，他就是要以此自喻自己所知不多，學問小，所以他的學術館，祇是一個 petite ecole 而已。

　　先生很喜歡法國巴黎附近的一所在 17 世紀中葉時，供一些沉醉於宗教和教育事業，而又願意棄絶塵世，過着隱士般生活的人們修道和做學問的場所：皇門靜室及其小學，[①] 所以就把學術館命名爲 Petite Ecole 了。先生以此命名學術館，是有他極深層的用意的。

　　法國的皇門靜室小學提倡學習研究上古希臘、拉丁古典文字和文化，尤其以修辭學爲教材，並提倡新方法。先生十分喜歡其做學問的範圍和作風，認爲相當於我國古代學術史上的小學傳統，而先生也希望在當代中國，可以提倡傳統的古文字學、小學，因此，他命名學術館爲 Petite Ecole，其實在學術上也自有他的志趣和期許。

　　順帶在這裏一提的是，也正因爲上述第三點原因，先生和香港大學饒宗頤學術館，已答應將與香港的迪志文化出版有限公司長期合作，主持編纂一部大部頭的字書，希望能在我國的傳統古文字學、小學範疇内，有所作爲，作出自己的貢獻。看來，以先生爲精神領袖的香港大學饒宗頤學術館，也將真正地以皇門靜室小學爲楷模，開展它的學術文化使命。

　　（原文初次發表於 2008 年 10 月北京故宫"陶鑄古今——饒宗頤學術藝術研討會"，收録於王素主編《陶鑄古今——饒宗頤學術藝術展覽暨研討會紀實》，北京：故宫出版社，2012 年。）

[①] 饒宗頤：《皇門靜室的"小學"》，見先生之《文化之旅》，牛津大學出版社，1997 年，第 1—3 頁。

饒鍔先生的潮州方志學初探

鄭煒明　陳玉瑩

一、引　言

饒鍔（1891—1932），原名寶璇，字純鈞，號鈍盦，[①] 別號蓴園居士、[②] 南疆逸民。[③] 廣東潮安人。饒師宗頤先生的父親。民國時潮州著名學者、藏書家、儒商，曾參加南社。饒鍔的天嘯樓，藏書近七萬卷，[④] 名重粵東。

先生著述宏富，生前已付梓的有《慈禧宮詞百首》一卷、《潮州西湖山志》十卷、《潮安饒氏家譜》八卷；而未刊的有《王右軍年

[①] 饒鍔：《鈍盦號說》，見《天嘯樓集》卷四，收入潮汕歷史文化研究中心編：《饒鍔文集》，天馬出版有限公司出版，2010 年，第 130—131 頁。
[②] 鄭國藩所撰之《饒鍔先生墓誌銘》，載《天嘯樓集》卷五後，見《饒鍔文集》，第 155 頁。
[③] 饒鍔：《潮州西湖山志·凡例》，作者署"南疆逸民饒鍔識"，見《饒鍔文集》，第 218 頁。
[④] 饒鍔：《天嘯樓藏書目序》，《天嘯樓集》卷一，見《饒鍔文集》，第 24 頁。

譜》一卷、《法顯〈佛國記〉疏證》十卷、①《天嘯樓藏書目》二冊、②《奉天清宮古藏目錄》一卷③等等。另有尚未編或寫成定稿的《瀛故拾遺》、《潮州詩徵》、④《潮州藝文志》、《親屬記補註》、《潮雅》、《淮南子斠證》、《漢儒學案》（已成易學一卷）、《清儒學案》（已成目錄、凡例四卷）等數十卷。⑤又有詩文集《吳越游草》和《西湖游記》未刊稿各一卷，⑥惜皆已佚。先生歿後，饒師宗頤先生為他的父親編定詩文遺稿，為《天嘯樓集》五卷，分文四卷、詩一卷；⑦又補訂、續成其遺著《潮州藝文志》出版。⑧以上除《潮州西湖山志》、《潮安饒氏家譜》、《潮州藝文志》和《天嘯樓集》得以流傳外，其餘著述皆已散佚。2010年，潮汕歷史文化研究中心編輯輯錄得部分饒鍔先生佚文為《拾遺卷》，與原刊的《天嘯樓集》和《潮州西湖山志》，合而編為《饒鍔文集》出版。⑨

據現存資料看來，饒鍔先生在學術上的業績，以潮州方志學的著述為大宗。他可說是民國時期，潮州方志學的代表性人物之一。在這方面，他的著作主要有5種：《潮雅》、《瀛故拾遺》、《潮州詩徵》、《潮州西湖山志》和《潮州藝文志》。前3種已散佚，因此，本文將集中討論後兩種，以探討饒鍔先生方志學的特點。

---

① 以上5種，據鄭曉屏所撰之饒鍔先生墓誌銘，載《天嘯樓集》卷五後，見《饒鍔文集》，第153—154頁。
② 饒鍔：《天嘯樓藏書目序》，《天嘯樓集》卷一，見《饒鍔文集》，第24頁。
③ 饒鍔：《奉天清宮古藏目錄序》，《天嘯樓集》卷一，見《饒鍔文集》，第32頁。
④ 饒鍔：《與蔡紉秋書》，《天嘯樓集》卷二，見《饒鍔文集》，第62頁。
⑤ 以上八種，據鄭曉屏所撰之饒鍔先生墓誌銘，載《天嘯樓集》卷五後，見《饒鍔文集》，第154頁。
⑥ 饒鍔：《與陳芷雲書》，《天嘯樓集》卷二，見《饒鍔文集》，第81頁。
⑦ 饒宗頤：《天嘯樓集跋》，《天嘯樓集》卷末，見《饒鍔文集》，第157—158頁。
⑧ 參考饒宗頤：《潮州藝文志・自序》，見《饒宗頤二十世紀學術文集》卷九潮學（上），臺北：新文豐出版公司，2003年，第十三冊，第244—245頁。
⑨ 見《饒鍔文集》。集內並附有陳賢武《饒鈍盦先生作品繫年》及張志堯《西湖山志校勘表》等補充資料。

二、從《潮州西湖山志》
看饒鍔的方志學

甲、修志動機

《潮州西湖山志》（卷端題《西湖山志》），成於民國十三年（1924），由潮州瀛社於民國十三年十月出版排印本初版。此書前有樊增祥、于右任等題簽；卷首有溫廷敬、丘復、王弘願等序言，饒鍔自序及凡例；正文共十卷；後有蔡心覺跋。

饒鍔先生編撰《潮州西湖山志》，考其動機，據先生自己說，是因爲當時潮州西湖山經過重修，已煥然一新，因此他就興起了爲此山修志的念頭：

> 喜故迹之重新，又憾無好事者爲之徵文考獻，以誌其盛衰興廢，乃退而紬集見聞，參稽志乘，旁蒐遠討，訂僞補遺，而時輒附以己意，成《西湖山志》十卷。[1]

他真正的修志動機，是希望能夠透過自己的撰述，令潮州西湖山和它的歷史文化內涵，永垂不朽。他在自序中有一段話：

> 嗚呼！吾之爲是山志也，夫豈無意於其間哉？凡天下名山水，苟得有能爲其山水增重之人，至其地徜徉憑弔，乃或發爲文辭，形諸歌詠，則後之讀其文與詩者，益爲之慨慕不已；而其山水亦因之而爲世所重。[2]

---

[1] 饒鍔：《潮州西湖山志·自序》，見《饒鍔文集》，第215頁。
[2] 同上，第215—216頁。

饒鍔認爲杭州和惠州的西湖之所以能名揚天下、永垂不朽，主要是因爲曾有白居易、蘇軾等歷史上著名的文豪，曾經登臨並寫成作品，纔能流傳久遠。因此他期待自己所修的志書，會吸引這類能爲潮州西湖山山水增重的文豪，接踵而至。①

乙、體裁

饒鍔先生在此志凡例中，第一條即開宗明義地説：

本志體裁，略倣顧湄《虎丘山志》而參酌變通之。②

考顧湄重修的《虎丘山志》，現有故宫珍藏的清康熙刻本。③ 以下謹表列兩志的内容目録，以便比較二者體例上的異同：

	顧湄《虎丘山志》	饒鍔《潮州西湖山志》
	卷首前依次有虎丘志圖、虎丘志序、虎丘志例、虎丘志述略、虎丘志目。然後有卷首一卷、正文十卷。	卷首前有照片一幀、目録。然後有卷首一卷、正文十卷。
卷首	巡幸恭紀、營建	序言、凡例
卷一	本志	總志
卷二	泉石（溪橋附）	峰巖、泉石（橋梁附）
卷三	寺宇	祠廟、寺墓、園亭（遊舫附）
卷四	古迹（名迹物產附）	古迹
卷五	祠墓	人物（卜築、遊覽）、仙釋
卷六	人物、高僧上	石刻上（唐、五代、宋）
卷七	高僧下、仙鬼	石刻下（元、明）
卷八	題詠上	藝文上（記、祭文、募疏、銘、賦）
卷九	題詠下（附詩餘）	藝文下（詩、詩餘）
卷十	雜志	雜志

---

① 饒鍔：《潮州西湖山志·自序》，見《饒鍔文集》，第 216 頁。
② 饒鍔：《潮州西湖山志·凡例》第一條，見《饒鍔文集》，第 217 頁。
③ 見《故宫珍本叢刊》第 263 册，海南出版社，2001 年 6 月第 1 版，第 352—429 頁。

從上表可見，二志在結構上十分相似，證明《西湖山志》的體例，確有本於顧湄《虎丘山志》的地方。例如，首先兩志的卷數相同，都是卷首加正文十卷；其次，兩志內容的範圍也極相近，其中顧志的卷一至五，大致相當於饒志的卷一至四，而兩志的卷一和卷十，則幾乎完全相倣。

不過，饒鍔先生並沒有完全照搬顧志的體例，而是因應潮州西湖山的實際情況，作出了不少的調整。這就是饒鍔先生所謂的"參酌變通"。這些變通，主要體現在"石刻"（卷六、卷七）和"藝文"（卷八、卷九）兩門的設置上，成爲《西湖山志》最不同於顧志的地方。先生已在凡例中指出：

> 顧志題詠一門，祇載詩歌；本志則更名藝文，兼錄序記。至石刻，則又顧志所無，本志所獨有也。①

由此可見饒鍔先生對於地方上石刻和藝文史料的重視。此外，《西湖山志》特別標舉"藝文"，以區別於顧志的"題詠"，亦可以局部反映出，饒鍔先生對日後纂修《潮州藝文志》的醞釀和思考過程。

在內容的分類上，《西湖山志》較顧志而言，則更顯合理和細緻。例如卷二之中，峰巖和泉石並立；卷三以祠廟、寺墓、園亭並立；卷四只列已廢置的名迹，仍存的名迹則按類列入卷二或卷三之中；卷五中人物一門，則又細分爲棲止、游覽兩部分。這些調整，皆能夠切合潮州西湖山的狀況，亦俱見編者的學術見地和更爲嚴密的思維邏輯。

溫廷敬在爲饒鍔先生此志所撰的序言中曾說：

> 觀其凡例，吾知其必能詳而核，簡而明，質而雅，雖一隅

---

① 饒鍔：《潮州西湖山志·凡例》第一條，見《饒鍔文集》，第217頁。

之志，而能合史乘之體，吾知其必能傳之廣且久也。……今得饒子是書，其體裁雖略倣顧湄《虎丘山志》，而詳博遠過之。①

現在細讀此志，可知溫氏的讚語，絕非過譽。

丙、貢獻和影響

在潮州芸芸方志之中，《西湖山志》之編撰，乃潮州山志之創舉。在此之前，潮州還沒有專門爲一座山而編纂的志書。該書的影響所及，又有黃仲琴編的《金山志》和饒宗頤先生的《韓山志》。②

先生修《西湖山志》，重視實地踏勘，因此得到很多舊縣志所缺收的石刻史料。先生有詩，描述自己在編輯《西湖山志》石刻史料時的艱辛過程：

> 日日振衣湖上來，芒鞵踏遍石間苔。夕陽城外煙波暝，猶爲尋碑未忍回。③

對潮州西湖山石刻的研究，有篳路藍縷之功。後來研究西湖山石刻的學人，無不以此書爲基礎。

三、從《潮州藝文志》看饒鍔的方志學

甲、修志動機

據饒師宗頤先生的《潮州藝文志·序》：

---

① 溫廷敬：《潮州西湖山志·序一》，見《饒鍔文集》，第 209 頁。
② 參考《潮州三山志》，政協潮州市委員會、潮州市地方志辦公室編印，2006 年。
③ 饒鍔：《編輯西湖山誌竟漫題絕句四首》之三，《天嘯樓集》卷五，見《饒鍔文集》，第 150 頁。

先君之爲是書，蓋感鄉邦文獻之凋殘；又以郡縣舊志，於先賢簡籍，雖有載述，然多疏漏踳駁，不足以裨考證而資表彰。（略）於是大索遺書，鉤稽排纂，初擬補輯《海陽縣志·藝文略》，嗣以采集益夥，更廣及他邑。後得孫籀廎《溫州經籍志》，愛其體例詳審，遂有《潮州藝文志》之作焉。①

饒師宗頤先生所述他父親編撰《潮州藝文志》的動機，與饒鍔先生自己在《與蔡紉秋書》（內容詳下）中所說的大致相同。綜合兩者來看，饒鍔先生的修志動機大約有以下幾點：

1. 認爲潮州鄉邦文獻，或因乏人整理而凋殘，以致鄉先賢的文章和學術，未能流傳、彰顯。

2. 潮州舊志於先賢著作，雖有記載，但因對藝文目錄的重視不足，以致錯漏頗多。

3. 原僅擬補輯《海陽縣志·藝文略》，但過程中所搜集到的鄉邦文獻資料，逐漸超出海陽縣的範圍，已遍及潮州九邑。

4. 後來讀到孫詒讓的《溫州經籍志》，因該書體例詳審，深受啟發和影響，直接促成他著手編纂《潮州藝文志》。

乙、體裁

如上文所述，饒鍔先生是讀到了孫詒讓的《溫州經籍志》，喜愛該書的體例，纔決定編修《潮州藝文志》的。那麼，《藝文志》的體裁，自然是效法孫書之規例。饒師宗頤先生後來在重印此書時所撰的序言亦云：

---

① 饒宗頤：《潮州藝文志·自序》，見《饒宗頤二十世紀學術文集》卷九潮學（上），臺北：新文豐出版公司，2003年，第十三冊，第244頁。

饒鍔先生的潮州方志學初探

先君昔歲輯《潮州藝文志》，有取於孫詒讓《溫州經籍志》之成規，掇錄序跋，間著考證。①

至於饒鍔先生取法於孫氏的要點是甚麼？饒師在當年補訂此書後所作的《潮州藝文志・自序》中已有解釋：

是書著錄凡九邑；而明代程鄉、鎮平、平遠三縣人書亦採入。以其舊屬潮州，故錄之以存沿革也。全書配隸門類，則遵《四庫總目》。所列諸書，於其行間，輒錄卷帙，兼載存佚。下則迻謄序跋，采證群言。至先君揅研所得則爲按語，殿於末簡。蓋其體例，全倣孫氏之書焉。②

《潮州藝文志・例言》又云：

是書　先君原稿，卷帙凡二十三，其編定者，厘十六卷而已。今者重事校理，義例稍更。以序跋之文，尠有全錄，篇幅遂省；故別其類次，爲十有七卷。而外編一卷，訂譌、存疑各一卷附焉。③

經饒師校理後的《潮州藝文志》，大部分序跋文不全錄，節卻不少篇幅；而且補錄了一些條目和考證，均明確地標示爲補錄。因此，我們閱讀今本《潮州藝文志》時，尚可大致窺見饒鍔先生原來版本的面貌。以下用列表方式，説明饒鍔先生和饒宗頤先生先後兩個版

---

① 饒宗頤：《重印潮州藝文志序》，見《饒宗頤二十世紀學術文集》卷九潮學（上），第十三冊，第242頁。
② 同上，第244頁。
③ 同上，第245頁。

本的卷帙異同之處：

内容範圍	《潮州藝文志》饒鍔原編卷帙	《潮州藝文志》饒宗頤訂補後卷帙
例言	（不設）	卷首
正編（依四庫分類，按朝代羅列）	卷一至卷二十三（其中已寫定8卷，已編定但未完稿8卷）	卷一至卷十七（序跋文不全錄，以省篇幅。現僅存宋至明共13卷）
外編	卷二十四（未寫）	卷十八
訂僞	（不設）	卷十九
存疑	（不設）	卷二十

總的來說，饒宗頤先生所謂"義例稍有更張"，主要體現在增入書籍資料的訂譌和存疑兩編，及據孫氏之體而更加細化，如把外編一門分爲志乘、雜記和文辭三類等等。要言之，他對此書的體例框架，只是略作微調而已，大致上仍因襲饒鍔先生的原意。①

丙、貢獻和影響

在先生編纂《潮州藝文志》之前，潮州九邑尚無藝文志，只《海陽縣志》之中有"藝文略"一門。此書成爲了後世研究潮州學術文化史不可或缺的參考用書，影響深遠。此書後來也成爲饒宗頤先生纂修《潮州志·藝文》的基礎。

---

① 關於《潮州藝文志》的體例，另請參考李劍雄：《饒鍔、饒宗頤先生與〈潮州藝文志〉》一文，見《潮學研究》（4），汕頭大學出版社，1995年，第198—210頁。李先生據饒志的《例言》，詳盡羅列了《潮州藝文志》的各種體例，但惜似未曾詳閱《溫州經籍志》或持之與《溫州經籍志》比較，故並未注意及饒師宗頤先生的所謂更張義例，僅屬細化微調而已。

四、從饒鍔《與蔡紉秋書》
看其方志學思想

饒鍔先生約近四十歲（1930 年）時，[①] 爲了編纂《潮州藝文志》，曾給鄉賢蔡紉初先生寫了一封信，此信的內容相當大程度上反映出饒鍔先生的潮州方志學思想。

饒鍔先生認爲，整理國故的工作，落實到一個郡邑而言，應該以徵考文獻爲當務之急；而在潮州來説，這項工作更加刻不容緩。其信有云：

> 竊嘗謂，居今之世而言整理國故，涂徑雖不一端，而一邑當務之急，則莫先於徵文與考獻。其在吾潮，尤不容或緩者也。[②]

爲甚麼急不容緩呢？他認爲：潮州雖然僻處一隅，山海阻隔，但歷代仍有不少傑出文人學者；可惜他們的文學、學術，由於有許多都不見於地方志乘的記載，因而未能得到世人的賞識和學習。其信説：

> 蓋潮之爲州，北阻山而南濱海，於禹域爲極南之地，當昌黎之未至，已有趙德之習儒、大顚之依佛。然稽之志乘，自宋迄清，吾潮人之以政事顯者，代不過三數十人，至於文苑儒林之流，其文其學之足爲世誦習者，更不數數。邁非昌黎之後，

[①] 饒鍔：《與蔡紉秋書》，《天嘯樓集》卷二，見《饒鍔文集》，第 61 頁。
[②] 同上。

潮人尚不悅學也；又非作者之才有未至，業有未精，其書之果不足以自襮也。良由士之長於斯土者，既限於耳目之濡染，又無大人先生爲之推轂游揚，是以雖有班揚之才，許鄭之學，而老死蓬蒿，名字不出里衖。其力能著書，殫精竭慮以倖成者，亦深藏錮閉，有若玉之在璞；而後人或不能守，又無好事者爲之綴拾流傳，更以干戈水火之災；歷史攸遠，幾何不隨劫灰以俱燼哉！①

信中慨嘆潮州的先賢良士，縱然有美玉之才、可傳之學，但如果"無好事之徒爲之綴拾流傳"，那麼他們的著述成果，最後只會隨歷史湮沒。對此，饒鍔先生舉出清乾隆年間海陽人陳于燼的著述湮沒不彰爲例：

> 敝邑乾隆間有陳于燼者，爲園公先生裔孫，著《枕餘偶摭》一書，小楷精鈔，積二十餘厚册。鍔近從其後人觀之，其考據之精審，有足以望領亭林而抗衡伯厚者，使其書出而傳佈於世，亦《日知錄》、《困學紀聞》之亞也。顧世莫有知其書，邑志藝文亦未著錄，由此推知，吾潮九邑前輩遺著之沉薶於荒丘萎巷而未發者，當不止於是也。②

《枕餘偶摭》七十二卷，乃稿本，今或已佚。我們或已無從鑒定此書的學術質量，但饒鍔先生由此而興發的有關"前輩遺著之沉薶於荒丘萎巷"的感慨，確實令人動容。因此，他極力提倡進行修志和輯集先哲遺書工作，可惜未能獲得地方行政當局的有效回應：

---

① 饒鍔：《與蔡紉秋書》，《天嘯樓集》卷二，見《饒鍔文集》，第61—62頁。
② 同上，第62頁。

故曰當今之務,莫先於徵文與考獻。鍔昔者頗嘗留意於此,如縣志之續修,先哲遺書之刊布,竊竊然爲鄉士大夫言者屢矣,而人微言輕,鄉士大夫竟無有以此爲念者。於是退而紬集見聞,鈎稽排纂,成《瀛故拾遺》、《潮州詩徵》數十卷;因未寫定,不敢出以示人也。前年購得孫詒讓《溫州經籍志》,愛其詳博,於是復有編輯九邑藝文志之願。①

續修縣志和輯集先哲遺書出版,都是浩繁的工程,如果沒有官民合作是難以完成的。在這種情況之下,饒鍔只好退而求其次,獨力纂輯了《瀛故拾遺》和《潮州詩徵》兩種著述,冀可爲日後鄉邦修志作準備,最後更有編纂《潮州藝文志》的創舉。

總的來説,饒鍔先生在此信中反映出來的方志學思想,主要有兩方面,一是鄉邦文獻的蒐集和考證,二是目錄之學。我們從上述所提及過先生的方志學著述成果,即可見一斑。

五、饒鍔的藏書和他的方志學

甲、藏書樓和讀書處

或以爲饒鍔先生的藏書室,名爲天嘯樓,其實不然。先生曾有《天嘯樓記》一文,明言"饒子嘗自名其所居之樓曰天嘯",② 是以知天嘯樓實爲先生的居所,建成於己巳(1929年)十一月。③ 而實際上,先生的藏書和讀書之處,是襲用了宋代陸游的書齋名,曰"書

---

① 饒鍔:《與蔡紉秋書》,《天嘯樓集》卷二,見《饒鍔文集》,第62頁。
② 饒鍔:《天嘯樓記》,《天嘯樓集》卷三,見《饒鍔文集》,第87頁。
③ 饒鍔:《蓴園記》,《天嘯樓集》卷三,見《饒鍔文集》,第85頁。

巢"，① 其位置在天嘯樓的三樓。② 在天嘯樓居室之後，還闢有一堂，名爲"述軒"，可能是先生寫作的地方。③

乙、藏書概況

　　研究者多稱天嘯樓藏書有十萬卷，甚或云十萬册，那可能是誇大之詞。考《饒鍔先生墓誌銘》，只説天嘯樓"滿貯古今書籍"。④ 饒鍔先生所撰的《天嘯樓自題聯》則謂"藏書萬卷"⑤ 而已。又先生詩《白香山有移家入新宅詩余構尊園落成移家其間即用白詩題五字爲韻作五首》之二則謂"平生所置書，計篋豈止十"。⑥ 以上皆未明言藏書的卷數。據饒鍔先生作於 1927 年⑦的《天嘯樓藏書目序》有云，他的藏書，"合前後所得，已居然六、七萬卷矣"⑧ 這已可能是唯一一個有關天嘯樓藏書卷數的確實記載了。

　　又據《天嘯樓藏書目序》，我們得知饒鍔先生的藏書，主要包括下列來源：⑨

　　1. 先世所傳（四書、五經、易知録、兔園和寒柳等小册數十種）
　　2. 仲兄次雲所遺（主要爲詩文、小學類書籍）
　　3. 按照張之洞《書目答問》和自己喜好購置的書籍
　　4. 辛亥之後購自家鄉破落舊家之書
　　5. 潮安西關著名藏書家朱氏（案：即朱學勤之結一廬藏書；朱氏藏書乃清季粵東三大藏書之一，晚清時名聞全國）的大半藏書

---
① 饒鍔：《書巢》，《天嘯樓集》卷三，見《饒鍔文集》，第 88—89 頁。
② 饒鍔：《白香山有移家入新宅詩余構尊園落成移家其間即用白詩題五字爲韻作五首》之三，《天嘯樓集》卷五，見《饒鍔文集》，第 138 頁。
③ 饒鍔：《述軒銘》，《天嘯樓集》卷四，見《饒鍔文集》，第 128—129 頁。
④ 據鄭國藩於 1932 年所撰之《饒鍔先生墓誌銘》，載《天嘯樓集》卷五後，見《饒鍔文集》，第 155 頁。
⑤ 饒鍔：《天嘯樓自題聯》，見《饒鍔文集》"拾遺卷"，第 181—182 頁。
⑥ 饒鍔：《天嘯樓集》卷五，見《饒鍔文集》，第 138 頁。
⑦ 陳賢武：《饒鈍盦先生作品繫年》，見《饒鍔文集》，第 196 頁。
⑧ 饒鍔：《天嘯樓藏書目序》，《天嘯樓集》卷一，見《饒鍔文集》，第 24 頁。
⑨ 同上，第 22—25 頁。

6. 自上海購得江浙舊藏
7. 自行鈔錄所得之書

丙、藏書與學術

先生的《天嘯樓藏書目序》又説：

> 後從坊肆得張文襄《書目答問》，購歸閲之，始憬然於天下之大、作者之衆，而學問之事，真淵博無涯涘矣。由是輒就性所喜者，按目尋購。①

張之洞的《書目答問》，乃著名的中國傳統學術文化書目導讀的經典著作。饒鍔先生自言是在讀到此書之後，纔在學術上逐漸入門；而此書亦事實上啟發了先生後來非常留心文獻目錄之學。先生在這方面的撰述有《奉天清宮古藏目錄序》、《持靜齋書目跋》、《永樂大典目錄跋》等，終又因購得《溫州經籍志》，受到影響而編纂《潮州藝文志》，這些都可見他對文獻目錄學的重視。

此外，從上述引文，我們可以得知，先生是按著《書目答問》去購置藏書的；由於此書涉獵全面，因此先生的依目購書，也造就了他藏書內容的全面性，直接或間接造就了他自己和後來饒宗頤先生的博學。

和許多藏書家不同的是，饒鍔先生藏書，首先是爲了讀書，並不追求古本，也不追求經濟價值。他説：

> 夫古人藏書，所爲讀書也。讀書而藏書，則書既得其

---

① 饒鍔：《天嘯樓藏書目序》，《天嘯樓集》卷二，見《饒鍔文集》，第72頁。

用矣。①

其次，饒鍔先生藏書的目的，也是爲了學術研究和著述。又曾謂得書之後：

　　盡日夜哦誦，丹鉛讎校，狼籍滿紙，既終篇，又忽棄置，不其愛惜。②

又曾撰一副對聯，表明藏書、讀書和著書三者，與他自己的人生，有著密切的聯繫：

　　入世卌年，涉世卅年，玩世廿年，世味飽經，老去厭談天下事；
　　藏書萬卷，讀書千卷，著書百卷，書生結習，閑來學種武侯瓜。③

丁、藏書與潮州方志學撰述

先生曾致書溫廷敬，有云：

　　敝邑西湖，自去歲重闢，煥然改觀，爲一郡登臨之勝，鍔時時往遊其地，痛而發篋刺取志乘，盡三四月之力，鉤稽疏證，成《西湖山志》十卷。④

---

① 饒鍔：《天嘯樓藏書目序》，《天嘯樓集》卷一，見《饒鍔文集》，第24頁。
② 同上。
③ 饒鍔：《天嘯樓自題聯》，見《饒鍔文集》"拾遺卷"，第181—182頁。
④ 饒鍔：《復溫丹銘先生書》，《天嘯樓集》卷二，見《饒鍔文集》，第72頁。

又云：

> 鍔不自揆，同時亦有《潮州詩徵》之輯……然戔戔之勤，所掇拾者，猶不下二三千首。①

此外，《與蔡紉秋書》又提到：

> 退而紬集見聞，鉤稽排纂，成《瀛故拾遺》、《潮州詩徵》數十卷……以鍔之孤陋，凡搜括，統以四部，猶可得五百餘種，其中有目無書者什八九，有書而爲鍔所得見者又不及什二三。②

上述引文，顯示出先生的各種潮州方志學著作，所依據的資料，主要來源是自己的藏書。

六、餘論：饒鍔方志學的特點

綜上所述，饒鍔先生的潮州方志學有以下幾個特點：

甲、全方位的方志學研究

饒鍔先生的潮州方志學著述，最爲人習知的，要算是由饒師宗頤先生補訂而成的《潮州藝文志》。除此之外，還有以下幾種撰述或研究計劃：

---

① 饒鍔：《復溫丹銘先生書》，《天嘯樓集》卷二，見《饒鍔文集》，第72頁。
② 饒鍔：《與蔡紉秋書》，《天嘯樓集》卷二，見《饒鍔文集》，第63頁。

1.《潮安饒氏家譜》，1921年刊行。

（按：地方上的譜牒，是編修方志的重要史料之一；有學者甚至把譜學列爲方志學中重要的一環。）

2.《潮州西湖山志》，1924年刊行。

3.《潮州藝文志》，約於1925年著手編纂。

4.《海陽縣志·藝文略》"補遺"，未屬稿。

（按：在決定編纂《潮州藝文志》之前，先生只擬搜討鄉邦遺獻，以補《海陽縣志·藝文略》；後因蒐集所得已遍及潮州九邑，故而改變撰著計劃。）

5.《潮雅》，未定稿。

（按：先生自言"嘗以嶺東方言，間雜蠻語，與中原語音殊絕，然窮其聲變，察其本柢，舊音雅馴，往往而存，曾欲就所知者，徵之經傳，放揚雄氏爲《潮雅》一書"。[1]）

6.《瀛故拾遺》，未定稿。

7.《潮州詩徵》，未定稿。

（按：以上兩種，共有數十卷；皆是先生留心鄉先賢遺著，長期蒐集所得。[2] 前一種蓋屬潮州掌故史料。後一則爲潮州詩人的題詠，至1924年已獲二三千首。[3]）

此外，他又曾極力向潮州地方官員和士紳，建議啟動修志，以及搜羅、出版先哲遺著等等。

以上種種，都顯示出，先生對鄉邦文獻整理的關注和規劃，乃是全方位的，涉及譜牒學、方志學、目錄學，以至語言學等等範疇。而他以個人之力，撰成了《家譜》、《西湖山志》和大部分《潮州藝文志》，更是由一家之史，到一山之志，再到一

---

[1] 饒鍔：《仲兄次雲先生行述》，《天嘯樓集》卷三，見《饒鍔文集》，第111頁。
[2] 饒鍔：《與蔡紹秋書》，《天嘯樓集》卷二，見《饒鍔文集》，第62頁。
[3] 參考饒鍔：《復溫丹銘先生書》，《天嘯樓集》卷二，見《饒鍔文集》，第72頁。

郡之史（藝文部分）等方志學文獻整理的系列性業績的具體表現。

乙、蘊含著痛惜鄉邦遺獻的士子情懷

饒鍔先生把搜集、整理和刊布鄉邦文獻，視爲在動盪社會之中，知識分子的一項責任。他曾説：

> 方今世變日亟，鄉獻剩篇，不絶如縷，發揮而表彰之，固後死者之責。①

也是這種思想，使他竭力搜羅鄉邦舊籍，冀由此而重新發現先哲的文學和學術成就，從而得以"發揮而表彰之"。

丙、注重編纂體例

饒鍔先生曾説過，"編書取重條理"。② 因此，他的方志學著作，大多會參考甚至是依據前輩名著的編纂體例。

前文已經提到，饒鍔先生《潮州西湖山志》體例，是參酌變通顧湄《虎丘山志》而來的。先生編纂《潮州藝文志》，則受到孫詒讓《溫州經籍志》很大的啓發，有關體例亦悉依孫書。其《潮雅》一書，則倣效《揚雄・方言》之體。至於《潮州饒氏家譜》，先生亦曾具體談到譜法體例：

> 余曩者嘗有志於譜牒之事。前年爲《潮州饒氏家譜》，略仿古世表之遺法，而述系則斷自始遷之祖，又分别其所宜載與否

---

① 饒鍔：《與蔡紉秋書》，《天嘯樓集》卷二，見《饒鍔文集》，第63頁。
② 參考饒鍔：《潮安饒氏家譜・例言》，見《饒鍔文集》"拾遺卷"，第162頁。

者，具爲條例，載諸譜首。①

而此譜之編，崇尚"信今而傳後"，力求簡要明覈、勿誣勿濫等等，要皆效法姚鼐的譜學理論。②

丁、尤重藝文

饒鍔先生之擬補録《海陽縣志・藝文略》、鈎稽排纂《潮州詩徵》，又於《潮州西湖山志》變"題詠"一門爲"藝文"，最後編纂《潮州藝文志》等等，皆能顯示出他重視鄉邦藝文的特色。他在《潮安饒氏家譜・例言》中，更强調地方邑乘固應以文爲重的原則：

> 國史邑乘，例有藝文一門。顧國史所載，以學爲主，故僅榜書目；邑乘所載，以文爲重，故兼及詞章。③

本文認爲先生之所以惓惓於潮州藝文，蓋有他的深意。他曾説過：

> 吾邑自宋明以還，名卿碩儒，忠義直諒之彦，代有其人。獨文章之學，倡之者既寡，而爲之者又囿於見聞，相安孤陋，於古人義法，往往莫知其然，故歷時綿遠，而潮人無寸簡見稱於當世。④

---

① 饒鍔：《曾氏家譜序》，《天嘯樓集》卷一，見《饒鍔文集》，第21頁。
② 參考饒鍔：《潮安饒氏家譜・例言》，見《饒鍔文集》"拾遺卷"，第162頁。
③ 《饒鍔文集》"拾遺卷"，第162頁。
④ 饒鍔：《鄭蕃之墓誌銘》，《天嘯樓集》卷三，見《饒鍔文集》，第100頁。

由此可知，先生時刻惦念潮州藝文，是希望能透過蒐羅、整理、著錄和刊布先賢著述，使其得以彰顯而傳之久遠，而後世學子便能知所仿習，以期潮州文章之學的復興。

戊、旁搜博覽，重視目錄和考據之學

饒鍔先生的潮州方志學，方面廣闊，非常重視資料搜集和文獻目錄之學，也因此成就了他作為粵東一大藏書家和方志學家，上文已有論述，於茲不贅。此外，他的方志學還有重視考據之學的特點。他在《柯季鶚詩集序》中曾說：

辛亥之秋，清廷鼎革，余避亂家居，從事考據之學。[1]

《墓誌銘》亦稱他：

性獨好古，於書無所不觀，尤致力考據之學。[2]

而他的其中一位老師溫廷敬也曾稱讚他：

吾潮向但有詩人、文人，而無學人；宋明義理之學，尚可得數人，若考證則純無矣。[3]

可見饒鍔先生的考據之學，在當時已頗見重於世。

---

[1] 《天嘯樓集》卷一，見《饒鍔文集》，第36頁。
[2] 據鄭國藩所撰之《饒鍔先生墓誌銘》，載《天嘯樓集》卷五後，見《饒鍔文集》，第153頁。
[3] 溫丹銘：《贈饒君純鈞並序》自注1，見《饒鍔文集》"拾遺卷"，第178頁。

己、把地方志乘之學，繫於國史

饒鍔先生認爲，地方文獻的徵集、整理，實爲"整理國故"的一個重要部分。[①] 後於 1997 年，饒師宗頤先生在《地方史料與國史可以互補》一文中，有著與饒鍔先生幾乎一致的觀點。[②] 亦由此可見，饒宗頤先生地方史學思想的家學淵源。

（原文初次發表於 2013 年 7 月潮州"饒學國際學術研討會"。）

[①] 參考饒鍔：《與蔡絅秋書》，《天嘯樓集》卷二，見《饒鍔文集》，第 61 頁。
[②] 參考饒宗頤：《地方史料與國史可以互補》，見《文史知識》1997 年第 9 期・潮汕文化專號；北京：中華書局，1997 年，第 4—5 頁。

饒宗頤先生的琴學初探

龔 敏

一、前　言

　　饒宗頤先生（1917—　），字選堂，號固庵,[①] 潮安（今属潮州市）人。早年遷居香江，1952—1968 年受聘香港大學中文系，奠定學術基礎；1968—1973 年間，任新加坡國立大學中文系首任講座教授、系主任；1973—1978 年，任香港中文大學中文系講座教授、系主任，現任香港中文大學偉倫講座教授職。

　　饒先生十六歲時繼承父志，編纂《潮州藝文志》，二十三歲受聘爲中山大學研究員，至今從事學術研究八十載，治學廣泛，舉凡涉獵：方志、目録、金石、歷史、敦煌、文學、宗教、中外交通、書

[①] 關於饒公的字號等問題，請參鄭煒明、陳玉瑩：《選堂字考——兼及先生名、字、號的其他問題》，"饒宗頤與華學國際學術研討會"會議論文集（2011 年 12 月 11—12 日），頁 184—193。

畫等學科領域。歷年客席、訪問、講學於英、美、歐、日、印以及大中華區之高等學府，著述等身。① 先生又能詩詞文章，好繪素，並擅音律、琴學，學界稱美先生"業精六藝、才備九能"，殊非過譽。

上世紀 80 年代以來，學界開始饒先生之文學、學術之研究論述。至於饒先生琴學之研究，近來知見有唐世璋（F. John Thompson Jr.）《翻譯、闡釋饒宗頤〈宋季金元琴史考述〉》；② 姜伯勤先生《論宗頤琴心》③；萬毅、戴方晨《饒宗頤先生的琴學與樂教》④ 等人撰文論述。然猶未能具體全面地整理、研究論述和呈現饒先生之豐富琴學面貌。有見及此，是次古琴國際學術研討會擬以饒宗頤先生之琴學爲題，依次從饒先生的習琴、彈琴、藏琴與琴譜、琴學研究、琴與書畫藝術等各方面進行初步之整理與論述，作爲筆者研究香港容氏家族琴學及其傳播之持續性研究文章之一。⑤

又，饒宗頤先生自 1952 年隨容心言先生受琴，至今歲恰爲一甲子，謹撰此文爲先生壽。

二、饒先生的琴學師承與彈曲考

關於饒宗頤先生的琴學師承，先生在 1971 年爲唐健垣編纂之

---

① 饒公之著述文章，可參鄭煒明、林愷欣：《饒宗頤教授著作目錄新編》，"香港大學饒宗頤學術館·研究叢書"第一輯第一種，濟南：齊魯書社，2010 年。
② 參見耿慧玲、鄭煒明、劉振維、龔敏主編：《琴學薈萃——第一屆古琴國際學術研討會論文集》，濟南：齊魯書社，2010 年，頁 6—19。
③ 參見鄭煒明、耿慧玲、劉振維、龔敏主編：《琴學薈萃——第二屆古琴國際學術研討會論文集》，頁 1—13；收入姜伯勤：《饒學十論》，濟南：齊魯書社，2012 年，頁 25—46。
④ 詳見《琴學薈萃——第二屆古琴國際學術研討會論文集》，頁 321—331。
⑤ 此前筆者曾與林愷欣小姐合作撰寫《香港容氏家族之琴學淵源與傳習》一文，詳見《琴學薈萃——第一屆古琴國際學術研討會論文集》，頁 205—234；2011 年第三屆古琴國際會議，筆者撰寫了《盧家炳及其〈春雨草堂琴譜〉考述》一文，論述盧氏生平、琴譜及與容氏之琴學關係，收入會議論文集。

《琴府》作序時説：

  記十餘年前，在香港，言琴事者只五六人，黑龍江容心言，西蜀吳鈍白最爲耆宿。容丈年八十（即著《琴瑟合譜》慶瑞之孫，其家四代操縵），自幼操弄，垂七十載，蓬戶甕牖，世無知者。余走荒山中，從問琴，得手授《搔首》、《塞鴻》、《水仙》、《瀟湘》諸操，乃悟琴莫重於左手之吟猱，按欲入木，而徐青山之澹，造境尤不易，宜其不入世人之耳。容、吳二叟久已下世，曩日窮病山阿，無人從學，學者又往往中道而廢……

序文憶記上世紀50年代香港琴況，獨標舉容心言（圖一）、吳鈍白二人，尤見容、吳二人在當時香港琴壇之重要性與代表性，容氏一脈至今猶存，而吳氏琴風則無由得聞。文字又於容心言（1884—1966）先生之琴學淵源及生活情狀、自身學琴等細節，有所描述，庶幾表明學有所宗。王振澤《饒宗頤先生學術年歷簡編》記載，1952年，饒先生初入香港大學中文系工作，於36歲時始

圖一　容心言先生

"爲深入研究古琴音樂，從容心言學古琴"，[①] 文字簡約，而標記時間在1952年則尤其重要。據容師母、容克智兄言談間告知，容心言先生於1951年由廣州來港依其二子容師思澤，卜居香港仔，荒郊陋室，不改初衷，撫琴自若，至1966年因病辭世，享年八十有二。[②]

[①] 參見王振澤：《饒宗頤先生學術年歷簡編》，香港：藝苑出版社，2001年，頁27。
[②] 關於容心言先生事迹及香港容氏家族琴況，可參龔敏、林愷欣：《香港容氏家族之琴學淵源與傳習》；容克智：《容家族琴學傳承六代探微》，收入《琴學薈萃——第二屆古琴國際學術研討會論文集》，濟南：齊魯書社，2011年，頁332—347；容克智：《容氏家族指法與節奏》，收入《琴學薈萃——第三屆古琴國際學術研討會論文集》，出版中。

1952年，容心言先生初來香江，饒先生也來港定居不久，兼且新進港大中文系，風華正茂。容、饒二人同屬嶺南地區世家，拜師談藝，相宜無礙。饒先生在文中謂"得手授《搔首》、《塞鴻》、《水仙》、《瀟湘》諸操"，《搔首》即《搔首問天》；《塞鴻》即《塞上鴻》，俱係容氏家傳琴曲。於此，猶可想見饒先生當時治學、習琴之勤苦。

圖二　饒宗頤先生彈琴圖

圖三　饒宗頤先生與都梁琴主人何覺先生（左）、羅忼烈先生（右）

1976年，饒先生手編《南海唱和集》，緬懷與詞人、學者趙尊嶽詩歌唱和諸作，中有《贈琴師容翁心言十六疊前韻》詩：

泠泠七弦琴，薰風拂夏日。至樂忘年義，不覺垂八十。莫謂蓬戶間，清歌金石出。宗派溯廣陵，沾溉遍暇隙。心逐徐青山，疏淡唯師昔。三復廿四況，寢饋共枕席。希聲執知音，白雲時掛壁。

（翁年七十餘，祖慶瑞，原籍黑龍江，著《琴瑟合譜》。瑞受之李澂宇，澂宇得傳於徐越千、周子安之徒，蓋五知齋一脈也。瑞授大興張瑞珊，著《十一弦館琴譜》，其徒劉鐵雲為梓行。書中劉氏於《廣陵散新譜》後記敘傳授淵源甚詳，足以補苴琴史。余曾從容翁問指法年餘，性懶而拙，愧未能窺其萬一耳。)①

此詩爲目前知見饒宗頤先生贈容心言先生唯一一首詩作，故引録原詩及詩序如上，以見師生之情誼。詩中藉由文字陳述容心言先生卜居荒郊，而枕琴如昔，並指陳容氏琴學流緒，及心言先生獨好徐青山《二十四琴況》之樂及琴風。詩序中謂“從容翁問指法年餘”，則饒先生從容氏心言習琴，始於 1952 年，約至 1954 年間止。此詩不記年月，而趙尊嶽卒於 1965 年，詩中又云容心言先生“不覺垂八十”，序又謂“翁年七十餘”，則詩必作於 1965 年以前，或係上世紀 50 年代之作，待考。

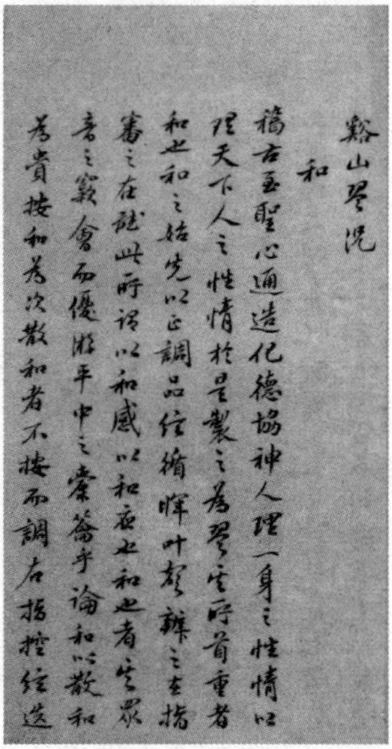
谿山琴況

和

稽古至聖心通造化德協神人理一身之性情以理天下人之性情於是製之為琴其所首重者和也和之始先以正調品絃循徽叶聲辨之在指審之在聽此所謂以和感以和應也和也者其眾音之竅會而優游乎中之橐籥乎論和以散和為貴按和為次散和者不按而調右指控絃迭

圖四　容心言先生親筆抄本《谿山琴況》

饒宗頤先生學琴年餘，而“得手授《搔首》、《塞鴻》、《水仙》、《瀟湘》諸操”，可見天資之厚，撫琴之勤，於諸曲中尤喜彈《水仙》、②《瀟湘》。③ 以上四曲，上世紀 60 年代末至 70 年代初期，唐健垣先生得曾親聞，並記入《琴府》。④ 除上述四首由容氏傳授之琴曲外，據饒先生《〈楚辭〉與詞曲音

① 引見饒宗頤：《清暉集》，深圳：海天出版社，1999 年，頁 141。

② 饒先生有《寄港中琴友》詩云：“幽篁帶水月微寒，秋塞淒吟晚自彈”，自注：“秋塞吟即琴曲水仙，余喜彈之”。見《南征集》，收入《清暉集》，頁 186。

③ 饒先生《湘春夜月》“漾空明，柳風偏攪離魂”詞序云：“琴曲《瀟湘》，余喜彈之，輒憶白石蕩湘雲楚水，目極傷心句，不覺其情之掩抑也。”見《固庵詞》，收入《清暉集》，頁 319。

④ 詳見唐健垣編纂：《琴府》(下一)“琴曲索引”條，臺北：聯貫出版社，1971—1973 年，頁 1536、頁 1540；“近代琴人録・饒宗頤”條，頁 1678。

樂》一文第四部分"《楚辭》與古琴曲"文末云："以上各曲，皆曾彈過，略諳它的取音和美妙之處，故加以充分説明。尚有若干曲，未經彈出，姑記其目於後"，[1] 按圖索驥，知先生當時曾自打譜琴曲有《離騷》、[2]《澤畔吟》、《宋玉悲秋》、《招隱》等曲。合計從容氏習得者共 8 曲。

圖五　饒宗頤先生彈琴圖

此外，2009 年因撰寫《香港容氏家族之琴學來源與傳習》一文，於容克智師兄家中訪談，偶爾得見饒先生早年以藍色圓珠筆抄錄《自遠堂琴譜》之《鹿鳴操》（圖六）一曲，字體工整，紙存兩頁。據克智兄告知，此曲原由饒先生自行打譜，某次，容師思澤先生耳聞饒先生彈奏此曲，覺清新可喜，苦無刻本琴譜可依，遂請饒先生謄錄一份自存。琴曲雖短，數十年後得見，猶能表見容、饒二氏琴學情誼之一斑。是目前知見饒先生能彈琴曲共有 9 首。

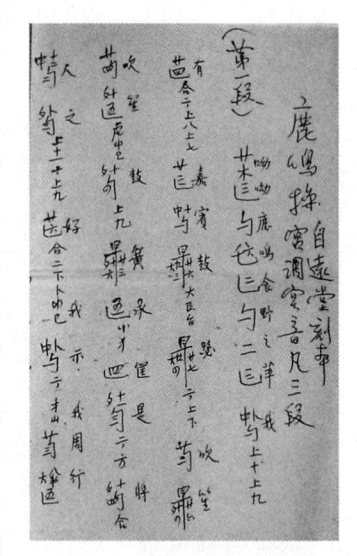

圖六　容氏藏饒宗頤先生手抄本《鹿鳴操》

---

[1] 參見饒宗頤：《〈楚辭〉與詞曲音樂》，收入《饒宗頤二十世紀學術文集》第十六冊、卷十一・文學，臺北：新文豐出版公司，2003 年，頁 403。

[2] 饒先生在文中云："《離騷》這曲，我曾下了半載的工夫，彈過數十遍，對它頗有體會。"詳見《饒宗頤二十世紀學術文集》，頁 399。

三、饒先生所藏古琴與琴譜

饒宗頤先生以通人之才，兼治琴學，故能精鑑識、蓄名器舊籍，以養情志，以治學術。據《琴府》（圖七）上世紀 70 年代初記載，饒先生所藏古琴五床：

（1）宋"萬壑松"琴一床[①]

（2）年代不明"解慍"琴一床

（3）香港容氏舊藏明初或元"無名古琴"一床

（4）盧家炳舊藏"石泉"琴一床[②]

（5）清陳蘭甫手製古琴一床[③]

此外，尚有 2005 年饒先生自題"吉祥音"琴一床，現藏於香港大學饒宗頤學術館。[④]

以上六床古琴，宋"萬壑松"琴屢見饒先生文字記述，想必最爲饒先生鍾愛。1968 年農曆四月，饒先生手編《固庵詞》，中有《淒涼犯》"冰弦漫譜衡陽雁"詞，序云：

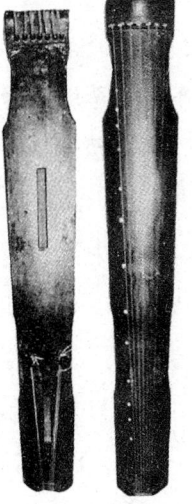

圖七　轉引自《琴府》

> 周密《浩然齋視聽鈔》載北方名琴條，有金城郭天錫祐之

---

① 2009 年，饒先生書《爲我一揮手　如聽萬壑松》五言聯，並題："李白名句，余有琴郭天錫舊物，以此爲名。"見林雄主編：《饒宗頤藝術經典》第八種《弦韻琴心——饒宗頤古琴書畫作品選》，廣州：南方日報出版社，2011 年，頁 90—91。知琴至今仍爲饒先生皮藏。

② 2008 年，饒先生書《種竹搖窗月　調琴響石泉》五言聯，並題："余貯琴有一銘曰'石泉'，與此聯巧合。"見林雄主編：《饒宗頤藝術經典》第八種《弦韻琴心——饒宗頤古琴書畫作品選》，頁 86—87。是此琴至今仍爲饒先生皮藏。

③ 以上五床古琴，詳細請見《琴府》"近代琴人錄・饒宗頤"條，頁 1678。

④ 此琴之圖片，詳見林雄主編：《饒宗頤藝術經典》第八種《弦韻琴心——饒宗頤古琴書畫作品選》，頁 180—181。

萬壑松一器。鮮于樞《困學齋雜錄》京師名琴下，亦記郭北山新製萬壑松。此物現歸於余。余得自顧氏，蓋鄒靜泉自北攜至粤中者。每於霜晨彈秋塞吟，不勝離索淒黯之感，爰繼聲白石道人，爲瑞鶴仙影云。①

此處記述"萬壑松"自製琴至得琴之流傳與經過。顧氏云云，據《琴府》謂即影星顧媚之父——顧淡明，原在廣州任報業，精繪畫，生平不詳。至於鄒靜泉，即鄒靜存（1874—?），廣東番禺人，南社社員，原在廣州開設銀號，1921年移居香港，爲香港上世紀20年代詩社——北山詩社社員。② 此琴曾爲吳宗漢、蔡德允、容師思澤、呂培原、鄭珉中等琴壇名宿所見。

1971年，饒先生任美國耶魯大學研究院客座教授，曾攜"萬壑松"琴前往。《水調歌頭》"此曲幾人解"序云："東歸在即，書物盡打包，隨身只'萬壑松'一琴而已。中夜不寐，起操《搔首問天》一曲……"③ 千載名器，萬里隨身不離，合於《禮記・曲禮》下云："士無故不徹琴瑟"；又《風俗通・聲音篇》云："君子所常御者，琴最親密；不離於身……雖在窮閻陋巷，深山幽谷，猶不失琴。"尤見先生對此琴鍾愛之情。

饒宗頤先生藏琴之外，並購琴籍。早歲爲人撰序云："余志在琴史，曾集琴書舊譜三數十種"，④ 此言不虛。1960年發表《宋季金元琴史考述》，於卷末"補記"云："本文屬稿時，因手頭乏周夢坡《琴書存目》、《琴史續》二書，頗費鉤索之勞。及寫定後，始從書坊

---

① 參見饒宗頤：《固庵詞》，收入《清暉集》，頁317。
② 參見程中山：《開島百年無此會：二十年代香港北山詩社研究》，《中國文化研究所學報》第53期，2011年7月，頁307。
③ 見《桴欄詞》，收入《清暉集》，頁368。
④ 見饒宗頤：《琴府序》，《琴府》上冊。

購得之⋯⋯"① 可證饒先生爲學術研究所需，購書藏書均極豐富。2003 年 11 月 8 日，香港大學饒宗頤學術館成立，饒公捐出藏書 4 萬册，其中古籍珍善本計約八百餘種，册次數以千計。2011 年，整理館藏古籍，得琴籍二十四種，均爲饒先生舊藏，依次簡錄如下。

(一)《琴學入門》　　（清）張鶴静　輯

一函三册，清同治六年（1867）刊本，有白文"周南之印"藏印一枚。此書爲同治六年（1867）原刊本，書分上下二卷三册，上卷一册介紹古琴之名稱及指法等，下卷二册爲琴譜。

(二)《琴學入門》　　（清）張鶴静　輯

一函二册，清同治六年（1867）刊本。此書原刊爲上下二卷三册本，經整修後爲上下二册。全書有朱筆句讀。

(三)《琴學入門》　　（清）張鶴静　輯

一函二册，清光緒七年（1881）中華圖書館石印本。書扉頁有"吳縣彭叔華家藏"朱文印一枚。此書原爲同治年間上海玉清宮道士張鶴静所輯，刊行於同治六年（1867），原書分上下二卷三册。清光緒七年（1881）又由中華圖書館以石印重刊，書分上下二卷二册，上卷介紹古琴之名稱及指法等，下卷爲琴譜。

(四)《春草堂琴譜》　　（清）蘇璟等　合編

一函二册，清同治丙寅（1866）雙清館重刊本。原書刊行於清乾隆九年（1744），同治間由祝桐君等人校評重刊印行。全書六卷，總爲二十八曲，卷首有蘇璟《琴説》及戴源《鼓琴八則》等。

---

① 見《饒宗頤二十世紀學術文集》第六册，卷四"經術、禮樂"，頁 604。

(五)《琴學》　　(清)曹庭棟　撰

存二十二卷，二冊，清乾隆十五年（1770）刊本。全書存二冊，上冊《內篇》言聲律、制弦、定聲等事，凡十二篇；下冊續《內篇》，凡十三至二十二篇，以圖說明弦、律、聲等，並解說分調、立調等事。《外篇》缺。

(六)《枯木禪琴譜》　　(清)釋空塵　著

四冊一函，光緒十九年（1893）刊本。全書四冊八卷，卷一爲琴論、指法、調弦等；卷二爲製琴與左右手指法等；卷三至卷八譜琴曲三十首。

(七)《蕉庵琴譜》　　(清)秦維瀚　撰

四冊一函，光緒三年（1877）刊本。全書四冊四卷，卷一解說琴身各名稱及指法等，卷二至卷四略分宮、商、角、徵、羽、外調等，合共收錄琴曲三十二首。

(八)《蓼懷堂琴譜》(圖八)　　(清)雲志高　訂譜

四冊一函，清刊本。書扉頁又題《琴譜大全》，楊西峰山人著，蓼懷堂重訂。全書不分卷，略以宮、商、徵、宮羽、黃鐘等分類收錄琴曲三十一首。

圖八　香港大學饒宗頤學術館藏《蓼懷堂琴譜》

(九)《神奇秘譜》　　(明)朱權　撰

三冊一函，中央音樂學院一九五六年影明刊本。此書爲一九五六年由中央音樂學院影印明本刊行，書後附有查阜西《臞仙〈神奇秘譜〉後記》一文，對於此譜之來歷，多有論述。

(十)《廣陵散譜》　馮水　重刊

一册一函，民國重刊本。此書一册，僅錄廣陵散一曲。據馮水《序》文及《廣陵散辨誤》，知係據明嘉靖本《風宣玄品》重刊。

(十一)《與古齋琴譜》　（清）祝鳳喈　編

四册一函，清刊本。此書專論古琴音律、製琴、坐姿、指法等等。不載琴曲譜，與其他琴譜略有不同。

(十二)《天聞閣琴譜》　（清）唐彝銘纂集、張孔山同修

十八册一函，清光緒二年（1876）刊本。全書總分十七卷（含首卷），首卷上專論音律，卷中論說學琴須知，卷下則言指法。其他各卷依宮、商、角、徵，選錄諸派傳習之琴曲。

(十三)《自遠堂琴譜》　（清）吳灴　彙輯

十二册一函，校經山房成記書局石印本。全書十二卷，前三卷論說定聲、音律、指法等，其他各卷收錄琴曲六十首、琴歌九十首。

(十四)《琴學叢書》　楊時百　編輯

十一册一函，民國元年（1911）刊本。全書總分三十二卷，論說琴粹，收錄琴論、琴話、隨筆、琴瑟合譜等，大凡楊時百以前諸家關於琴說之論，皆取錄無遺。

(十五)《琴譜諧聲》　（清）周顯祖　著

六册一函，清嘉慶庚辰（1820）刊本。全書六卷，卷一卷二論說古琴音律及指法、泛音等，其他各卷收錄琴譜及琴簫合譜。

（十六）《五知齋琴譜》　　（清）周魯封　彙纂

六册一函，清棲心琴社重刊本。全書八卷，卷一論說琴論、弦音、指法以及彈琴要法等。卷二至卷八收錄琴曲三十三首。

（十七）《伯牙心法》（圖九）　　（明）楊掄輯

四册一函，明刊本。此書原爲荷蘭漢學家高羅佩先生舊藏，後由高氏轉贈饒宗頤教授。全書無目錄、卷次，收錄《高山》、《流水》、《釋談章》、《水龍吟》等琴曲。

（十八）《梅庵琴譜》王濱魯原著　徐卓重編

一册一函，一九五八年寫印本。全書略分上、中、下三卷，上卷主要論說琴器、音律、安弦、指法等；卷中收錄琴譜十五首；卷下則將《搗衣》、《長門怨》等曲，譯成簡譜。

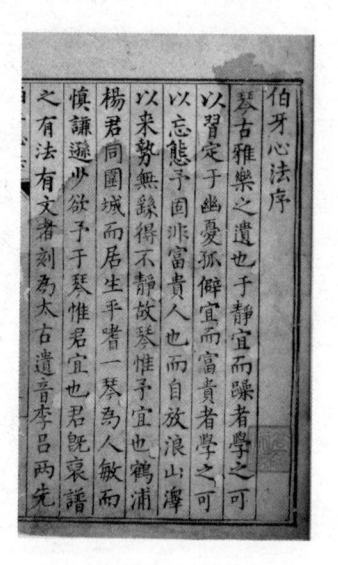

圖九　香港大學饒宗頤學術館藏《伯牙心法》

（十九）《十一弦館琴譜》　　（清）劉鶚　輯

一册一函，一九五三年中央音樂學院重印本。此書存世尚有清刊原本，中央音樂學院重印本，實據殘本複印。全書收錄《廣陵散》、《耕莘釣渭》、《平沙落雁》、《天籟》等曲，末有查阜西《跋》文一篇。

（二十）《琴史補、琴史續》　　周慶雲　纂

四册一函，民國己未（1919）年夢坡室刊本。《琴史補》二卷，分別編纂上古太昊、炎帝至宋朝徐衍等人彈琴事略。《琴史續》八

卷，編纂南宋自徽宗始，至明葉小鸞等琴人事略。

(二十一)《琴書存目、琴書別錄》　周慶雲　纂

　　四冊一函，民國夢坡室刊本。《琴書存目》六卷，分別彙錄周代琴人至民國楊時百《琴話》、《琴譜》等編纂之琴書提要。《琴書別錄》上、下卷，彙錄自荀子至清咸豐、同治間楊振藩所撰之聲樂音律等書之提要。

(二十二)《誠一堂琴譜　附琴談一卷》　（清）程允基　選訂

　　六卷四冊，清康熙乙酉（1705）聚錦堂本。此書爲"新安程允基寓山氏選訂"、"弟允培景山氏參校"。其後屢經翻刻，近世又收入琴學類叢書，以故流傳較廣。

(二十三)《松風閣琴譜》　（清）程雄　選訂

　　二卷一冊，清康熙十六年（1677）刊本。是書爲程雄選訂，宮夢仁鑒定，收入《四庫全書》。

(二十四)《抒懷操》（圖十）　（清）程雄　輯

　　一冊，清刊本。此書據《中國音樂詞典》"抒懷操"條云："清康熙二十一年（1682）程雄輯。收三十七首琴歌。歌詞爲其友人填詞。曲譜爲程雄所作。收入《松風閣琴譜》。"

　　以上二十四種琴籍，除明版《伯牙心法》爲荷蘭外交官兼學者高羅佩（Robert

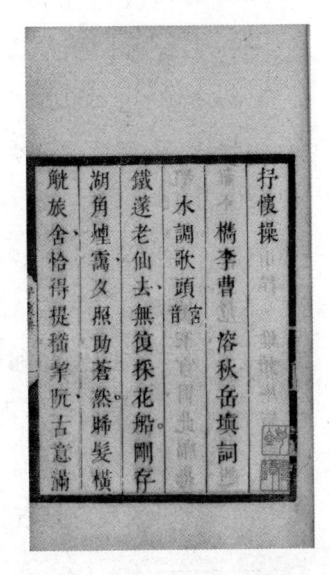

圖十　香港大學饒宗頤學術館藏《抒懷操》

Hans van Gulik，1910—1967）贈送外，其他均係饒先生自行購存以資研究之用，版本多爲清刊及清人琴籍。今知見琴籍不過百數十種，饒先生以一學人、琴人身份藏琴籍若此，可謂已極豐富。

四、饒先生的琴學研究與藝術創作

饒宗頤先生的琴學研究，知見有以下九篇文章，依先後發表時次序列如下：

（1）1958 年選堂叢書（五）——《楚辭與詞曲音樂》中的第四節"《楚辭》與古琴曲"、附錄一"《離騷》勞商辨"、附錄三"《楚辭》琴譜舉例"；

（2）1960 年《宋季金元琴史考述》；

（3）1974 年《古琴的哲學》；

（4）1987 年《説琴徽——答馬蒙教授書〈敦學集〉》；

（5）1989 年《説玓——兼論琴徽》；

（6）1997 年《三論琴徽》；

（7）1998 年《再談〈七發〉"玓"字》；

（8）2000 年《涓子〈琴心〉考——由郭店雅琴談老子門人的琴學》；

（9）2001 年《敦煌〈悉曇章〉與琴曲〈悉曇章〉》；①

由以上諸篇文章的撰寫和發表時間，大略可以窺探饒先生治學之興趣與途徑。如"《楚辭》與古琴曲"一節主要蒐羅後世從《楚辭》衍生而來的琴曲，闡明"自唐以後琴曲以《楚辭》作題材的，爲數不止十操，大抵表現怨悱蒼涼之音"。② 先生從治《楚辭》學而延伸至

---

① 以上饒宗頤先生諸篇琴學文章出處，請見本文附錄《饒宗頤先生琴學簡表》。
② 參見《饒宗頤二十世紀學術文集》卷十一，頁 394。

琴學，庶幾可見學科領域之交叉研究，是先生一貫之治學風格，亦開闢了琴學研究之新方向。

又如《宋季金元琴史考述》長文，考訂宋末至金元間琴人琴學諸事，補正琴學之疏漏，有功學林。其中關於徐雪江之考訂，尤見饒先生治學前後遞進之工夫和鍥而不捨之精神。1958年，饒先生在"《楚辭》與古琴曲"論述《楚辭》相關琴曲第二《澤畔吟》時云：

> 此曲作者雪江，據張炎《詞源》下云："近代楊守齋神於琴，故深知音律，有圈法周美成詞；與之遊者，周草窗、徐雪江、奚秋崖、李商隱。"……雪江未詳……守齋、水雲都是琴學大師，徐雪江跟他們來往，當然亦精於琴理，這首《澤畔吟》無疑是他所作的……①

此處關於《澤畔吟》琴曲作者雪江之生平，饒先生當時未能查考。1960年饒先生撰寫《宋季金元琴史考述》第九節"浙譜與徐門琴學之流衍"時，引述《浙江通志》（一九六方技上）引成化《四明郡志》的文字記載，得出"詵子曾祖宇及父夢吉，並以琴名，宇即與楊守齋酬唱之徐雪江也"。② 徐宇，號雪江及其籍貫、家世、交遊等考訂，先生念念不忘，至此終於完成，足見治學持之以恒的精神。

其他如《古琴的哲學》一文，從琴與生活、鳴廉、雅頌、琴德、性命、琴心、移情、境界、瑜伽及無弦琴等歷史、社會、形器、心性各層面論述，闡述考訂精審。其中第九節"琴的境界（太清與正靈）"開首謂"惟太倉徐祺（青山）著《琴況》二十四篇……有點像司空圖的《詩品》，真趣妙境，於是乎在"。③ 先生文章非以此為題申論，然

---

① 參見《饒宗頤二十世紀學術文集》卷十一，頁401。
② 參見《饒宗頤二十世紀學術文集》卷四，頁601。
③ 同上，頁562。

僅一句"有點像司空圖的《詩品》",已具畫龍點睛之筆。2008年,筆者撰寫《論〈谿山琴況〉與〈二十四詩品〉之關係》時曾云:"博學通才如饒宗頤教授,金石文史書畫音樂詞章等各方面人文領域論著等身,然限於精力時間,亦無暇就此一細小問題進行專文論述。"[1] 自以爲得前人所未曾想,殊不知饒先生早已在1974年點及此題,而今因爲撰寫此文始悉,倍覺羞赧。古人云:"觀天下書未遍,不得妄下雌黃",誠然!

《古琴的哲學》第二節,曾引述《淮南子・修務訓》時云:"然而搏琴撫弦,參彈復徽"。1987年,先生撰寫《説琴徽——答馬蒙教授書〈敦學集〉》據此條記載云:"此處所見徽字,向來琴家無不視爲琴徽出現最早之資料……"[2] 又徵引其他文獻記載,論説詳明。文發表後,吸引琴學學者參與討論,先生於1989年又從文字、聲律、版本、校勘、器形、考古、思想諸方面撰寫《説弨——兼論琴徽》長文回應。[3] 數年後,又刊《三論琴徽》一文,從敦煌文字、《文選》版本等論證漢代實有琴徽。1998年,又撰文《再談〈七發〉"弨"字》刊出,從文字與訓詁學論述,是爲先生"四論琴徽"之作。漢代琴徽之論,至今雖無考古實物證明,然據古代文獻記載,彼此當已有徽無疑。先生爲明學林視聽,不得已而再四辯之。

其餘兩篇《涓子〈琴心〉考——由郭店雅琴談老子門人的琴學》、《敦煌〈悉曇章〉與琴曲〈悉曇章〉》則從考古出土文物、歷史文獻、敦煌文獻、梵學等進行論述,亦能一新學林耳目,皆前人之未及論説。

2001年,饒宗頤先生發表《敦煌〈悉曇章〉與琴曲〈悉曇章〉》以後,便不再撰文作琴學之研究,鄧偉雄博士《琴韻筆情》曰:

---

[1] 詳見龔敏:《論〈谿山琴況〉與〈二十四詩品〉之關係》,《中華文史論叢》,2008年第4期,頁375—388、397—398。
[2] 此文又以《説琴徽——答馬順之教授書》發表,參見《中國音樂學》第3期,總第8期,北京:中國音樂學雜誌社,1987年,頁4。
[3] 參見《中國音樂學》1989年第3期,總第16期,北京:文化藝術出版社,1989年,頁24—31。

饒宗頤先生的琴學初探

饒宗頤教授可以說是"少好雅琴，久忘在御"，50年代初來港之後，對古琴更是情有獨鍾。他不僅時常彈奏，而且對古琴的研究也發表過不少論文，至於與古琴有關的詩詞，也創作不少。他對古琴有着很深刻的研究，而且能把古琴之道融入到書畫之中。他曾經步長春真人青天歌韻，寫了一首論書的長詩，至於以古琴意境來作的山水，更是爲數甚多……根據饒宗頤教授說，他現在因爲年紀關係，所以只能彈無弦琴了……①

饒先生因爲年齡和指力的原因，已有約十餘年不彈琴了，近年先生居所擺設裝置，仿效五柳先生懸琴吟無弦之韻。至於饒先生步長春真人青天歌韻一詩，姜伯勤先生《論宗頤琴心》已有詳細論述，不再贅言。

饒先生關於古琴之書畫藝術，已出版有《弦韻琴心——饒宗頤古琴書畫作品選》，其中收錄法書作品58件，繪畫作品24件，琴器文玩17件。茲舉例《平沙落雁》以見饒先生繪畫之意境。

先生此幅畫作於1991年，上題舊作詞《凄涼犯》"冰弦漫譜衡陽雁"一闋，未錄原作《序》文——記購得"萬壑松"琴事。法書下以快筆染黛綠橫掃作遠青山狀，兼染淺赭，中略作沙洲靜草，點畫數隻落雁款款而來，最下方以重色作沙洲灌林草木狀，不作水而水自流動。尤以落雁簡筆，不具詳形而最富傳神。全畫構圖不著繁墨，寥寥數筆或抹或染，或點或渲，已傳筆墨之趣於象外。

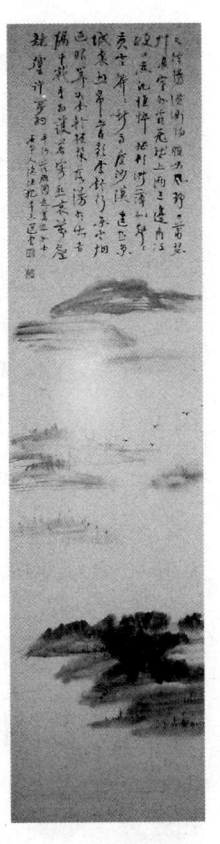

圖十一　饒宗頤作水墨絹本《平沙落雁》

① 參見林雄主編：《饒宗頤藝術經典》第八種《弦韻琴心——饒宗頤古琴書畫作品選》。

畫圖與詞前半閱描寫"西風野日蕭瑟。草衰塞外，霜飛隴上，兩三邊角"的一派塞外秋色景象相合，確是詞以畫見，畫意詞述。饒先生繪製此畫時已 75 歲高齡，無論文、學、書、論、識、見、筆、墨，俱入化境，故筆與畫俱能得簡約清趣。

五、結　語

上文從饒宗頤先生的琴學師承、彈曲、藏琴與琴譜、琴學研究與藝術創作等方面，對饒先生數十年來的琴學作了初步的整理與論述。饒先生壯年師從容心言先生受琴數曲，又精音律，購藏琴器、琴譜，並有文學作品及研究論述和書畫創作。凡此種種，均顯示饒宗頤先生實爲近百年琴壇不可多見之琴學通人。此固由於先生之家學，亦見先生之天賦聰慧，學習之勤苦。

行文至此，猶有餘憾的是吾輩晚生，雖有幸得與饒先生同列容氏琴門，復有幸在饒宗頤學術館工作數載，常能仰望先生之風采。然先生早已得琴心之旨，味無弦之韻，琴壇後生已無緣親睹先生撫琴之雅姿，聆先生撫琴之清音。近聞瑞典琴人郭茂基先生或有饒先生早年彈琴錄音，不知天壤間尚存否？如可覓得，實乃琴壇之幸。

附錄：饒宗頤先生琴學簡表

1952 年　36 歲

　　從容心言先生習琴。①

---

① 見王振澤：《饒宗頤先生學術年歷簡編》，香港：藝苑出版社，2001 年，頁 27。

饒宗頤先生的琴學初探

1957年　41歲

　　2月9日參加姚氏（姚克、吳雯伉儷）"冷香仙館雅集"。①

　　3月3日在志蓮淨苑參加"修禊雅集"。②

　　4月1日在志蓮淨苑參加"第四次琴棋書畫雅集"。③

1958年　42歲

　　《楚辭與詞曲音樂》選堂叢書（5）出版。④

　　《貝魯特喜晤荷蘭高羅佩有贈》用白石待千岩老人韻二首。⑤

1959年　43歲

　　9月25日主持沙田梅苑之"梅花琴畫雅集"。⑥

　　12月13日在天光道新亞書院禮堂參加"古典音樂欣賞會"，彈《搔首問天》曲。⑦

1960年　44歲

　　發表《宋季金元琴史考述》。⑧

　　與琴友雅集。⑨

---

　　① 見黃樹志：《20世紀香港琴學之發軔與傳承》表二，收入劉楚華編：《琴學論集——古琴傳承與人文生態》，香港：天地圖書有限公司，2010年，頁163。
　　② 同上。
　　③ 同上，頁164。
　　④ 見香港大學中文系，1958年5月初版；收入《饒宗頤二十世紀學術文集》卷十一·文學，臺北：新文豐出版公司，2003年，頁367—444。
　　⑤ 見《西海集》，收入《清暉集》，深圳：海天出版社，1999年，頁75—76。饒先生因飛機失靈，於貝魯特停留二日，得識荷蘭學者高羅佩氏（Robert Hans van Gulik, 1910—1967），獲高氏贈明萬曆本《伯牙心法》，今藏香港大學饒宗頤學術館。
　　⑥ 見黃樹志：《20世紀香港琴學之發軔與傳承》表二，收入劉楚華編：《琴學論集——古琴傳承與人文生態》，頁165。
　　⑦ 同上。
　　⑧ 見《清華學報》"慶祝梅校長貽琦七十壽辰"專號，新2卷1期（臺灣：清華學報社，1960年5月），第83—108頁；收入《饒宗頤二十世紀學術文集》卷四·經術、禮樂，臺北：新文豐出版公司，2003年，頁569—604。
　　⑨ 見王振澤：《饒宗頤先生學術年歷簡編》，扉頁彩圖，頁1。

1968年　52歲

　　編訂《固庵詞》，收錄：

　　《八聲甘州》〔攜琴海畔，秋深夜闌，萬籟俱寂，泠然清響，不知人間何世也〕"共水天入定"。①

　　《賀新郎》〔浄苑琴會，和文鏡。次稼軒韻。〕"張樂洞庭野"②。

　　《霓裳中序第一》〔赤柱綠波別墅，臨流植援，曠地築台，天風入座，令人神觀飛越。余與文鏡徐翁，德允女史，鼓琴其間。數峰江上，足移我情。〕"離魂黯去國"。③

　　《淒涼犯》〔周密《浩然齋視聽鈔》載北方名琴條，有金城郭天錫祐之萬壑松一器。鮮于樞《困學齋雜錄》京師名琴下，亦記郭北山新製萬壑松。此物現歸於余。余得自顧氏，蓋鄒静泉自北攜至粵中者。每於霜晨彈秋塞吟，不勝離索淒黯之感，爰繼聲白石道人，爲瑞鶴仙影云。〕"冰弦漫譜衡陽雁"。④

　　《高陽台》〔高羅佩丁未清和來港，琴酒遲留，信宿東返。邊聞埋雲，不勝悲慟，候蛩暗葦，秋聲自碎，次玉田和草窗寄越中諸友韻，邀海隅琴友同賦。〕"小別經年"。⑤

　　《湘春夜月》〔琴曲瀟湘，余喜彈之。輒憶白石蕩湘雲楚水，目極傷心句，不覺其情之掩抑也。用此爲解，次雪舟韻。〕"漾空明"。⑥

1970年　54歲

　　《八聲甘州》〔充和以寒泉名琴見假，復賸以詞因和。〕"感深情"。⑦

――――――――

① 見《固庵詞》，收錄《清暉集》，頁309。
② 同上，頁312。
③ 見《清暉集》，頁313。
④ 同上，頁317。
⑤ 同上，頁318。
⑥ 同上，頁319。
⑦ 見《榆城樂章》，《清暉集》，頁323。

1971年　55歲

爲唐健垣《琴府》撰序。①

爲何覺撰《廖天一閣沙磔琴賦》。②

《水調歌頭》〔東歸在即，書物盡打包，隨身只"萬壑松"一琴而已。中夜不寐，起操《搔首問天》一曲。自乘桴南海，廿載栖栖，明月入懷，俯仰今昔，爰賦此解，依坡老韻。〕"此曲幾人解③"。

1973年　57歲

編訂《南征集》，録《寄港中琴友》詩。④

1974年　58歲

發表《古琴的哲學》。⑤

1976年　60歲

爲徐文鏡作《鏡齋山水畫册引》。⑥

編訂《南海唱和集》，收録：

《贈琴師容翁心言》、⑦《雨夜鼓琴》、⑧《鏡齋鼓琴録音寄高羅佩吉隆坡二十疊前韻》等詩作。⑨

---

① 見唐健垣編纂：《琴府》。
② 賦文無年月。以《琴府》收録饒先生與何覺先生合照在1973年前，而唐氏又未知見何覺藏有此琴，疑琴爲何覺先生收藏於1973年以後，暫繫於70年代。見《琴府·近代琴人録·何覺》條，頁1562。
③ 見《栟櫚詞》，收入《清暉集》，頁368。饒先生1970—1971年在耶魯大學，此闋詞應作於1971年東歸前，故繫於此年。
④ 見《清暉集》，頁186。
⑤ 見《華岡學報》第8期"慶祝錢穆先生八十歲論文集"，臺北：中國文化學院、中國文化研究所，1974年，頁429—446；收入《饒宗頤二十世紀學術文集》卷四·經術、禮樂，臺北：新文豐出版公司，2003年，頁551—568。
⑥ 見王振澤：《饒宗頤先生學術年歷簡編》，頁74。
⑦ 見《南海唱和集》，收入《清暉集》，頁141。
⑧ 同上，頁141—142。
⑨ 同上，頁142。

1977年　61歲

編訂《羈旅集》，收錄《長歌行和徐文鏡》、[1]《雅琴篇示因明和唐司馬逸客原韻》、[2]《贈吳純白》、[3]《鼓琴寄蔡德允》、[4]《正月三日選堂琴會》、[5]《青山禪寺鼓琴次曾履川風字韻》[6] 等詩作。

作《攜琴覓知音》圖[7]。

1978年　62歲

補題《山水清音》圖。[8]

1979年　63歲

《郭茂基君以潞琴見假，故人高羅佩舊物也。撫之終日，朱弦三彈，作此謝之。偶諷東坡月石風林屏詩，輒依其韻》詩。[9]

《一萼紅》〔與郭茂基徘徊日內瓦活水公園。婆娑黎巴嫩松下，和白石。〕"鎮濃蔭[10]"。

1980年　64歲

作《聽琴》圖。[11]

---

[1] 見《羈旅集》，收入《清暉集》，頁110—111。
[2] 同上，頁114—115。
[3] 同上。
[4] 同上。
[5] 同上，頁116。
[6] 同上，頁123—124。
[7] 此畫寫贈馮康侯先生。見林雄主編：《饒宗頤藝術經典》第八種《弦韻琴心——饒宗頤古琴書畫作品選》，廣州：南方日報出版社，2011年，頁128—129。
[8] 補題云："辛亥春旅美新港，於張充和案頭作此，匆匆近八載矣。未甘捐棄，聊存之以備省覽。戊午秋日，選堂記。"見《弦韻琴心——饒宗頤古琴書畫作品選》，頁130—131。
[9] 見《苞俊集》，收入《清暉集》頁249—250。《苞俊集》編訂於1991年，因此詩前後均係1979年作於巴黎，故繫此詩於1979年。
[10] 見《古村詞》，《清暉集》，頁374。
[11] 見《弦韻琴心——饒宗頤古琴書畫作品選》，頁136—137。

作《夕陽琴韻》圖。①

作《琴台銘》。②

1985年　69歲

《滿江紅》〔全國古琴拍譜會雅集揚州珍園，分袂之頃，謝雷巢作《水龍吟》贈別，賦酬。〕"水木清華"。③

《水調歌頭》〔自西域歸，得謝孝苹詞、賦歸，兼訊京中琴友。〕"恨少幽并氣"。④

1986年　70歲

爲葉明媚《古琴音樂藝術》作序。

1987年　71歲

發表《說琴徽——答馬蒙教授書〈斅學集〉》。⑤

1989年　73歲

發表《說彴——兼論琴徽》。⑥

題《萬壑松》臂擱。⑦

---

① 見《弦韻琴心——饒宗頤古琴書畫作品選》，頁138—139。
② 見王振澤：《饒宗頤先生學術年歷簡編》，頁83。文見《固庵文錄》，臺北：新文豐出版公司，1989年，頁36—37；收入《清暉集》，頁397；《饒宗頤二十世紀學術文集》卷十四·文錄、詩詞，臺北：新文豐出版公司，2003年，頁301。
③ 見《聊復集》，《清暉集》，頁378。
④ 同上，頁379。此闋詞在前引《滿江紅》"水木清華"後，無年月，姑繫此年。王振澤《饒宗頤先生學術年歷簡編》亦繫此年，見頁94。
⑤ 見《香港中文大學教育學院二十週年紀念專刊》，香港：香港中文大學教育學院，1987年，頁3—16；《說琴徽——答馬順之教授書》，《中國音樂學》第3期，總第8期，北京：中國音樂學雜誌社，1987年，頁4—7。
⑥ 見《中國音樂學》1989年第3期，總第16期，北京：文化藝術出版社，1989年，頁24—31；收入《固庵文錄》，臺北：新文豐出版公司，1989年，頁413—419；《饒宗頤二十世紀學術文集》卷四·經術、禮樂，臺北：新文豐出版公司，2003年，頁615—619。
⑦ 見《弦韻琴心——饒宗頤古琴書畫作品選》，頁172—173。書中謂此事作於上世紀80年代，姑繫於此。

1990 年　74 歲

　　撰《古琴名家匯香江》，收入香港《第十三屆亞洲藝術節》。①

1991 年　75 歲

　　作《平沙落雁》圖。②

1993 年　77 歲

　　《水調歌頭》〔題春雷琴圖卷〕"尤物喜得所"。③

1997 年　81 歲

　　發表《三論琴徽》。④

1998 年　82 歲

　　《再談〈七發〉弜字》。⑤
　　題《無言琴銘》易水硯。⑥

2000 年　84 歲

　　發表《涓子〈琴心〉考——由郭店雅琴談老子門人的琴學》。⑦

---

① 見王振澤：《饒宗頤先生學術年歷簡編》，頁 114。
② 見《弦韻琴心——饒宗頤古琴書畫作品選》，頁 140—141。補題舊詞作見《固庵詞》，前有長序記得萬壑松琴事。見《清暉集》，頁 317。
③ 見《聊復集》，《清暉集》，頁 381—382。詞末題云："記耶律湛然詩云：'呼童炷梅魂，索我春雷琴。'喜此物之無恙。珉中萬里蒞港，出示《春雷圖》卷，且云世襄兄必欲余題句，以附驥尾，爲賦《水調歌頭》。癸酉中秋日選堂。"
④ 見《音樂藝術·上海音樂學院學報》1997 年第 1 期，頁 1—3。
⑤ 同上。
⑥ 銘文曰："無弦琴，不在音。仿琢研，置墨林。浸太清，練余心。"見《弦韻琴心——饒宗頤古琴書畫作品選》，頁 174—175。
⑦ 見《中國學術》第 1 輯，北京：商務印書館，2000 年，頁 1—11；收入《饒宗頤二十世紀學術文集》卷 4·經術、禮樂，臺北：新文豐出版公司，2003 年，頁 535—550；《饒宗頤新出土文獻論證》，上海：上海古籍出版社，2005 年，頁 161—174。

2001 年　85 歲

　　發表《敦煌〈悉曇章〉與琴曲〈悉曇章〉》。[1]

　　書《平沙落雁》詩。[2]

　　題《三言銘文》木琴紙鎮。[3]

2004 年　88 歲

　　作《松下鳴琴》圖。[4]

2006 年　90 歲

　　題《篆書》銘木琴形臂擱。[5]

2008 年　92 歲

　　書李白《聽蜀僧濬彈琴》詩。[6]

　　書王維《竹里館》詩。[7]

　　補題 60 年代"輕拂鳴彈琴"圖。[8]

　　補題 70 年代《榆城琴趣》圖。[9]

---

[1] 見項楚、鄭阿財主編：《新世紀敦煌學論集》，成都：巴蜀書社，2003 年，頁 234—237；收入《饒宗頤二十世紀學術文集》卷 4·經術、禮樂，臺北：新文豐出版公司，2003 年，頁 627—638。

[2] 見林雄主編：《饒宗頤藝術經典》第八種《弦韻琴心——饒宗頤古琴書畫作品選》，廣州：南方日報出版社，2011 年 11 月，頁 30—31。

[3] 銘文云："無弦琴，不在音。作臂助，置墨林。"見《弦韻琴心——饒宗頤古琴書畫作品選》，頁 176—177。

[4] 見《弦韻琴心——饒宗頤古琴書畫作品選》，頁 146—148。補題舊作詞見《清暉集》，頁 311。

[5] 同上，頁 186—187。

[6] 同上，頁 58—59。

[7] 同上，頁 80—81。

[8] 同上，頁 124—125。

[9] 此圖題云："榆城琴趣。七零年居新港九閱月，遍和清真詞。其地多榆樹，所居古塔十一層，時復操縵。戊子，選堂補識。"見《弦韻琴心——饒宗頤古琴書畫作品選》，頁 132—133。

作《琴材》圖。[①]
作《固庵調琴》圖。[②]
作《平沙落雁》圖。[③]
作《瀟湘水雲》圖。[④]

2011年　96歲
　　補題《選堂琴會》圖。[⑤]
　　題《聽無弦琴音》端硯。[⑥]
　　題《瀟湘水雲》琴形端石。[⑦]
　　題《多情弦索半床琴》琴形紙鎮。[⑧]
　　題《琴心》筆舔。[⑨]

（原文初次發表於2012年9月"古琴、音樂美學與人文精神——跨領域、跨文化國際學術研討會"，收錄於段炳昌、耿慧玲等編《琴學薈萃——第四屆古琴國際學術研討會論文集》，濟南：齊魯書社，2014年。）

[①] 題記云："不可以弦而具琴則，不可以鼓而蓄琴德。不雕不琢，心以闊而益空，不丹不漆，文以樸而勝色。琴乎，琴乎，吾今而知應指之長言，不如不言之守默。戊子，九十二叟選堂。擬高南阜。"見《弦韻琴心——饒宗頤古琴書畫作品選》，頁148—149。
[②] 見《弦韻琴心——饒宗頤古琴書畫作品選》，頁150—151。
[③] 同上，頁156—157。
[④] 見故宮博物院編：《陶鑄古今》，北京：紫禁城出版社，2008年，頁146—147。詩堂先生錄70年代舊作詞一闋，畫題曰："琴曲瀟湘水雲余喜彈之，郭沔造此調，借二水奇兀於九疑惓惓之情。沔字楚望，未親臨其地，空中傳恨，極蒼茫恍惚之致，藝術從虛造景，正當如是。今以圖狀之，實難得情之萬一也。戊子九十二叟選堂。"
[⑤] 見《弦韻琴心——饒宗頤古琴書畫作品選》，頁170—171。舊作詞見《固庵詞》，《清暉集》，頁318。釋文略誤，可具詞集補正。
[⑥] 同上，頁184—185。
[⑦] 同上，頁196—197。
[⑧] 同上，頁202—203。
[⑨] 同上，頁204—205。

饒宗頤教授的敦煌文學研究

黃杰華

前　　言

　　敦煌之學，乃饒宗頤教授念茲在茲的課題。綜覽他的學術軌迹，不論文學、史學、哲學、音樂、藝術及中西文化交流等，從敦煌學切入研究而多所發明者尤多。因此，若要綜述饒教授的敦煌學成就，於我而言實是以蠡測海。是故本文僅以敦煌文學一門，先管窺香港敦煌學之研究概況，繼而略說饒教授敦煌文學的相關論文，嘗試點出教授的論文特色。

一、饒宗頤教授與香港敦煌學研究

　　香港的敦煌學研究，可上溯自上世紀 40 年代。饒宗頤教授有一篇題爲《港臺地區敦煌學研究的回顧與展望》,[①] 爲香港的敦煌學研究提供了第一手資料。本部即以該文爲基礎。

上世紀40年代末,當時敦煌文書資料還未正式流通,然而番禺葉恭綽（1880—1968）早留意敦煌寫卷。1948年,他在港期間曾撰寫《索紞説德經跋》,又爲《北魏曇鸞手寫涅槃經注》作跋文,[②] 爲香港的敦煌學作先導。

50年代,香港的敦煌學研究有突破性的發展。1952年,日本的榎一雄（Kazuo Enoki, 1913—1989）將英藏斯坦因寫卷編號1—6980號拍成微縮膠卷出售,時在香港大學任教的饒宗頤教授,得方繼仁先生斥資襄助,遂托鄭德坤教授（1907—2001）代購一套,成爲日本人外唯一擁有此套微縮膠卷的亞洲人。1956年,饒教授出版了《敦煌老子想爾註校箋》,[③] 引起歐洲學界的重視,法國的康德謨（Max Kaltenmark, 1910—2002）即以該書爲教科書,影響了歐洲道教研究的發展。除道教外,饒教授以微縮膠卷,分別對敦煌寫卷的禪宗文獻、《昭明文選》、樂譜、舞譜、畫稿（白畫）、曲子詞、邈真讚及發願文作相關的系統研究,出版專門著作多種,特別是《敦煌曲》、《敦煌白畫》及《敦煌書法叢刊》29冊,可算作香港敦煌學研究的代表。饒教授在在是香港敦煌學研究的中流柢柱。2000年7月,國家文化部和甘肅省人民政府向他頒授"敦煌文物保護研究特殊貢獻獎",表彰他在敦煌學研究的貢獻。

香港新亞書院成立研究所後,亦購入英藏寫卷。學者潘重規（1908—2003）、梅應運諸君,得以利用敦煌資料撰寫《文心雕龍合校》、《詩經卷子》、《瀛涯敦煌韻輯新編別錄》諸書,列爲"新亞研

[①] 饒宗頤:《港臺地區敦煌學研究的回顧與展望》,《饒宗頤二十世紀學術文集》,卷8,臺北:新文豐出版社,頁283—290。
[②] 葉恭綽:《北魏曇鸞祖師手寫涅槃經注跋》及《北魏曇鸞祖師手寫涅槃經注文起第二跋》,葉恭綽:《矩園餘墨》,沈陽:遼寧教育出版社,1997年,頁27—31。
[③] 饒宗頤:《〈老子想爾注〉校箋》,香港:Tong Nam Printers & Publishers, 1956。

究所專刊",1974年又創辦《敦煌學》雜誌,繼續爲香港的敦煌學研究添加養分。

1987年6月,香港中文大學中國文化研究所及香港中華文化促進中心聯合舉辦敦煌吐魯番國際學術會議,季羨林(1911—2009)、周紹良(1917—2005)等學者應邀出席。此外,1993年夏又舉辦"第34屆亞洲與北非研究國際學術會議",敦煌學作爲會議一個專門而重要的課題展開討論,部分論文結集成《敦煌文藪》一書。

1992年,饒宗頤教授得到香港中華文化促進中心及香港中文大學新亞書院梁秉中院長支持,於中大新亞書院成立"香港敦煌吐魯番研究中心",十年間不斷邀請國內學者蒞港參與研究工作,出版兩個系列的學術成果,包括"補資治通鑑史料長編"及"敦煌吐魯番研究中心叢刊",利用敦煌、吐魯番出土資料,補充史料文獻之不足。可以說,香港敦煌吐魯番研究中心的設立,爲香港敦煌學研究的里程碑。

香港敦煌吐魯番研究中心出版的"敦煌吐魯番研究中心叢刊",直到目前爲止,共有11種,均由臺北新文豐公司出版,包括:

1. 饒宗頤主編《敦煌琵琶譜》(1990)
2. 饒宗頤主編《敦煌琵琶譜論文集》(1991)
3. 饒宗頤主編《敦煌邈真讚校録并研究》(1994)
4. 榮新江《英國圖書館藏敦煌漢文非佛教文獻殘卷目録(S. 6981—13624)》(1994)
5. 張涌泉《敦煌俗字研究導論》(1996)
6. 黃征《敦煌語文叢説》(1996)
7. 楊銘《吐蕃統治敦煌研究》(1997)
8. 饒宗頤主編《敦煌文藪》(1999)
9. 趙和平《甘棠集研究》(2000)
10. 陳明《敦煌出土胡語醫典〈耆婆書〉研究》(2005)

11. 郝春文《中古時期社邑研究》(2006)

至於"補資治通鑑史料長編",目前已出版 8 種,均由臺北新文豐公司出版,包括:

1. 饒宗頤、李均明《新莽簡輯證》(1994)
2. 饒宗頤、李均明《敦煌漢簡編年考證》(1994)
3. 王素《吐魯番出土高昌文獻編年》(1997)
4. 王素、李方《魏晉南北朝敦煌文獻編年》(1997)
5. 王輝《秦出土文獻編年》(2000)
6. 劉昭瑞《漢魏石刻文字繫年》(2001)
7. 陳國燦《吐魯番出土唐代文獻編年》(2002)
8. 李均明《居延漢簡編年》(2004)

此外,香港中華文化促進中心對香港敦煌吐魯番研究中心亦大力支持,曾於促進中心出版的《九州學刊》另出《敦煌學專號》,刊登時賢鴻篇。[①] 2007 年後,香港敦煌吐魯番研究中心由香港中文大學新亞書院遷往香港大學饒宗頤學術館,繼續敦煌學的整理研究工作,如今館內仝仁正在編纂臺灣敦煌學家蘇瑩輝教授(1917—2011)的文集。

二、饒宗頤教授的敦煌學研究

1. 鳴沙餘韻:敦煌曲子詞研究

對於敦煌曲子詞研究,最具代表性的首推《敦煌曲》(圖一)一書。《敦煌曲》(*Airs de Touen-houang*)是饒宗頤教授眾多敦煌學研

[①] 《九州學刊・敦煌學專號》共 3 册,分別是第 4 卷第 4 期(1992)、第 5 卷第 4 期(1993)及第 6 卷第 4 期(1995),九州學刊雜誌社。

究中最重要的著作之一，可與《敦煌白畫》及敦煌本《文選》研究爭光。①撰寫《敦煌曲》，可追溯自他60年代中赴法國國立科學研究院講學，在彼邦得睹法藏敦煌寫卷原件之故。饒教授能赴巴黎講學，又與他早年精研敦煌《老子想爾注》寫卷、敦煌本《文心雕龍》②及敦煌本《文選》有密切關係。③他的《敦煌本老子想爾注校箋》，是當時法國研究生的教科書，可見該書在國際敦煌道教研究的重要性。據説90年代饒教授重訪法國，當時以道教研究取得博士學位者逾五十人。④《敦煌本老子想爾注校箋》出版後，即受國際學術界關注，後更爲饒教授帶來法蘭西學院的儒蓮漢學獎，以表彰其學術成就。讀者從他與法國漢學家戴密微（Paul Demiéville，1894—1979）的書信往來，可知法國漢學界對饒教授十分敬重，從戴氏與饒教授的書信中，可知戴密

圖一　饒宗頤教授於法國出版之《敦煌曲》

---

① 榮新江謂："在敦煌文學領域，饒先生的最大成就應推他對曲子詞的研究"，又説"此後有關敦煌曲的研究著作，無不取自此書"。見榮新江：《饒宗頤教授與敦煌學研究》，《辨僞與存真：敦煌學論集》，上海：上海古籍出版社，2009年，頁382—383。另朱鳳玉《饒宗頤先生與敦煌文學研究》謂："學界書評湧現，如楊聯陞、蘇瑩輝、吳其昱、陳慶浩等均撰文詳爲評介，佳評不斷，咸稱此書爲敦煌研究之空前巨著。近代敦煌曲研究相關論述，無不援引取用此書。"饒宗頤、季羨林、周一良主編：《敦煌吐魯番研究》第8卷，北京：中華書局，2005年，頁9。評説最詳細的，要算蘇瑩輝的《〈敦煌曲〉評價》，見鄭煒明編：《論饒宗頤》，香港：三聯書店，1995年，頁4—19。
② 饒宗頤：《唐寫文心雕龍景本》，《文心雕龍研究專號》（香港大學中文學會年刊），香港大學中文學會，1962年，頁95。
③ 饒宗頤：《敦煌本文選斠證（一）》，《新亞學報》第3卷第1期，1957年8月，頁333—403；《敦煌本文選斠證（二）》，《新亞學報》第3卷第2期，1958年8月，頁305—328，另國版4幀。43年後再出版《敦煌吐魯番本文選》，北京：中華書局，2000年。
④ 陳韓曦：《饒宗頤學記》，廣州：花城出版社，2011年，頁40。

微經常關注《敦煌曲》及《敦煌白畫》的出版情況。① 饒教授執教於霧都之餘，專心從事敦煌曲子詞及白描畫稿之研究，最終於 1971 年在巴黎出版了《敦煌曲》一書。②

《敦煌曲》一書，中文部分由饒宗頤教授負責，門人陳錦新謄寫，③戴密微教授負責法譯，二文合爲一册。該書之内容體例已十分嚴謹。全書主要分三部分，第一部分爲引論，重點分析敦煌曲和詞的起源，當中再分上中下三編，上編爲敦煌曲探究，包括對曲之訂補、年代及創作者問題；中篇爲詞與佛曲的關係，包括詞的起源與佛曲、法曲、僧人改作之舊曲、偈讚與長短句、讚詠在佛道文學的發展、和聲的形態及在詞的運用、與樂舞及龜兹樂的關係及敦煌曲與寺院僧徒的關係；④ 下篇爲詞的種種異名及長短句之成立、敦煌寫卷中詞的各種意義及詞在目録書中的地位，另附二表，包括詞和樂府關係之演變表及敦煌曲繫年表。僅詳細的引論已見饒教授對敦煌詞及相關文類做了全面的，系統的考察。

第二部分是"本篇"，乃全書核心，内容分四塊：第一爲新增曲子資料，第二爲《雲謡集》雜曲子及其他英法所藏的雜曲卷子，另附《雲謡集》的版本資料、羅振玉（1866—1940）與日本藏之曲子。第三爲新獲之佛曲及歌詞，最後是聯章佛曲集目，該部分足見饒教授的文字訓詁功夫以及對中西各種相關文獻的熟悉。

---

① 例如 1967 年 11 月 30 日、1968 年 12 月 26 日、1969 年 6 月 24 日、1969 年 11 月 6 日戴密微致饒宗頤書信，信件圖版見鄭煒明等編：《戴密微教授致饒宗頤教授往來書信集》，香港大學饒宗頤學術館，2012 年。
② 饒教授在引論弁言謂："是書之作，乃作者受聘法國國立科學研究院（C. N. R. S）在歐洲滯留九個月間工作之成果。"《敦煌曲》Airs de Touen-houang（Touen-houang k'iu）: textà chanter des VIIIe - Xe siècles: manuscrits reproduits en fac-similé, avec une introduction en chinois par Jao Tsong-Yi; adaptée en français avec la traduction de quelques Textes d'Airs par Paul Demiéville. Paris: Editions du Centre national de la recherche scientifique, 1971, p. 3.
③ 見《論饒宗頤》跋，香港：三聯書店，1995 年，頁 520。
④ 中篇之"敦煌曲與舞樂及龜兹樂"一節更重刊於饒教授的《敦煌曲續論》，臺北：新文豐出版公司，1996 年，頁 67—76。文末與原《敦煌曲》所刊有異，少了三行，即"蓋晚唐至五代時物"到"兹不復贅"，原文見《敦煌曲》頁 34。

第三部分爲附錄，記有敦煌曲韻譜及詞韻資料舉要，另附全書寫卷編號及詞調筆劃索引，以便查閲。第四部分是敦煌曲寫卷黑白圖版58頁。當時，一般學人要親睹原卷進行研究絕非易事，《敦煌曲》所附清晰圖版實爲便利後學的第一手資料，其中《雲謡集》圖版，更是原大印出，是歷來印行該集圖版最完善者。① 全書基本上以法藏敦煌寫卷爲討論對象，輔以英藏及俄藏寫卷作比對。

饒教授對《敦煌曲》的撰作體例當十分滿意，蓋因《敦煌白畫》也是沿此體例撰寫，也分上中下三篇。後來饒教授在1974年12月23日致戴密微的書信內，附有擬撰寫之《敦煌本文選》目錄，② 體例全仿《敦煌曲》，也是先弁言，繼而是上編"文選之編集及文選序"五部分、中篇"文選與中國社會"六個部分及下篇"文選學及文選刊印之歷史"六個部分，結語後是正篇"交通寫本文選解題及校記"，分兩部分，先總目後分述，文末附圖版。全書內容雖與千禧年出版的《敦煌本文選》迥異，然所擬之目錄，在在反映出綱目之清晰。若該書按計劃出版，將是繼《敦煌曲》及《敦煌白畫》後一部重要的敦煌學研究專著。

綜觀《敦煌曲》一書，有以下的特色：

(1) 提供清晰之寫卷情況

饒教授討論寫卷內容時，每每清楚交代寫卷外觀，一方面讓讀者知道，一方面可比對寫卷差異，有時更可找出寫卷間的關係，如對P.3911的描述："此爲薄黃紙，絲欄，小册子，字甚佳；每半葉六行，有硃筆點句。起一首殘，共三十二頁，文云：'……羊子遍野巫山。醉胡子樓頭飲宴，醉思鄉千日釃釃。下水舡盞酌十分，令籌

---

① 饒宗頤：《法藏敦煌曲子詞四種解說》，《敦煌曲續論》，臺北：新文豐出版公司，1996年，頁223。
② 《戴密微教授致饒宗頤教授往來書信集》，頁74。

更打江神。'以下爲《擣練子》、《望江南》、《酒泉子》。"① 其記錄已十分清晰，縱使未睹原卷，亦能知悉寫卷具體情況。

此外，通過寫卷外觀和内容比對，亦時有新發現。如交代 P.4641《五臺山聖境讚》，饒教授提到内容每首篇題被删，又不分章，只接連書寫，結果以 P.4617 比對，纔知《五臺山聖境讚》共有八讚而非一長聯章。② 通過比對兩份寫卷，得悉《五臺山讚》多與《五更轉》連在一起，並説：

    P.4625、4647、4608 背，及 L.1369、1362 皆爲《五臺山讚文》，七言四句，起曰："道場屈請甚時間，至心聽讚五臺山；毒龍已除爲天海，文殊鎮押（壓）不能翻。"此篇五臺分詠於每首之後，有"佛子、文殊師利菩薩、佛子"等唱爲和聲，或雙行書寫。以上各卷《五臺山讚文》，多與他讚合鈔，如 P.4608《五臺讚文》後，接書《十空讚》及《南宗讚》。③

通過詳細的寫卷描述，揭示出寫卷間的關連。

(2) 標示珍貴之寫卷史料

敦煌寫卷，有不少鮮爲世知之資料，實有賴十方學人爬梳鉤沉，昭示於世。《敦煌曲》裏，饒教授特別詳細交代一些珍貴史料以唤醒學人注意。如上編第三節"P.3360 大唐五臺曲子之年代"中，饒教授留意到 S.397 記五臺山佛殿及旅行日程，是記録五代佛教的珍貴史料，並將録文全放於文中。④

另一份寫卷 P.3093，正面爲變文，背面爲醫方，並寫有《定風

---

① 《敦煌曲》，頁 92。
② 同上註，頁 18。
③ 《敦煌曲》，頁 18。
④ 同上註，頁 10。

波》三首。然而，三首詞皆爲醫方口訣，有實際的功用。饒教授在書中悉數録出，並校訂若干錯訛，如第二首云：

> 類食傷寒脉沉遲，時時寒熱破微微。只爲臟中有結物，虛汗出，心脾連圁睡不得。時當八九日，上氣喘麤人不識。鼻頭舌摧容□黑，明醫識，墮積千金醫不得。①

詞的實際功用，一如題爲易靜的《兵要望江南》，文類屬詞實乃卜辭。②《敦煌曲》一書中特別提到詞在唐五代北宋之際，有其實用價值，功能像口訣，以便學人記憶。③ 此外，S.6171 卷末題有難以釋讀的"寄古子"。所謂古子，其實是詞調，爲七言四句。饒教授更疑爲《鼓子》詞，並舉出歐陽修《十二月鼓子詞》、敦煌琵琶譜及《教坊記》的《水鼓子》，以及《北夢瑣言》的《水牯子》，全是七言四句，正與寫卷相同。饒教授謂："而云寄古子，即以該詞調唱出者，亦爲罕見之例，特爲表而出之。"④ 書中特標古子，目的當然是喚起同好的注意，然而他對詞學之觸類旁通，更見於字裏行間。

（3）親查原件以助比對考證

整部《敦煌曲》，實際就是他親睹原卷，詳加考析的成果。書中討論 S.1497，題爲《曲子喜秋天》，唱法乃用《嘆五更》的聯章方法轉唱。討論中更憶及京都有鄰館藤井氏藏有李盛鐸的《五更轉》小册，前文爲《十五願》，後爲《五更轉》，由此證出"《十五願》正可說明'發卻千般願'與《五更轉》之連帶關係"。⑤ 京都有鄰館，乃

---

① 《敦煌曲》，頁 87。
② 饒宗頤編：《兵要望江南》，臺北：新文豐出版公司，1990 年。
③ 《敦煌曲》頁 44 引晁公武《郡齋讀書誌》謂："《兵要望江南》一卷：其書雜占行軍吉凶，寓聲於《望江南》詞，取其易記憶。"
④ 《敦煌曲》，頁 131。
⑤ 同上註，頁 57。

私人收藏之所，由藤井齊成經營。饒宗頤教授曾於 1954 年 7 月 18 日由日本敦煌學家藤枝晃引介至該館參觀。同年 8 月 1 日，饒教授隨大谷大學中田勇次郎教授及立命館大學白川靜教授再訪有鄰館。饒教授對此行撰有專文《京都藤井氏有鄰館藏敦煌殘卷紀略》，① 文中特別提及此《五更轉》，文末更附有藤井氏所藏的《五更轉》圖版影印本，② 由此可見饒教授對《五更轉》非常熟悉。

（4）廣徵博引，論述細密

《敦煌曲》專注於詞學討論，然而援引資料討論之廣，又爲同類研討者所缺。如中篇第二節"詞與法樂（法曲）梵唱及僧人之改作舊曲"中，論釋氏梵唄，引用了《高僧傳・僧辯傳》，其中有"辯傳《古維摩》一契、《瑞應七言偈》一契"。所謂一契，饒教授引《翻譯名義大集》說明此乃梵語 gāthā 漢譯，義爲偈頌。③

此外，在該篇第三節"偈讚與長短句"，論者又以《翻譯名義大集》（Mahāvyutpatti）比較梵文、藏文及漢文對於長短句一名之義，同爲"詩與散文之混合"。④ 第五"和聲之形態及其在詞上之運用兼論佛曲之樂府"一節，討論和聲時引用《悉曇頌》，指出鳩摩羅什《通韻》之"魯流盧樓"四流母音爲無義和聲，"猶《渭城曲》第四字下之用'剌里離賴'也。"⑤ 又據法國藏學家石泰安（R. A. Stein, 1911—1999）《西藏的文明》（La Civilisation Tibétaine）一書，轉引指出西藏歌辭也有 si-li-li, spu-ru-ru 等和聲。⑥ 饒教授於此書不單廣爲徵引，更通過寫本析述將民族間的關聯性鉤沉出來。後來饒教

---

① 饒宗頤：《京都藤井氏有鄰館藏敦煌殘卷紀略》，《選堂集林・史林》（下冊），香港：中華書局，1982 年，頁 998—1010。
② 同上註，頁 1008—1010。
③ 《敦煌曲》，頁 20。
④ 同上註，頁 22。饒教授曾想將《翻譯名義大集》長安詞一節刪掉，只是"書已抄好，改動不易，幸無大礙，故仍其舊"。1968 年 8 月 23 日致戴密微書信，《戴密微教授致饒宗頤教授往來書信集》，頁 66。
⑤ 同上註，頁 26。
⑥ 同上註，頁 26—27。

授更就四流母音撰寫《論鳩摩羅什〈通韻〉——梵語 rrll（魯流盧樓）四字母對中國文學之影響》一文，詳釋其對釋道及明代戲曲的影響。①

至於論述之細密，猶以書中探討詞的異稱一節明顯可見。下篇"詞的異名及長短句之成立"，將詞的異名分五節析述，包括"雜曲及曲子"、"雜言"、"倚聲、填詞"、"小詞、小歌詞"及"語業、長短句"。② 饒教授謂"雜曲"一項早見於漢樂府，然教坊曲有不少稱爲"子"，是故加"子"字於雜曲之後，"有時雖無義，而隱有小調之意。"③《雲謠集》總題爲雜曲子，仍被視爲樂府。至於"雜言"，饒教授引日本嵯峨天皇和張志和（730?—810?）《漁歌子》時，通稱爲"雜言"。此雜言實是詩的一類；而唐人詩詞不分，《漁歌子》原被視爲雜言詩。④ 饒教授又提出"語業"一名作爲詞的別稱，他引王灼（1081—1160）《碧雞漫志》説陳無己所作數十首，號曰語業，妙處如詩一般，故饒教授認爲語業一名，始於陳師道（1053—1102），又説：

  推其命名之由，殆與釋氏有關。黃山谷好作綺語，爲法秀所訶。以詞爲"語言業障"，後山取義，殆出於此。⑤

黃庭堅（1045—1105）篤信佛教，仍作綺句，法秀評詞爲業障，因作詞即對文字起法執，成爲障礙山谷解脱之故。饒教授以佛家評説上推詞作爲語業異名之説，實屬創獲。觀"詞之異稱"一節，即

---

 ① 饒宗頤：《論鳩摩羅什〈通韻〉——梵語 rrll（魯流盧樓）四字母對中國文學之影響》，《選堂集林·史林》，頁 1445—1467。
 ② 《敦煌曲》，頁 39—43。
 ③ 同上註，頁 39。
 ④ 同上註，頁 40。
 ⑤ 同上註，頁 41。

可細察饒教授對詞義考詮之微。

（5）糾正前人缺失

《敦煌曲》與別書不同處，在於饒教授能運用原卷考證，並可補訂前人著錄錯訛的缺失。如書一開首，上篇即補充王重民（1903—1975）《敦煌曲子詞集》、任二北（1897—1991）《敦煌曲初探》及《敦煌曲校錄》等書缺載之詞。① 此外，上篇討論敦煌曲子詞《菩薩蠻》時，謂有涉及年代者，任半塘以 S.4332 證明詞出天寶年間，饒教授觀 S.4332 寫卷紙背雖有"壬午年三月"一句，但寫卷正反兩面的內容互有關聯，謂"可見正反面之關係，殆先鈔詞，而後書願學事，可推知此三詞當寫在壬午之前，而出僧徒之手。"② 接著以下一段，糾正任二北之缺失：

> 壬午究爲何時，任二北據《佛祖統紀》五十三以爲天寶元年，因是時玄宗敕天下興建開元寺、龍興寺，而此紙適見龍興寺之名。然此龍興寺乃敦煌本地大寺之一。其言"願學有往來人言道漢地死亡"，可見是時敦煌正值吐蕃統治時期。沙州陷於吐蕃在建中二年（781），至大中五年（851），張議潮收復河西，在此期間之壬午，應爲貞元十八年（802），若下一壬午爲懿宗咸通三年（862），時河西已脫離吐蕃之羈絆矣。此紙之《菩薩蠻》、《酒泉子》、《別仙子》當鈔於貞元壬午之前後，決非天寶之頃也。③

任二北對詞之爲體，有另類看法。饒教授不以爲然，其《"唐

---

① 《敦煌曲》，頁 4。
② 同上註，頁 6。
③ 同上註。

詞"辨正》一文，正是對任老矯枉過正的説法提出非議，① 其説見後文。擇善固執，正是真理愈辯愈明之表現。

在討論 S.6208 背的《十二月歌》，饒教授先將全文校録謄寫，然後抽出若干同音借用例子，證明出自唐人手筆，繼而指出"此詩原無題目，任氏擬題曰《十二月相思》，劉録題曰《十二月曲子》，然原卷缺題，兹不敢妄加"。② 側面指出擅加題目，易起誤會之不當。

（6）關注人物及史地考證

人名學或是人物研究，是饒教授另一個關注的課題，他不單留意別人，也曾爲自己的名與字撰文，分別是《宗頤名説》及《選堂字説》。③ 然而，今天學界對他的名號仍多有混淆，最近鄭煒明博士之《選堂字考：兼及先生名、字、號的其他問題》是以正視聽之作，④ 可見人名學之重要性。

敦煌寫卷的作者研究，是《敦煌曲》内容著録之一部分。P.2504《十二時》長卷，卷背有淡墨題字爲"智嚴大師《十二時》一卷"，饒教授注意到此人久被人忽略，故以 S.5981 及 S.2659 對照，考出這位創作《十二時》的智嚴法師乃鄜州開元寺之律僧，曾到天竺求法。⑤ 在"敦煌曲與寺院僧徒"一節，記 S.4332 的《菩薩蠻》及《酒泉子》鈔於龍興寺，而寺中有不少鈔手，故他特將已知鈔寫者的名字臚列出來，⑥ 以便學人檢索。由此可見，饒教授對敦煌寫卷的考察，不單著眼於内容本身，就連人物考察，也能小中見大。

---

① 饒宗頤：《"唐詞"辨正》，《敦煌曲續論》，臺北：新文豐出版公司，1996 年，頁 201—218。
② 《敦煌曲》，頁 126。
③ 饒宗頤：《宗頤名説》及《選堂字説》，兩文收於《固庵文録》，臺北：新文豐出版公司，1989 年，頁 323—326。
④ 鄭煒明：《選堂字考：兼及先生名、字、號的其他問題》，饒宗頤與華學國際研討會論文，2011 年 12 月 11 日，泉州：華僑大學。論文見會議論文集，頁 184—198。
⑤ 《敦煌曲》，頁 13。
⑥ 同上註，頁 34。

S.6228 有 "簫關鎭去乾六年十二月廿九日進上銘記" 一句，饒教授以《新唐書・地理志》考釋文中 "簫關" 實即 "蕭關"，而乾六年當是唐僖宗乾符六年（879）。他通過《通鑑》卷 252 記載癸巳（873）三月唐懿宗於鳳翔迎佛骨，廣造佛塔，以寶帳香轝，幡花幢蓋恭迎等事迹對應寫卷銘詞意義，符合寫卷銘詞 "佛法成，換天成，辰巳年，各分張" 之義。① 此處具見饒教授以史證文，文史互證的洞見。

　（7）兼具目錄學精神，以便按圖索驥

　饒宗頤教授早年替先父饒鍔補訂《潮州藝文志》，後著《楚辭書錄》、②《詞籍考》③ 及《香港大學馮平山圖書館善本書錄》，④ 已打下良好的目錄學基礎。《敦煌曲》本編的丁部 "聯章佛曲集目" 臚列了《百歲篇》、《十二時》、《行路難》、《五更轉》、《佛説楞伽經禪門悉談章》、《散花樂》及《觀音偈》七類，每類詳列古今書目，俾便學人參考。⑤ 如《十二時》一類，分佛曲、道曲和樂曲三種。佛曲包括敦煌卷以外之十二時歌、敦煌之十二時；另列道曲和樂曲目錄，末附《十二時》之句式，條理分明。

　此外，饒教授對歷來爲《雲謠集雜曲子》的輯校著作也添一目錄，從羅振玉、吳伯苑、朱祖謀、劉復、王重民、任二北、冒鶴亭、趙尊嶽、唐圭璋、周泳先及蔣禮鴻諸作一一列出，⑥ 共十二種，資料一目了然，爲後來研究者提供方便。

　（8）留意寫卷的書法價值

　饒宗頤教授一方面是學者，一方面作爲書法家，在校訂敦煌寫

---

① 《敦煌曲》，頁 133—134。
② 饒宗頤：《楚辭書錄》，香港：蘇記書莊，1956 年。
③ 饒宗頤：《詞籍考》，香港：龍門書店，1963 年。
④ 饒宗頤：《香港大學馮平山圖書館善本書錄》，香港：龍門書店，1970 年。
⑤ 《敦煌曲》，頁 135—148。
⑥ 同上註，頁 69—70。

本內容時不忘欣賞當中有書法價值的寫卷,如校錄 P.3394,饒教授說:"字作歐體,剛健可愛;敦煌曲子詞卷書法,以此爲最佳。"① 又如分析 P.2702《望月婆羅門》:"字似褚遂良,頗佳。"② P.3361《勸孝文》:"字體近草,風格與《押座文》相近,越寫越佳,字近後來倪雲林一路。"③ 種種簡短評説,後來遂發展爲《法藏敦煌書法叢刊》,這在後文續有敘述。

總的來説,《敦煌曲》的成就在於對敦煌曲子詞的校訂與研究。④ 後來學人研習敦煌曲子詞,饒書是必讀參考書。它是一部敦煌詞學的百科全書,從上篇通論式的,簡明扼要的介紹,到本編對各種寫卷的校訂補充,在在作出了全面的考察,加之饒教授本爲詞人,對詞意自有深刻的體會。鄭煒明博士總結該書貢獻共五項,包括圖版精美、超越前人、闡發《雲謠集》各種問題、考訂曲子年代、分析"御製"作者問題及曲詞之別等,"是書堪稱代表饒教授於詞之起源問題上之一家之言"⑤。此外,該書並非饒教授研究詞學的終結,反之在時間的長河裏屢有發現,於 1995 年出版了《敦煌曲續論》,既補充了前書的不足,又提供新的材料,新的看法。

2. 續論敦煌曲

自《敦煌曲》出版後,饒教授對敦煌曲子之相關問題,如"曲子"與"詞"之意義及《雲謠集》中諸問題等,多有著述,因文章散見各期刊,搜覽不易,故 1996 年匯集成《敦煌曲續論》一書。⑥(圖二)該書共收論文 16 篇,包括《曲子定西蕃》、《孝順觀念與敦煌佛曲》、《長安詞、山花子及其他》、《敦煌曲訂補》、《敦煌資料與

---

① 《敦煌曲》,頁 71。
② 同上註,頁 102。
③ 同上註,頁 121。
④ 朱鳳玉:《饒宗頤先生與敦煌文學研究》,頁 11。
⑤ 鄭煒明:《饒宗頤教授在中國文學上之成就》,郭偉川編:《饒宗頤的文學與藝術》,香港:天地圖書公司,2002 年,頁 17。
⑥ 饒宗頤:《敦煌曲續論》,臺北:新文豐出版公司,1996 年。

佛教文學小記》、《敦煌曲子中的藥名詞》、輯自《敦煌曲》第6章之《敦煌曲與樂舞及龜茲樂》、《法曲子論》、《〈雲謠集〉一些問題的檢討》、《〈雲謠集〉的性質及其與歌延樂舞的聯繫》、《唐末的皇帝、軍閥與曲子詞》、《從敦煌所出〈望江南〉、〈定風波〉申論曲子詞之實用性》、《後周整理樂章與宋初詞學有關諸問題》、《敦煌詞劄記》、《"唐詞"辨正》(即《文化之旅》一書的《"唐詞是宋人喊出來"的嗎？——説"只怕春風斬斷我"》)及《法藏敦煌曲子詞四種解説》。該16篇論文，就如饒教授所説：

圖二　1996年出版的《敦煌曲續論》

> "曲子"與"詞"涵義、性質之異同，與夫詞體發生，演進之歷程，暨樂章之形成及整理之經過，凡此種種，或於早期詞史之認識，不無小補。[①]

《曲子定西蕃》增補了當年《敦煌曲》未收之 P.2641《定西蕃》。《孝順觀念與敦煌佛曲》梳理了自六朝時已有誦《孝經》之習慣，佛教《盂蘭盆經》、俄藏敦煌寫本《雙恩記》以及其他寫本的孝順作品。《長安詞、山花子及其他》先校釋俄藏 L.1369 之《長安詞》，兼論 S.5540《山花子》之句式，與雲南民間曲子之山花體相

---

① 《敦煌曲續論》，頁1。

同，文末另附榮新江《敦煌文獻和繪畫反映的五化宋初中原與西北地區的文化交往》一文。《敦煌曲訂補》重校了部分原刊於《敦煌曲》之詞，一共 10 首，其中重研究 L.1369《長安詞》後，認爲該詞乃禮讚偈而非詞作，"《敦煌曲》宜從刪爲是"。① 饒教授謂："要校勘一首曲子，不是隨便抄下來那樣簡單"，② 加上門人繕寫，不無錯訛之故。這可見饒教授之治學態度，不斷重審舊作，若有新知舊誤，必附補記或重加訂正，只消翻開《饒宗頤二十世紀學術文集》，就看到有不少增補之處。

《敦煌資料與佛教文學小記》一文，饒教授再次強調敦煌文獻能補充前人著錄之缺失，特別是高僧名作。《敦煌曲子中的藥名詞》通過 S.4508 對"苡苫"的分析，提到唐代已有人用藥名爲詞，並非如其他論者謂始於北宋的陳亞。《法曲子論》討論了佛教唱導之法曲子，如梁州八相、三皈依、漁家傲、牧牛詞、五台山曲子等詞調，特別提出法曲子作爲唱導功能之特點。《唐末的皇帝、軍閥與曲子詞》討論唐昭宗的《楊柳枝》、《菩薩蠻》及他人和作；又曲子的分類、入樂及對曲子原文改作等，逐一駁斥任二北對上述問題的誤解。《從敦煌所出〈望江南〉、〈定風波〉申論曲子詞之實用性》一文，以《望江南》、《定風波》爲例，突出詞作爲宣講佛法義理、歌頌功績、占卜、醫方術數歌訣等實用功能，以此新課題"來彌補一般文學史的缺口，企圖引起大家的注意去正視文學史上的一些重要不可抹殺的事實"。③ 文末附有補記的附錄，補記交代《李衛公望江南》的三種版本，附錄提供開封大相國寺《三皈依》樂譜、西安西倉鼓樂社《柳含煙》樂譜書影。

《後周整理樂章與宋初詞學有關諸問題》從敦煌舞譜談後周整

---

① 《敦煌曲續論》，頁 52。
② 同上註，頁 44。
③ 同上註，頁 149。

樂章及論柳永《樂章集》的來歷。《敦煌詞劄記》略談《菩薩蠻》（枕前發盡千般願）及王梵志《迴波樂》的校證問題，文末又有 1985 年之補記，記述饒教授自己發現之 P.2478《怨春閨》，並對其中"含笑闌、輕輕罵"兩句之異説提出辯解。《法藏敦煌曲子詞四種解説》簡略介紹 P.2838 及 S.1441 的《雲謠集》、P.3994 5 首五代曲子詞、P.3333 之《菩薩蠻》及《謁金門》；另作 P.2748 之詞三首，並附插圖三幀。

　　整部論文集，除補充對早期詞史之認識外，還駁斥任二北在《敦煌歌辭總篇》的衆多謬誤，這包括《〈雲謠集〉一些問題的檢討》及《"唐詞"辨正》二文。

　　《〈雲謠集〉一些問題的檢討》分兩部分，第一部分否定任二北在《敦煌歌辭總編》中堅持法京有兩種《雲謠集》寫本的問題，傳世之敦煌《雲謠集》寫本，只有 P.2838 及 S.1441 兩種。第二部分解決敦煌曲子之年代，包括 S.4332《菩薩蠻》、P.3128 頻見老人星及 P.3360 大唐五台山曲子之年代，當中涉及了《五臺山讚》中"州"、"周"二字的校勘，禮五台山偈《長安詞》之時代以及《御製內家嬌》問題，饒教授推測《御製內家嬌》爲唐莊宗爲公子時所寫之詞。最後，饒教授談及曲詞之涵義。文中大量篇幅，徵引長文與任老相榷，言辭中肯，如：

　　　　任書廣收並蓄，許多無曲調名的，他都給了某一名目，雖加上〔〕號，表示代擬，畢竟沒有實據，我們處理這種資料，便沒有他這樣的膽子的！①

　　又：

---

① 《敦煌曲續論》，頁 111。

書中指斥各家，言多過火，而謗儒罵佛，處處皆是，已越出學術範圍。①

另一篇《"唐詞"辨正》，饒教授批評任二北要取消"唐詞"一名之不當。早在明代萬曆年間，已有董逢元輯的《唐詞紀》16卷。唐及五代，不少地方提到"詞"，且甚爲通行，更用於宴會以助興。饒教授引《雲溪友議》一節來證明唐代作爲歌曲的"詞"，早被文人視爲新文體。任氏廢"詞"而另立"歌辭"一說，實無必要。（圖三）饒教授在文中第二節補充，引《五代史補》說明唐莊宗李存勗能詞，謂：

莊宗行世之佳製，竟是抒情之作，沒有甚麽軍歌被流傳下來。任氏認爲莊宗只能寫作軍歌之"男聲"，純粹是偏見；連《尊前集》、《詞綜》都未及檢讀，疏忽至此，令人駭怪。②

據饒教授所說，《敦煌歌辭總編》還有不少問題，饒教授借S.329一首調寄木蘭花詞爲例，分析任老對詞意臆改之不當，後再交代詞中"斬春風"一語來自釋門典故。饒氏二文，除與任老商榷外，還引例重申，早在唐代已有詞作。

饒教授花了大量篇幅與任老相権，無非是辯證真理，非與人諍。後悉任老先逝，仍作挽詞悼之，並說"君力學不懈，老而彌篤，譏訶當代，雖被視爲學風偏頗，然於曲學揄揚之功，終不可沒"，③這是學術胸襟的表現。

3. 敦煌本《文選》研究

1954年，饒宗頤教授在日本與廣島大學文學部教授，《文選》學

---

① 《敦煌曲續論》，頁112。
② 同上註，頁212。
③ 同上註，頁229。

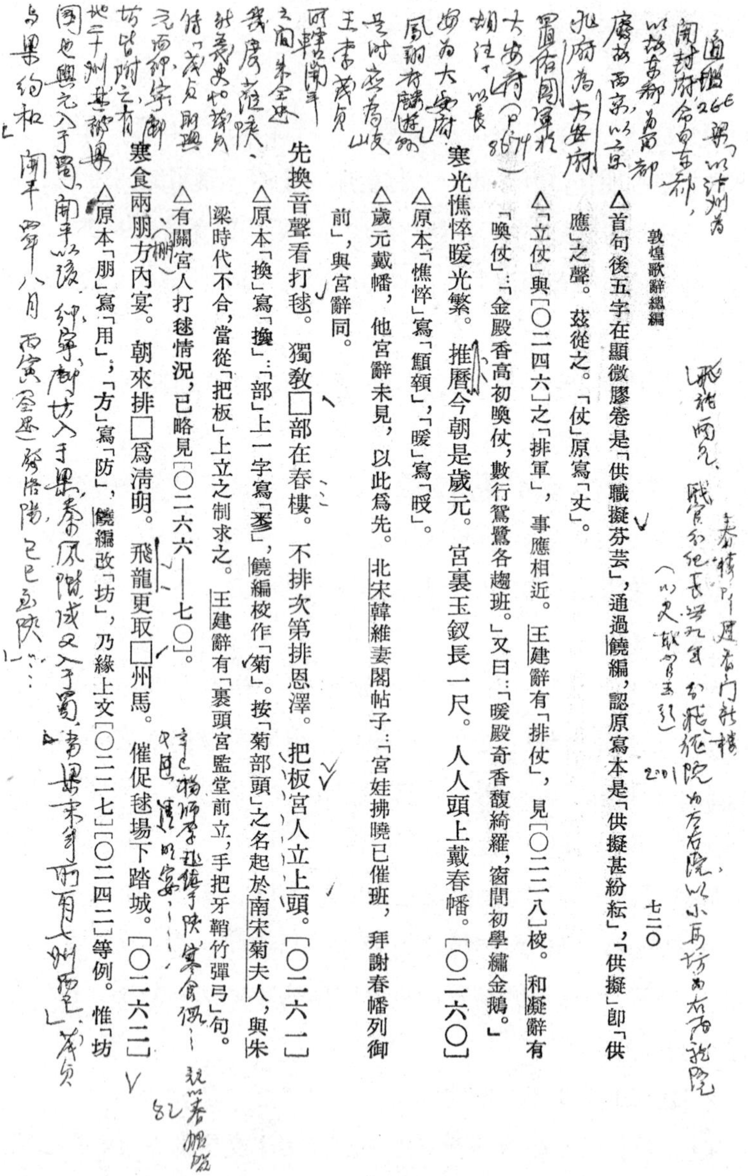

敦煌歌辭總編

△首句後五字在顯微膠卷是「供職擬芬芸」，通過饒編，認原寫本是「供擬甚紛紜」，「供擬」即「供應」之聲。茲從之。

△「立仗」與〇二四六之「排軍」，事應相近。王建辭有「排仗」，見〇二二八校。和凝辭有「曉殿奇香馥綺羅，窗間初學繡金鵝。」

△「喚仗」：「金殿香高初喚仗，數行鴛鷺各趨班」。又曰：「暖殿奇香馥綺羅，窗間初學繡金鵝。」七二〇

△原本「憔悴」寫「顦顇」，「暖」寫「暧」。推曆今朝是歲元。宮裏玉釵長一尺。人人頭上戴春幡〇二六〇

△原本戴幡，他宮辭未見，以此為先。北宋韓維妻閣帖子：「宮娃拂曉已催班，拜謝春幡列御前」，與宮辭同。

△寒光憔悴暖光繁。

先換音聲看打毬。獨教□部在春樓。飛龍更取□州馬。催促毬場下踏城。〇二六二

△原本「換」寫「換」部上一字寫「參」饒編校作「菊」。按「菊部頭」之名起於南宋菊夫人，與朱梁時代不合，當從「把」上立之制求之。

△有關宮人打毬情況，已略見〇二六六——七〇。

△原本「朋」寫「用」，「方」寫「防」饒編改「朋」附識成又入手寫。「坊」

寒食兩朋方內宴。朝來排□為清明。〇二六七〇二四二等例。惟「坊」

圖三　饒教授在任半塘《敦煌歌辭總編》一書的批語
　　　（香港大學饒宗頤學術館藏）

權威斯波六郎（1894—1959）作學術交流，斯波氏贈予饒教授不少《文選》學著作，包括考論與版本。① 斯波氏乃日本《文選》學的領軍人物之一，其《文選索引》（圖四）更爲一重要工具書。② 饒教授早留心"選學"，自謂"幼嗜文學，寢饋蕭選，以此書講授上庠歷三十年"。③ 其字"選堂"即由此而來。饒教授除訪日交流外，還在法國遍讀敦煌《文選》寫本。④ 1957—1958 年，他發表了《敦煌本文選斠證》，⑤ 對英法庋藏的16 種敦煌《文選》詳加整理研究。此後，他繼續搜羅各種《文選》寫本，於 2000 年出版《敦煌吐魯番本文選》一書。

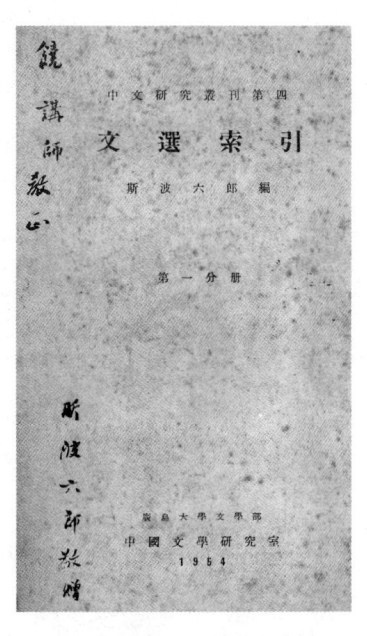

圖四　威斯波六郎贈予饒教授之《文選索引》

《敦煌本文選斠證》一文，先將各種寫本按今本《文選》卷次表列，另列出篇名、行數起訖及庋藏篇號，通過細察寫卷内容，總分各種寫卷爲兩類：白文無注三十卷本及李善注本。三十卷本爲昭明太子原來之編次本，李善注本爲唐高宗永隆（680 年）鈔本，"兹中數卷，俱唐人或更早之寫本，吉光片羽，彌覺可珍"。⑥ 饒教授復對永隆本《西京賦》寫本、東方朔《答客難》揚雄《解嘲》寫卷、《嘯

---

① 胡曉明：《饒宗頤學述》，杭州：浙江人民出版社，2000 年，頁 51。
② 斯波六郎編：《文選索引》4 册，京都：京都大學人文科學研究所，1957—1959 年；另有中譯本，《文選索引》3 册，林慶彰譯，上海：上海古籍出版社，1997 年。
③ 饒宗頤：《選堂字説》，《固庵文録》，臺北：新文豐出版公司，1989 年，頁 325。
④ 饒宗頤："余旅法京時，每日至國家圖書館，館藏有關文選各寫卷，紬讀殆遍"，《敦煌本文選斠證》（一），《新亞學報》第 3 卷第 1 期，頁 333。
⑤ 饒宗頤：《敦煌本文選斠證》（一），《新亞學報》第 3 卷第 1 期，頁 333—403；《敦煌本文選斠證》（二），《新亞學報》第 3 卷第 2 期，1958 年，頁 305—328。
⑥ 《敦煌本文選斠證》（一），頁 337。

賦》殘卷、謝靈運鮑明遠樂府 7 首殘卷及《答臨淄侯牋》殘紙，作版本對勘及校釋，先校錄原文，然後校證李善注釋。饒教授對於永隆本《西京賦》寫本，用力最多，校後語列舉《西京賦》寫卷特色共十四項，如"六臣本校語有不足信者"、"胡克家考異有不盡可據者"、"永隆本有可證古今古籍之疑誤"等，開香港敦煌《文選》寫本研究之先河。①

70 年代，饒教授在撰寫《中國史學上之正統論》時，已有另撰《敦煌本文選》的構思，如前所述，饒教授在 1974 年 12 月 23 日致戴密微的書信（圖五）內，已附有擬撰寫之《敦煌本文選》目錄，信中毛筆正書："目錄大綱，見另紙，尚在撰寫中。圖版部分，請法京隨時供給。"② 在 1975 年致戴老函謂：

敦煌本文選——目前尚未完稿，蘇聯 L 之吳都賦殘卷尚待補入。最近中華書局新印南宋尤袤刻本，日本亦影印兩種古本，三書價值港幣千六百元，均已購讀，頗有裨益。將來恐須再至臺灣補充板本上之資料。此書因其屬於敦煌重要文獻，最好請先生大筆摘譯，爲第二次之合作，應由法京出版爲是。③

可見自 50 年代《敦煌本文選斠證》出版以後，饒教授仍陸續搜集《文選》寫本撰寫專著，成爲《敦煌曲》、《敦煌白畫》及《中國史學上之正統論》以外的一部重要專著。遺憾的是，此書未有按原定計劃出版。

2000 年，北京中華書局出版了饒教授主編的《敦煌吐魯番本文

---

① 徐俊：《〈敦煌吐魯番本文選〉書評》，《敦煌吐魯番研究》第 5 卷，北京：北京大學出版社，2000 年，頁 368。
② 《戴密微教授致饒宗頤教授往來書信集》，頁 69。
③ 同上註，頁 82。

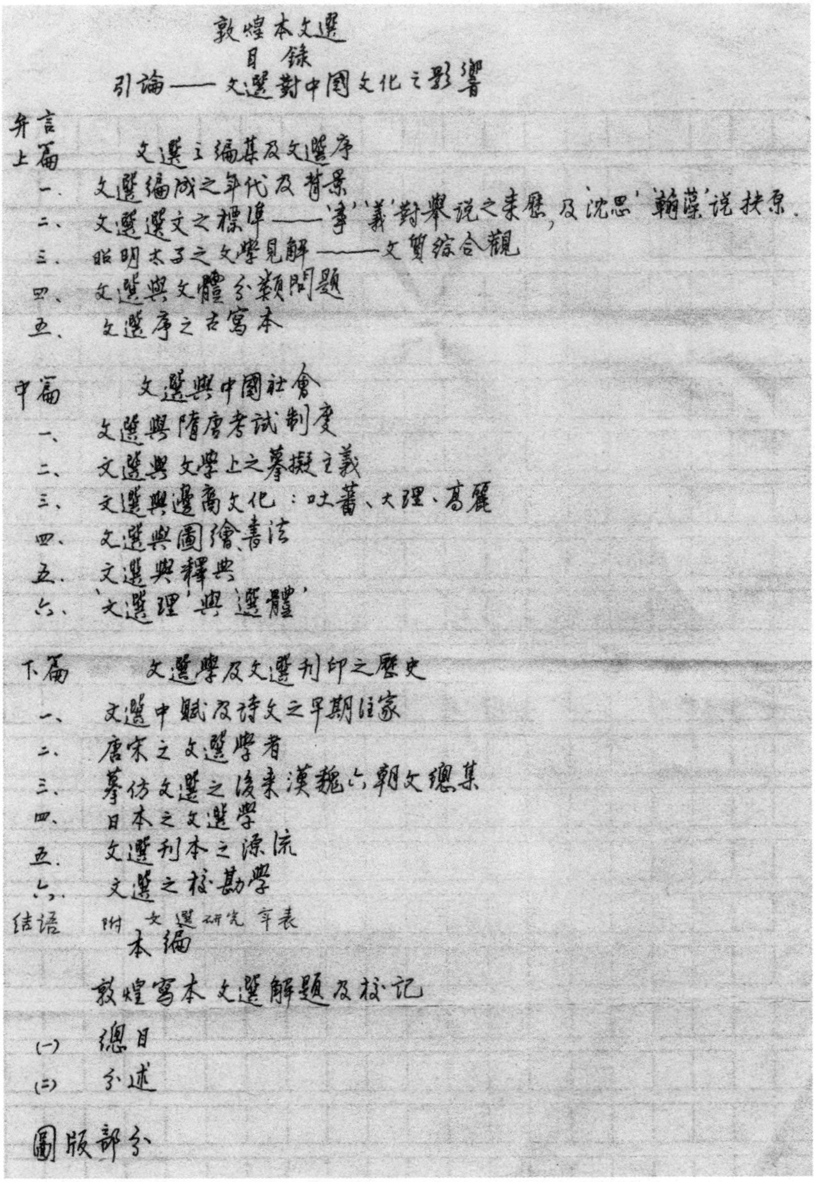

> 敦煌本文選
> 目錄
> 引論——文選對中國文化之影響
>
> 弁言
> 上篇　文選之編纂及文選序
> 一、文選編成之年代及背景
> 二、文選選文之標準——"爭""義"對舉說之來歷，及'沈思''翰藻'說抉原
> 三、昭明太子之文學見解——文質綜合觀
> 四、文選與文體分類問題
> 五、文選序之古寫本
>
> 中篇　文選與中國社會
> 一、文選與隋唐考試制度
> 二、文選與文學上之摹擬之義
> 三、文選與邊裔文化：吐蕃、大理、高麗
> 四、文選與圖繪書法
> 五、文選與釋典
> 六、'文選理'與'選體'
>
> 下篇　文選學及文選刊印之歷史
> 一、文選中賦及詩文之早期注家
> 二、唐宋之文選學者
> 三、摹倣文選之後來漢魏六朝文總集
> 四、日本之文選學
> 五、文選刊本之源流
> 六、文選之校勘學
> 結語　附　文選研究年表
> 本編
> 　　敦煌寫本文選解題及校記
> (一)　總目
> (二)　分述
>
> 圖版部分

圖五　與戴密微書信談及《敦煌本文選》一書的大綱

選》(圖六),此書可算作原先計劃的簡編,編者於序中說"拙編《敦煌吐魯番本文選》,網羅世界各地收藏《昭明文選》古寫本之殘縑零簡,未能全力以赴,久置篋衍,未敢釐定,賴榮新江兄之助,得以整比完編"。① 全書共分三部分:《唐代文選學略述》作爲前言,另有《敘錄》及圖版。《唐代文選學略述》,紀錄《文選》學的發展歷程,隋唐時代箋注《文選》諸家如綦毋邃、蔡邕、李善、曹憲、蕭該、公孫羅、武敏之、

圖六 2000 年出版的《敦煌吐魯番本文選》

陸善經及呂向等人。文中又提到唐人早有從書法角度鈔寫整部《文選》,其中又以鈔《文賦》爲最早,後代大書法家如文徵明、趙孟頫及董其昌亦書《文選》單篇。文中又強調"有三事須加措意",分別是《漢書》學與《文選》學二者之互補、大型類書著述之興盛及崇文、弘文二館收藏圖書有助文學資料三點,編者詳加析述,寫前人所未寫,此點早有學者指出。②

《敘錄》部分,臚列了版本 32 種,盡收西方所藏各種敦煌吐魯番寫本,饒教授說:

> 凡石室所出秘笈《文選》有關寫本,大體畢具於斯,表其卷第羅列,可免檢索之勞,足爲校讎之助。③

---

① 饒宗頤編:《敦煌吐魯番本文選》,北京:中華書局,2000 年,頁 1。
② 徐俊:《〈敦煌吐魯番本文選〉書評》,頁 368。
③ 《敦煌吐魯番本文選》,頁 9。

是書主角，爲所有黑白圖版，圖版雖爲黑白，但文字清晰可辨，一如《敦煌曲》之圖版。可以説，《敦煌吐魯番本文選》是一部工具書，作爲從事敦煌吐魯番本《文選》研究的基本資料，學人可以此開展研究，對往後的《文選》學研究，特別是敦煌吐魯番本，此爲必需參考之書。至於該書的貢獻特點，中華書局的徐俊撰有書評，讀者可按圖索驥，茲不詳説。

4. 文轍之敦煌足迹：《文轍》的敦煌學研究

《文轍》是饒教授一部有關文學的論文結集，副題爲"文學史論集"。① 其中與敦煌學有關的，包括《敦煌寫本登樓賦重研》、《敦煌寫本文心雕龍景本跋及後記》及《敦煌本謾語話跋》三篇。

(1)《敦煌寫本登樓賦重研》

《敦煌寫本登樓賦重研》一文，寫於 1962 年，原刊於臺灣《大陸雜誌》。文章共分四部分：① 盡刪"兮"字爲漢以來詩賦慣例；② 敦煌寫本異文斠補；③ 登樓賦的寫作年代；④ 餘論。② 饒教授重研王粲《登樓賦》之由，因陳祚龍於《大陸雜誌》發表《敦煌寫本登樓賦斠證》，認爲《登樓賦》未用"兮"字作語助詞，乃是"迎合魏武之情調"。饒教授不以爲然，故撰文申説。文章先破後立，起首引錄初唐《藝文類聚》所載之《登樓賦》全文，錄文全無"兮"字，文句亦多刪節，繼而指出法藏的敦煌寫本登樓賦未有"兮"字並非自敦煌始。

文章第一部分引《大風歌》、《天馬歌》等原有"兮"字的作品，後人選篇時多刪去，或將該字易位；六朝文士引用《楚辭》，也愛刪去"兮"字。因而得出"引用辭賦原句，助詞可以省改"。③ 又謂

---

① 饒宗頤：《文轍》，臺北：學生書局，1991 年。
② 饒宗頤：《文轍》，頁 267—275。
③ 同上註，頁 270。

"臨文引用，省略兮字，乃至尋常"。①王粲辭賦諸作，有的沒有"兮"字，有的屢用"兮"字，以此質疑陳君所論。

第二部分，饒教授以他一貫的校讎學識見，對敦煌寫本登樓賦的異文異字作考證，其中對"陶沐"一詞之釋義，又可一窺饒教授博大的學養。《藝文類聚》及《文選》本皆作"陶牧"。他從地理考證的角度否定李善注爲陶朱公墓之説，先引《水經注》糾正，再引郭仲産《南雍州記》破之："觀其調查所記，此乃范西戎墓，與朱公無涉。"②繼而以訓詁學方法確立己説："頗疑'沐'或'木'之異文。古地名以木稱者，如楠木杜木，桹木，楮木，木指都邑四疆之封樹。陶木與昭丘對言，殆指陶地之封樹。姑備一説。"③

第三部分以《三國志·王粲傳》及《登樓賦》內文，指出該賦當寫於建安九年至十三年（204—208）之間，那時曹操尚未下荊州，是故寫本與曹操無關。最後一節指出，該敦煌寫本正好揭示王粲此作，傳至西北。寫卷於粲賦之後，尚有佚名之《落花篇》，饒教授全錄其文，以供當時未能一睹原卷之同好欣賞。全文原由陳祚龍之疑起篇，博引糾正之餘，更將寫卷特點交代，起承轉合，言簡而洞見屢出。

(2)《文心雕龍》研究：《敦煌寫本文心雕龍景本跋及後記》及其他

此文作爲《文心雕龍原道篇疏》的附錄，④ 二文原刊於香港大學中文學會年刊之《文心雕龍研究專號》上，⑤《後記》則在《文轍》版再作補充。敦煌寫本《文心雕龍》景本乃唐末人以草書所寫，藏

---

① 饒宗頤：《文轍》，頁 270。
② 同上註，頁 272。
③ 同上註，頁 273。
④ 饒宗頤：《敦煌寫本文心雕龍景本跋及後記》，《文轍》，頁 407—408；《文心雕龍原道篇疏》，頁 387—406。
⑤ 香港大學中文學會年刊：《文心雕龍研究專號》，香港大學中文系，1962 年，頁 36—46；另頁 95。

於大英博物院，編號 S.5478，殘存《徵聖第二》至《雜文第十四》。寫卷圖版只刊於《文心雕龍研究專號》，並未重刊於《文轍》一書。

饒宗頤教授的跋文，重點有四。首先點出前人鈴木虎雄（1878—1963）及趙萬里（1905—1980）二君曾撰文簡介該寫卷；其次列出寫卷起訖；第三從語意的角度交代寫卷可貴之處，如"以原道至辨騷諸篇而論，頗多勝義"，① 又如《徵聖》之"先王聲教"中"先教"二字，"皆較舊本爲優"。② 第四撮要《文心》版本，更一記神田喜一郎（1897—1984）所藏唐鈔本後最重要的馮允中吳中刊本。

饒教授曾在跋文提出專刊是否有漏影圖版的情況，此問直到 1991 年《文轍》出版，他已多附一簡短後記，交代當年專號所刊圖版確有漏印，"證實爲 1953 年文庫人員在英攝影時漏印之疏失"。③此可見饒教授治學細心，早鈎出問題所在。此足本圖版後來被潘重規（1908—2003）重刊，後來學者以潘書爲據，在未見饒文而加以論述，故饒文後記附帶一筆："拙作實爲唐寫本首次景印公諸於世之本，於文心唐本流傳研究雖不敢居爲首功，然亦不容抹殺，滋生誤解。"④饒公論著獨具慧眼處，此文即一顯例。

除此文外，饒教授對《文心雕龍》的研究尚有七篇，計有《文心雕龍聲律篇書後》⑤、《文心雕龍字義通釋》，⑥ 其中《文心雕龍探源》、《劉勰以前及其同時之文論佚書考》及《劉勰文藝思想與佛教》三篇刊於港大專號內。此專號更被學者視爲六十年代中期前香港《文心雕龍》研究之總結。⑦ 後來，《文轍》出版時，收入饒教授另外

---

① 《文轍》，頁 407。
② 同上註。
③ 同上註，頁 408。
④ 同上註。
⑤ 饒宗頤：《〈文心雕龍〉聲律篇書後》，《饒宗頤二十世紀學術論文集》卷 11，臺北：新文豐出版公司，2003 年，頁 1021—1049。
⑥ 同上註，頁 1071—1073。
⑦ 鄭煒明：《饒宗頤教授在中國文學上之成就》，頁 14。

兩篇相關文章《文心與阿毗曇心》及《文心雕龍與佛教》。《文心雕龍與佛教》一文內容與《劉勰文藝思想與佛教》不同，並非一稿兩刊，因無涉及敦煌學範疇，茲不在此詳說。

(3)《敦煌本謾語話跋》

謾語一類，該屬俗文學的範疇。饒教授先介紹宋代小說類中稱"話"的類目，如新話、佳話、閒話、野話、古話、小話、清話、夜話等，然後特舉宋以前唐人以有類似"話"的文類，稱作"謾語"。饒教授錄出 S.4327（陰陽人楞語話及師師謾語），校訂寫卷原文的訛字俗字。

寫卷乃一宣揚佛教的作品，通過陰陽師（巫師）爲病人祈禱，祈請神靈，其中包括帝釋天、河伯將軍、可汗大王等，病人若過得一天便可痊癒，接着加插天地創始到今，豈能有人不死，只有佛陀能超越生死苦海，其餘不能幸免，帶有強烈的佛教色彩。最後四行爲"師師謾語"。

饒教授認爲，唐人"謾""慢"二字互用，有如謾吟、漫志、俳語和調話一樣，意謂"隨便説説罷了"。① 文中又廣徵文獻，解釋"師師"、"師婆"等詞。文末補充："近年學人談及此謾話者有張鴻勳及劉銘恕，皆未覿余文，所見有不同處，讀者請參閱之。"② 饒教授論文多創獲創見，雖開相關研究之先河，然亦多有被人忽略者，本文又是其一。

5. 敦煌本《楚辭音》

上世紀 50 年代初，饒教授得到斯坦因的微縮膠卷後，大大便利敦煌學研究，更將資料運用到其他學術領域上，楚辭學即其一例。1956 年，饒教授出版《楚辭書錄》，列爲"選堂叢書之一"，此乃第

---

① 饒宗頤：《敦煌本謾語話跋》，《文轍》，頁 446。
② 同上註，頁 448。

一本《楚辭》目錄學專著。饒教授於書中詳列所知所見書目，對每種書之版本均詳加考析，校正前人誤説。書中之外編特別針對敦煌寫本隋僧道騫之《楚辭音》殘卷（P.2833），"蓋自趙宋以來，騫音已不可得見。近歲敦煌所出，乃有騫音《離騷》殘卷，曠世瓌寶"。①然而先賢如聞一多（1899—1946）、王重民（1903—1975）等輯校，多有缺失，是故饒文重加補校。

饒文補校《楚辭音》的詞意共34個，例如"奄兹"一詞，饒文謂：

> 《音》引《山海經》，乃《西山經》文，其中𤢌作"庫"。"其實如瓜"句"實"下無"大"字，並與成化本"山經"小異。《音》又引《禹大傳》，亦見《西山經》郭注。成化本"洧盤"誤作"滑盤"可據此卷正。又引《穆傳》："逆驅陞於弇山"，郭注："弇，弇兹山，日所入也。"明天一閣本作"日入所。"非。《音》於"奄"下云宜作"崦嵫"。于兹下云"宜嵫"。聞（一多）校：唐寫本《文選》殘卷作"奄兹"，按《文選》原卷實作"崦嵫"，聞氏未見影刊，故誤。②

引文所見，饒教授通過版本比對、文意連繫，校正了明代天一閣本及近人聞一多注本的缺失。文中交代敦煌本《楚辭音》對後來楚辭考證有重要意義，它可校正隋以前古本之異同、可校王逸注之異文、可校古章句之遺義、可據以輯楚辭佚注、可據以輯校古小學書及其他古籍、可辨古文字之異體及據以訂古之韻讀，一共八項。③

此外，饒教授又於書首刊印寫卷圖版6幀，方便後來學者對照

---

① 饒宗頤：《楚辭書錄》，頁105。
② 同上註，頁107。
③ 同上註，頁114—115。

研究。至於《楚辭書録》一書，除臚列目録外，更輯有若干《楚辭》研究資料，包括唐人陸善經的《文選離騷注》。陸氏注文，有"至足矜貴"之處，且多保存於日本流通之《文選集注》内，① 饒氏重爲輯於《書録》，後更被游國恩（1899—1978）重録於《楚辭纂義》，② 饒書具開創之風，其功當被肯定。

6.《文化之旅》的敦煌學散文

《文化之旅》是饒宗頤教授一部散文集，③ 小引謂："零葉寸箋，塗鴉滿紙，這類不修邊幅的短文，不值得留下來的棄餘談吐，多半是在時間的夾縫中被人榨出來應景。"④此當爲謙辭。全書不少篇幅足可作論文觀，如《柘林與海上交通》、《新州：六祖出生地及其傳法偈》、《法門寺一：有關史事的幾件文物》及前文以提及的《"唐詞是宋人喊出來"的嗎？——説"只怕春風斬斷我"》（即《"唐詞"辨正》一文）等篇，絕非一部純粹的散文集，而是一部寓研究於抒懷的學者散文集。

書中與敦煌文學相關的有兩篇，除前述的論文《"唐詞是宋人喊出來"的嗎？——説"只怕春風斬斷我"》，還有一篇隨筆《吐魯番：丟了頭顱的艹艹（菩薩）》⑤。

《吐魯番：丟了頭顱的艹艹（菩薩）》並非專門論文，而是一篇敦煌隨筆短文。該文重提一個有趣的現象，即敦煌文書中菩薩寫成艹艹，"仏（佛）家經典，寫經的人每每偷懶把菩薩寫成簡體字的艹艹，觸目皆是，他們似乎特別强調菩薩的頭部"，⑥ 由此聯想西域庫車等地的佛教石窟遺址，佛像的頭部全被回教徒砍去，那是宗教狹

---

① 饒宗頤：《唐代文選學略述》，《敦煌吐魯番本文選》，北京：中華書局，2000年，頁13。
② 鄭煒明：《饒宗頤教授在中國文學上之成就》，頁11。
③ 饒宗頤：《文化之旅》，香港：牛津出版社，1997年。
④ 同上註，頁 xi。
⑤ 同上註，頁 41—43。
⑥ 同上註，頁 41—42。

臉的表現。文末饒教授抒懷，人類因爲各種信仰，早已去掉不少頭顱，就連佛陀的頭顱也逃不過苦厄，其頭像也被異教徒刪掉，對此只會令人不寒而慄。全文以宗教的角度出發，借宗教間不能共容之現象抒懷，寓感性於理性。

7.《選堂集林・史林》之《京都藤井氏有鄰館藏敦煌殘卷紀略》

《京都藤井氏有鄰館藏敦煌殘卷紀略》一文，刊於《選堂集林・史林》。[1] 該文作於 1954 年 10 月，乃饒教授造訪京都藤井守一紫城氏之有鄰館。他分別於 1954 年 7 月及 8 月，因藤枝晃（1911—1998）、中田勇次郎（1905—1998）及白川靜（1910—2006）教授引介至有鄰館參觀。文中簡介有鄰館主人及館藏情況，對藏品來歷亦作若干梳理。

8 月造訪之行，饒教授僅以兩小時便將藤井所藏的一箱敦煌文物閱覽一遍，得悉藏品乃晚清何彥昇舊藏，同時將藤井所藏敦煌殘卷簡目過錄一遍，列出簡目，分書札、牒狀、宗教、歌讚及雜類五項，其中與敦煌文學相關的，爲歌讚類的《五更轉》寫卷，寫卷原爲李盛鐸（1859—1937）舊藏。饒教授在簡目中錄出寫卷情況：

《五更轉》前爲十五願合訂爲小册，行書古拙，用厚粗黃麻紙寫十五願八十六行，《五更唱》三十六行。[2]

1956 年丙申，饒教授補充"附五更轉影本"一節，簡述傅芸子（1902—1948）、任二北諸君研究該寫本之情況，再比對藤枝晃教授郵示之《五更轉》寫卷圖版，得知二君校勘錯訛頗多。本文貢獻之一，乃饒教授將該寫卷圖版十一幀附於文末，以便後來學者。

---

[1] 饒宗頤：《選堂集林・史林》，香港：中華書局，1982 年，頁 998—1010。
[2] 同上註，頁 1005。

8. 序跋所見的敦煌文學研究

饒宗頤教授不單著有影響深遠的《敦煌曲》，還鼓勵學人從事敦煌文學研究，又爲主編的"香港敦煌吐魯番研究中心叢刊"相關研究撰寫序文，其序亦偶見他考證的一鱗半爪。

林聰明（1946—　）的《敦煌文書學》序文，饒教授除嘉許林君大作"可謂振裘而能提領，舉網而知挈綱，足爲初學津逮"外，[①]還提到 P. 3808《長興四年講經文》背面之敦煌琵琶譜。然而孰爲寫卷之正面背面，他另有看法。寫卷由 11 張紙連接，其中部分拍子記號爲接紙黏遮，由此看出寫卷先記敦煌琵琶譜，講經文故屬背面，一改前人倒面爲背的看法，亦見判斷寫卷之難。其他如黃征（1958—　）《敦煌語文叢說》一書，序文饒教授引錢鍾書之說，特別注意到陳太建八年的寫本《生經》所記故事，與希臘史家談及古埃及 Rampsinitus 佚事相同，當中是否因亞歷山大東征時傳播，仍可深入研究。[②]其記憶之微，於此可見端倪。

此外，《敦煌〈大學〉寫本跋》一文，饒教授介紹了 S. 575《大學》寫卷情況，指出後來程子朱子改本乃重新編排；又《敦煌本〈甘棠集〉研究》序，指出唐人慣稱陝州爲甘棠。饒教授特意鈎出，以供學人注意。

9. 從書法角度精研法藏敦煌文學寫卷

早在 50 年代，饒教授已關注敦煌寫卷之書法問題。1959—1960年，他在《東方文化》發表了《敦煌寫卷之書法》，[③]從藝術的角度扼要介紹敦煌寫卷。劉濤在《〈法藏敦煌書苑精華〉書評》一文說饒

[①] 林聰明：《敦煌文書學》，臺北：新文豐出版公司，1996年，頁4。
[②] 黃征：《敦煌語文叢說》，臺北：新文豐出版公司，1997年，頁2。
[③] 饒宗頤：《敦煌寫卷之書法》，《東方文化》第5卷，第1、2期合刊，香港大學，1959—1960年，頁41—44，另附圖版24幀。

教授注意書法始於 1959 年①，然而從《東方文化》該期之出版年份以及從正文中所列皆爲斯坦因編號看，可知他自得到斯坦因的微縮膠卷後即着手摩挲研究，可以説早於 1959 年。②

文中介紹了寫卷書法的特色，如寫卷每有抄經者姓名、佛經多以正書抄寫，更提到一些取法虞、歐、褚、薛，圓滑勻整的寫經體，字較端莊，除了常見的楷書，還有部分行書及草書寫卷。寫卷也偶有飛白書，如 S. 5952 及 S. 5465 二卷。③ 文中並對若干寫卷作書法藝術的評述，如對 S. 5478 的《文心雕龍》草書册子，他評爲："雖無鉤鎖連環之奇，而有風行雨散之致，可與日本重室所藏相傳爲賀知章草書《孝經》相媲美。"④ 又如 S. 3370 的筆法，饒教授評説"其秀潤悦人者，雖《靈飛經》亦不能專美於前矣"。⑤ 文中後記曾引用 1963 年《文物》的文章，可知後記與正文相距數年，饒教授在記中援引伯希和寫卷比對。可以説，敦煌寫卷之書法，乃當時饒教授重點留意的課題之一。

80 年代，東京二玄社刊印了饒教授主編的《敦煌書法叢刊》29册，當中分門别類，共收法藏寫卷 152 件。編者對所選作品作了詳細考析，書一出版，不少學者立即撰寫相關書評，如周紹良《一部研究敦煌寫經書法的專著》、⑥ 蘇瑩輝《敦煌學新猷——〈敦煌書法叢刊〉第 14、15 卷"牒狀"類評價》、⑦ 日比野丈夫《敦煌文書の精

---

① 劉濤：《〈法藏敦煌書苑精華〉書評》，饒宗頤、季羨林及周一良主編，《敦煌吐魯番研究》第 1 卷，北京：北京大學出版社，1996 年，頁 376—381。
② 饒教授在文章後記謂："本編爲數年前所作"，可知饒教授關注此課題，必在 1959 年以前。
③ 饒宗頤：《敦煌寫卷之書法》，頁 41—42。
④ 同上註，頁 42。
⑤ 同上註。
⑥ 周紹良：《一部研究敦煌寫經書法的專著》，鄭煒明編：《論饒宗頤》，香港：三聯書店，1995 年，頁 26—28。
⑦ 蘇瑩輝：《敦煌學新猷——〈敦煌書法叢刊〉第 14、15 卷"牒狀"類評價》，鄭煒明編：《論饒宗頤》，香港：三聯書店，1995 年，頁 29—42。

粹を鑑賞する——〈敦煌書法叢刊〉》、① 榎一雄《秘庫の名品を慎択——〈敦煌書法叢刊〉》②等，點出了叢書劃時代的價值。叢刊印刷精美、圖版清晰，就是 80 年代出版之《敦煌寶藏》也無法望其項背。

1993 年，叢書以中文版發行，更名爲《法藏敦煌書苑精華》，讓我國同行能一睹此書廬山，一睹饒教授曾一度用力最勤的代表作之一。③ 中文版叢書共 8 冊，包括經史及寫經各兩冊；拓本碎金、書儀文範牒狀、韻書詩詞雜詩文和最後的書道各一冊。第五卷"韻書・詩詞・雜詩文"在在是關於敦煌文學寫本的書法藝術。21 世紀的今天，法藏敦煌漢文寫卷早已由上海古籍出版社按寫卷編號全部出版，因此學人要一睹寫卷，要較二十多年前方便。從前學者要一睹原卷，實非易事。因此，《敦煌書法叢刊》或《法藏敦煌書苑精華》皆是當時研究敦煌寫卷的一部重要的案頭書。

"韻書・詩詞・雜詩文"卷共收敦煌文學寫卷 17 種，包括 P.2011 王仁昫刊謬補闕《切韻》殘卷、P.2014 大唐刊謬補闕《切韻》、P.2554《文選》陸機短歌行等殘卷、P.2503《玉臺新詠》卷二殘本、P.3738 李嶠雜詠斷簡、P.3862《高適集》殘卷、P.3967 唐詩六首、P.5007 晚唐詩四首、P.2838《雲謠集》、P.3994 詞五首、P.3333 詞三首、P.2748 詞三首、P.3345《文選》卷第二十九殘本、P.2748《燕歌行》一首、另附古賢集一卷、《大漠行》一首及《沙州燉煌二十詠並序》；P.2555《胡笳十九拍》、P.2555 另一部分之"御製勤政樓下觀燈"及 P.2553《王昭君變文》。

對於敦煌文學寫卷之書法，饒宗頤教授在該卷解説時屢見析述而又言簡意賅，如 P.2503《玉臺新詠》卷二殘本之書法，他評爲

---

① ［日］比野丈夫：《敦煌文書の精粹を鑑賞する——〈敦煌書法叢刊〉》，鄭煒明編：《論饒宗頤》，香港：三聯書店，1995 年，頁 43—45。
② 榎一雄：《秘庫の名品を慎択——〈敦煌書法叢刊〉》，鄭煒明編：《論饒宗頤》，頁 46—49。
③ 饒宗頤編：《法藏敦煌書苑精華》（全 8 冊），廣州：廣東人民出版社，1993 年。

"楷法精美，蒼古秀潤，把翫無斁"。①觀寫經圖版，其楷書之莊重工整，於一衆寫卷裏，確是非常突出。由此可知該卷之寫經生用心下筆，絕非急就繳卷。②又如 P.3345《文選》卷第二十九殘本，饒教授評其"書法娟秀，神采煥發'偃仰平直'、'筋脈相連'，六朝人氣韻骨格，尚可窺見"。③再如 P.2555 另一部分之"御製勤政樓下觀燈"内之五律，其書法"字大如錢，十分韶秀，有蟬聯映帶之美"。④其字與 P.2503 完全不同。通過饒教授的扼要導引，不通書法如我者尚可勉強從中略窺堂奧，雖屬冰山一角，然而饒教授篳路藍縷之功，在在對後來學人起到重要的參考作用。他自己亦深受寫經體影響，其書法作品如《書敦煌簡》（出虞二斛）、⑤《敦煌簡參合北碑大聯》，⑥就很有敦煌寫卷的味道。竊

圖七 《雲中天王》圖，饒宗頤教授之書法，深得敦煌經生體神韻。

以爲饒教授的書法特色之一即從敦煌寫經體而來，通過數十年不斷釋讀敦煌手卷，其經生體早已潛而默化，揮之於書，自有一種古樸

---

① 饒宗頤編：《法藏敦煌書苑精華》第 5 册 "韻書・詩詞・雜詩文"卷，廣州：廣東人民出版社，1993 年，頁 171。
② 同上註，頁 62—68。
③ 同上註，頁 178—179。
④ 饒宗頤編：《法藏敦煌書苑精華》第 5 册 "韻書・詩詞・雜詩文"卷，廣州：廣東人民出版社，1993 年，頁 184。
⑤ 鄧偉雄編：《莫高飲馥：饒宗頤敦煌書法藝術》，香港：香港大學饒宗頤學術館，2010 年，頁 130。該書法爲饒教授上世紀 90 年代所寫。
⑥ 同上註，頁 149，該書法爲饒教授 2010 年所寫。

味道。(圖七)《選堂詩詞集・題畫絕句》謂："石窟春風香柳綠，他生願作寫經生。"①可見敦煌寫卷對他一生的影響。觀其所作，特別是大型書法《心經》，②已悉饒教授不待來世，今生已是人所共知，心通造化的現代寫經生。

就叢書而言，"韻書・詩詞・雜詩文"卷雖作書法欣賞觀之，但是饒教授在說明時滲雜了寫本比對及不少考證。因此不能只以書法角度賞析，這點前述周紹良、劉濤諸君早已注意。觀寫卷說明，即可知道饒教授通過寫卷比對，屢有創獲，如對 P.3738 李嶠雜詠斷簡的說明，饒教授參考了 S.555《雜詠》殘卷，得出"兩卷書法相同"的結論，更點出寫卷影響了日本的漢詩文、和歌及散文。③ P.2748《燕歌行》、古賢集一卷、《大漠行》及《沙州燉煌二十詠並序》，全出一人手筆，"書法行筆凝重，在歐、柳之間"，④他留意到高適的《燕歌行》與《全唐詩》本有異，寫卷文字時有脫訛，故列表校正；同樣在 P.2555《胡笳十九拍》，寫卷與《樂府詩集》及《全唐詩》有異，同樣列表校正，點出訛字訛音。⑤

總括而言，"韻書・詩詞・雜詩文"一卷，提供了學人對敦煌文學寫卷之書法研究。整套《法藏敦煌書苑精華》，在在是一部寫卷書法的入門寶典，當中不單看到寫卷的書法價值，更可看出饒教授對寫卷原典之熟悉。饒教授一方面導引讀者欣賞寫卷書法，一方面釐清寫本錯訛別字，點出前人誤校的缺失，其做法早超越一般只評鑑書法價值的窠臼，而是運用了書法賞鑑、寫卷比對、文獻互證、文字訓詁及文意推演的綜合方法來說明。文雖短而義精辟。誠如劉濤

---

① 饒宗頤：《選堂詩詞集》，臺北：新文豐出版公司，1992年，頁157。
② 饒宗頤：《心經簡林》，香港：天地圖書公司，2006年；另見 Paul Maurer：《光普照》(*Light Opens Space*)，HK：Movit Publishing Ltd，2006。
③ 饒宗頤編：《法藏敦煌書苑精華》第5冊 "韻書・詩詞・雜詩文"卷，頁172。
④ 同上註，頁179。
⑤ 饒宗頤編：《法藏敦煌書苑精華》第5冊 "韻書・詩詞・雜詩文"卷，頁182—183。

所説，叢書所有説明只作導引，點到即止，望有後學於來者。①

小　　結

饒宗頤教授 40 年代已留心敦煌學，他曾説：

> 我對日本的關注很早，1949 年在香港學日文就是因爲看到《東京敦煌學報》，發現原來他們的研究遠遠走在我們前頭了，我那時對敦煌學很感興趣，所以我發憤非讀日文不可。後來慢慢地看到日本人做學問的踏實，看到日本人對文化的看重，我很感動也很受刺激。②

50 年代初得到斯坦因的微縮膠卷後，他即運用相關資料到各個研究領域，包括楚辭、曲子詞、《文選》、《文心雕龍》、俗文學、宗教、個人創作、書法和繪畫。上文所見，饒教授的敦煌學研究成果多出自五十年代以後，著作研究範疇極廣之餘，總能窺見其受敦煌寫卷抉發，或一鱗半爪，或專研成書，學問與研究之軌迹，總不離敦煌學，由此可知敦煌學乃教授念茲在茲的課題，終生不渝。饒教授之識見，能跨越不同領域，乃"究天人之際，通古今之變"之一代通人，③ 在在爲學者楷模。在 21 世紀的今天，可謂鳳毛麟角。

敦煌之學對饒宗頤自己的繪畫和書法也起着關鍵的影響，2012 年 4 月 7 到 9 日，饒教授曾於日本京都銀閣寺承天閣美術館舉行畫

---

①　劉濤：《〈法藏敦煌書苑精華〉書評》，頁 380。
②　饒宗頤述，胡曉明、李瑞明整理：《饒宗頤學述》，杭州：浙江人民出版社，2000 年，頁 115。
③　陳永恒：《專訪港大饒宗頤學術館研究中心主任鄭煒明：現代社會有專家没學者》，《時代潮人》（總 69 期），廣州：時代潮人雜誌社，2012 年第 1 期，頁 17。

展，其展覽圖錄《饒宗頤の仏教美術展》中，不少作品受敦煌白畫/白描影響，且另出機杼，別出神韻，① 如《孔雀明王》、《樹下觀音》、《觀音大士》、《諸天菩薩》、《水上荷》、《如來》、《雲中天王》及《馬到功成》等幅，深得敦煌白畫三昧。《雲中天王》一幅，在在是敦煌絹畫《行道天王圖》的白描版；②《諸天菩薩》一幅，演化自斯坦因編號 Ch. liii. 001《樹下説法圖》的"白畫"版。③ 敦煌寶藏對饒教授學藝相攜的影響，可謂大矣。

圖八　與饒宗頤教授及鄭煒明博士（左）（2011年）

（原分上、下二篇，分別刊於《國學新視野》2012年9月秋季號及12月冬季號。）

---

① 饒宗頤：《饒宗頤の仏教美術展》，香港：香港大學饒宗頤學術館及京都銀閣寺，2012年4月。
② 《行道天王圖》列斯坦因編號 Ch. 0018，圖版見ロデリック・ウィットフィールド編，《西域美術——大英博物館スタイン・コレクション2》（敦煌絵画2），東京：講談社，1982年，圖版16。
③ ロデリック・ウィットフィールド編，《西域美術——大英博物館スタイン・コレクション1》（敦煌絵画1），東京：講談社，1982年，圖版6。

饒宗頤教授與藏學研究

黄杰華

引　言

　　饒宗頤教授不論文學、史學、簡帛、經術禮樂、敦煌學及中外關係等十五類學術成就，早爲學界稱頌，[①]然而對於饒教授在藏學領域的研究，至今未有學人專文介紹，是故本文之旨，在於以《頓悟大乘政理決》的考證和研究爲例，標示饒教授的藏學論文及其貢獻。藏學與敦煌學一樣，已爲國際顯學之一，饒教授早在上世紀60年代已利用敦煌文獻從事敦煌學研究，亦爲學術界肯定和注意。另一方面，饒教的敦煌學研究，部分與藏學有關。因此，本文提出，作爲顯學之一的藏學研究，饒宗頤教授早於上世紀60年代就已參與，在

[①] 黄嫣梨:《饒宗頤教授文史互證的治學方法》，饒宗頤主編:《華學》（第九、十輯），上海:上海古籍出版社，2008年，頁1127。

70年代初就已發表相關論文。

藏學研究（bod-kyi-shes-rig,① Tibetan Studies 或是 Tibetology），顧名思義是指研究西藏的學問，所謂西藏的學問，更準確一點，就是有關藏族的研究，除西藏外，藏民還分佈於青海、甘肅、雲南和四川。因此，只要是研究藏族的語言文字、考古、歷史、地理、宗教、繪畫、音樂、曆法等學科，不論在藏民聚居在哪一區域，一律算作藏學研究。②

西方的藏學研究，早在二百年前已經出現。③ 匈牙利藏學家喬瑪（Alexander Csoma de Koros，1784—1842）曾在拉達克（Ladakh）生活七年，後來相繼出版了《藏英字典》（*Tibetan English Dictionary*）、④《藏語文法》（*A Grammar of Tibetan Language*）⑤、《梵藏英詞彙》（*Sanskrit-Tibetan-English Vocabulary*）⑥等，奠定了歐洲藏學研究的基礎。經過百多年的發展，今天歐洲的藏學研究已非常成熟，成一龐大體系，著作恒河沙數，爲一門國際顯學。⑦

饒宗頤教授的相關藏學論文，共有十種，其中包括序跋三篇。這些屬於藏學範疇的論文，內容又與敦煌學關涉，反映出敦煌學是

---

① bod-kyi-shes-rig，是 bod-kyi-shes-bya'i-rig-pa（藏民族的學問）的縮寫，參見王堯、王啓龍及鄧小咏：《中國藏學史（1949年前）》，北京：民族出版社及清華大學出版社，2003年，頁3。

② 對於藏學的研究對象和範圍，詳可參看王堯、王啓龍及鄧小咏：《中國藏學史（1949年前）》，北京：民族出版社及清華大學出版社，2003年，頁4—8。

③ 李四龍：《歐美佛教學術史》，北京：北京大學出版社，2009年，頁308。

④ Alexander Csoma de Koros，*Tibetan English Dictionary* New Delhi：Manjusri Publishing，1973.

⑤ Alexander Csoma de Koros，*A Grammar of Tibetan Language* Calcutta，1834.

⑥ Alexander Csoma de Koros，*Sanskrit-Tibetan-English Vocabulary* Royal Asiatic Society of Bengal，1944.

⑦ 對於國外藏學的研究情況，詳參馮蒸：《國外西藏研究概況（1949—1978）》，北京：中國社會科學出版社，1979年；李四龍：《歐美佛教學術史》，北京：北京大學出版社，2009年，頁308；沈衛榮：《德國的西藏學研究和教學》（蒙藏專題研究叢書），臺北蒙藏委員會，1994年；櫻井龍彥、李連榮：《百年日本藏學研究概況》，《中國藏學》2006年第4期，頁100—110；蘇發祥：《英國藏學研究概述》，《中國藏學》2008年第3期，頁226—238；Donald S. Lopez, Jr.，*Prisoners of Shangri-la: Tibetan Buddhism and the West* Chicago：The University of Chicago Press，1998，pp. 156 - 180.

教授念兹在兹的研究課題，這包括《神會門下摩訶衍之入藏兼論禪門南北宗之調和問題》、《論敦煌陷於吐蕃的年代——依〈頓悟大乘正理決〉考證》、《禪門南北宗的匯合與傳播》及《王錫〈頓悟大乘政理決〉序説並校記》、《吽字説》、《〈卐考〉續記》及"羊"的聯想——青海彩陶、陰山、西藏巖畫的⊕號與西亞原始計數工具》。可以説，這數篇藏學論文，亦可界定爲敦煌學的研究成果，這還包括了他爲中央民族大學王堯（1928—）《吐蕃時期的占卜研究——敦煌藏文寫卷譯釋》及楊銘（1952—）《吐蕃統治敦煌研究》所寫的序文；另有《西藏與中國古代哲學文法後記》。其中，最值得重視的，首推《王錫〈頓悟大乘政理決〉序説並校記》一文。本文分兩部分，第一部分略説饒宗頤教授的藏學論文及相關序跋；另一部分略窺《王錫〈頓悟大乘政理決〉序説並校記》一文的整理和研究，從而一窺饒教授藏學論文的特色。

一、饒宗頤教授藏學論文説略

1.《吐蕃統治敦煌研究》序① （圖一）

序文本爲楊銘的專著而作，列香港敦煌吐魯番研究中心叢刊第七種，於 1997 年版。從序文得知，饒宗頤教授早留心於藏學研究的發展，得知法國於 1978—1979 年間刊印由今枝由郎（Yoshiro Imaeda）及麥克唐納夫人（Ariane Macdonald）主編的《伯希和藏文文書選集》2 輯（*Choix de documents tibétains conserves à la Bibliothéque Nationale*）、② 王堯的《吐蕃金石録》、《吐蕃簡牘綜録》

---

① 《饒宗頤二十世紀學術文集》將序文名稱誤印爲《〈吐魯番統治敦煌研究〉序》，需更正。序文註釋中援引 Christopher I Beckwith 誤植爲 I Beekwith，亦需訂正。
② 該書中譯該作《法國國家圖書館藏敦煌藏文寫卷選集》，此書一般學者不易覓得。

及《敦煌本吐蕃歷史文書》等書的重要性，除認真研讀四書外，還留意當下藏學研究的最新動態。自饒教授於四川認識楊銘，得悉楊君從事 P. T. 1288 號《大事紀年》，於是將作者文章彙集成書，並爲之作序。

2.《吽字説》

學人讀錢曾（1629—1701）《讀書敏求記·印道要一卷大手印無字要一卷》一節，主要着眼於元順帝庚申君修藏密演揲兒法，沉迷酒色導致失天下的過失。[①] 饒教授則因偶讀陳寅恪《柳如是別傳》引上書一節，提

圖一　饒宗頤教授曾爲楊銘的《吐蕃統治敦煌研究》（臺北：新文豐出版公司，1997）作序。

到"吽"字即"哞"字表示疑問，因而撰寫《吽字説》一文。（圖二）文中廣徵博引，包括漢文資料、日本悉曇學者空海、安然的悉曇文獻、密宗咒語的異寫，六字大明咒及馬頭觀音金剛咒，還有叙利亞文阿伯亞罕的譯音、敦煌莫高窟至正八年守朗刻石的漢文六字大明咒、甲骨文的證據。又用印度早期《唱讚奧義書》對"吽"字的用法等加以分析，以證"吽"字做爲 hum，亦即《玉篇》、《廣韻》等的"吼"字。據饒教授所説，"吽"一字亦早在殷代甲骨已有發現，或作感嘆詞用。"哞"字後起，以丰作聲，與"吽"字没有關連。

[①] 關於藏密演揲兒法，可參考卓鴻澤：《"演揲兒"爲回鶻語考辨——兼論番教、回教與元、明大内秘術》，沈衛榮主編：《西域歷史語言研究集刊》第 1 輯，北京：科學出版社，2007 年，頁 227—258。

文中饒教授又解釋六字真言 Om mani padme hūm 的意義，謂："hum 在巴利文作爲神秘音節（mystical syllable）。《普曜經》中的 humkara，意思是叫出 hum hum 之聲，亦用以指象的呼聲及動物的吼聲。佛教常用的獅子吼，即由此演變而來。"① 此段可見饒教授深通佛典中"吽"（hum）一詞的意義。他續說"《玉篇》吽與吼爲一字，和梵語的 hum 音義完全符合。但"吽"字見於殷契，似作感嘆詞用，此一事爲前人所未知……與"吼"

圖二 饒宗頤教授的《梵學集》，收有與藏學有關的《吽字說》。

是同一個字，它的聲母是 h，華、梵正是一致"。②此段將兩個民族之間的共通語言現象鈎沉出來，不單有他的發現，更在在顯示出他深厚的梵學及中國聲韻學根底和匯通中西的能力。

3.《卐考》續記

此文足本《饒宗頤二十世紀論文集》失收，只有部分文字以《卐符號與古代印度》之名刊在《饒宗頤二十世紀論文集》卷一，③全文只見於《饒宗頤東方學論集》④及《符號・初文與字母——漢字

---

① 《饒宗頤二十世紀學術文集》卷5（宗教學），臺北：新文豐出版公司，2003年，頁773。
② 同上註。
③ 《饒宗頤二十世紀學術文集》卷1（史溯），臺北：新文豐出版公司，2003年，頁452—458。
④ 黃贊發、陳梓權編：《饒宗頤東方學論集》，潮陽：汕頭大學出版社，1999年，頁56—67。

樹》。①（圖三）《續記》是《卐考》的續記，是作者對 Swastika 這一吉祥的宇宙性符號更深入的討論。據饒教授所說，殷代的甲骨文卐字有兩個意思，一作爲天象，一作爲卐舞。此卐字在殷代與万、萬兩字可以互相通借。在考古學的材料裏，卐與卍字沒有嚴格分別，然而在西藏的苯教和佛教則各有所持；卍名爲"雍仲"（g. yung-drung），作爲苯教最高的象徵，將佛教的卐區別開來。饒教授又細察西藏阿里日土縣的古代岩畫調查材料、西藏納木措及扎西島洞穴岩壁畫，從而懷疑藏民較先接受卐符號。納木措及扎西島洞的岩畫，顯示了卍字與苯教雍仲的密切連繫，並謂"卍號原來流行於西亞及印度，苯教吸收之，自是順理成章，後加以發揚，成爲獨特教義。"②苯教的卍字符號，含有永生、永恒的意思，與佛教的無常觀迥異，與佛教的卐方向相反。饒教授謂西藏的卍符號，可遠溯至石器時代的青海。

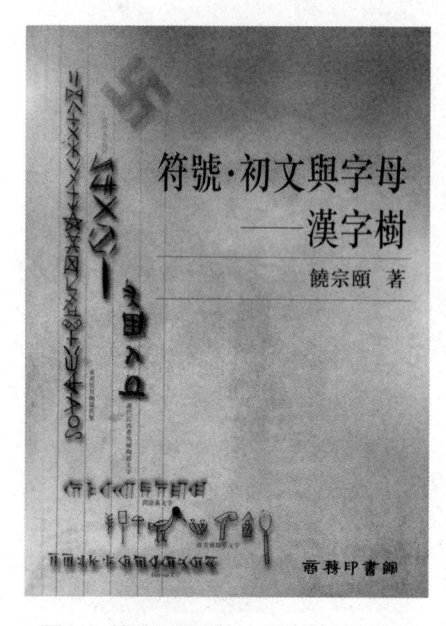

圖三 饒宗頤教授的《符號、初文與字母——漢字樹》（香港：商務印書館，1998）呈現了遠古中西文化交流的證據。

饒教授分別發表《卍考》與《卐考》，反映出他對這個具宇宙性、具宗教重要性的符號十分重視。綜觀二文，作者廣引中西古今典籍比對研討，除了釐清與比對符號在不同民族的個別特殊意義外，

---

① 饒宗頤：《符號·初文與字母——漢字樹》，香港：商務印書館，1998年，頁98—106。
② 饒宗頤：《饒宗頤東方學論集》，頁66。

還有一個更重要的目的：透過符號在不同民族間的共同意義，揭示上古中外文化早有交流的事實，饒教授的《中國古代"脅生"的傳說》、①《鬱方與古代香藥之路》②及《殷代黃金及有關問題》③等篇，在在展示東西方的古史活動早已存在，正如《〈卍考〉續記》所說："印度與華之間，卍符在殷代早已被吸收成爲契文，與万、萬二字互相通用，遠在佛典傳入之前。"④ 至於印度哈納巴（Harappa）文明的万字陶紋，與漢土的越戈一樣，令作者匪夷所思。從饒文可知，東方與西方的上古文化交往，可爬梳鉤沉而又讓人嘖嘖稱奇者，不知凡幾。饒教授的《符號‧初文與字母——漢字樹》一書，正好讓我們大開眼界。

《〈卍考〉續記》一文在排印上十分困難，牽涉不少中外文字及符號。《饒宗頤東方學論集》一文排印錯訛漏印極多，這側面反映出饒教授所學所知者，非爲一般讀者知悉。因此，要研讀此文，必須使用《漢字樹》一書。下表以《漢字樹‧卍考續記》校正《饒宗頤東方學論集》內文的錯訛部分，表內頁碼均出自《饒宗頤東方學論集》。

表 1

頁　碼	錯　訛	更　正
56 頁第 6 行	Gobeet D'Aevietta	Goblet d'Aliella
56 頁第 9 行	myethev	特洛伊（Troas）
56 頁第 10 行	myeene	Mycenoe
57 頁第 1 行及 8 行	《學術述林》	《學術集林》
57 頁第 17 行	卿云爛兮，糺漫漫	卿云爛兮糺漫漫

---

① 沈建華編：《饒宗頤新出土文獻論證》，上海：上海古籍出版社，2005 年，頁 32—48。
② 饒宗頤：《西南文化創世紀：殷代隴蜀部族地理與三星堆、金沙文化》，上海：上海古籍出版社，2010 年，頁 239—242。
③ 同上註，頁 250—255。
④ 饒宗頤：《饒宗頤東方學論集》，頁 60。

香港大學饒宗頤學術館十周年館慶同人論文集——饒學卷

續　表

頁　　碼	錯　　訛	更　　正
57 頁尾 2 行	乎万舞	☐乎万舞
57 頁尾行	万字作　　屈……	字作 b·屈万里……
58 頁第 5 行	甲骨文所見卍字/在殷世卍與万……	甲骨文所見卍字/在殷世,卍與万……
58 頁第 6 行	以卍爲万	以卍爲万
58 頁第 13 行	其上都有卍紋/刻有卍紋	其上都有卍紋/刻有卍紋
58 頁第 14 行	右舞部刻卍紋/越器戈內亦有卍符	右舞部刻卍紋/越器戈內亦有卍紋
58 頁第 15 行	繪豆以卍爲紋飾	繪豆以卍爲紋飾
58 頁第 17 行	Mehnganh	Mehrgarh
58 頁尾行	Javvigt	Jarrige
59 頁第 1 行	civilagat in, gndus	civilization, Indus
59 頁第 7—8 行	Sidhanth	Sidharth
59 頁第 15 行	Telelat tat Ghasūe	Telelat Ghasûl
59 頁第 16 及 17 行	卍, Shibengan	卍, Shibergan
59 頁第 19 行	卍	卍
59 頁第 20 行	I LioD	Iliod
59 頁尾 3 行	赫梯	赫梯 Mittani-Hittite
59 頁尾行	卍	卍
60 頁第 1 行	Mehrganh	Mehrgarh
60 頁第 2 行	Coni	Cor
60 頁第 3、5 及 8 行	卍	卍
60 頁第 8 行	Rangpun	Rangpur
62 頁第 3 行	Sawwan	Sawavan
62 頁第 3 行	Samana	Samara
62 頁第 10、11 及 12 行	卍	卍
63 頁第 2 行	Etnunca	Etruria
63 頁第 7 行	卍	卍
63 頁尾行	Angto-Ssaons, Nonse	Anglos-Sasons, Norse

續 表

頁　　碼	錯　　訛	更　　正
64 頁第 1 行	産量數，Eot（Eoot）	等量數，fot（foot）
64 頁第 5 行	Bhanata	Bharata
64 頁第 6 行	Sw tika	Swastika
64 頁尾行	gndva	Indra
65 頁第 2 行	g·yang	g·yung
65 頁第 5 行	Suastika	Swastika
65 頁第 15 行	卐	卍
65 頁第 21 行	納木狙，營雄	納木錯，當雄
66 頁第 1 行	ggig	gzig
66 頁第 7 行	gyen	gyer
66 頁第 8 行	g·yang dung	g·yung drung
66 頁第 16 行	卐	卍
67 頁第 4 行	一爲云采即縵	一爲云采，疑即縵
67 頁第 4 行	一爲万舞男	一爲万舞

此外，在《饒宗頤東方學論集》頁 66 "王家祐云"上方有一大空白，漏印了如下一段：

赤松德贊立第穆薩摩崖刻石，末書十一個卍（雍仲），即十一面觀音之數。《唐蕃會盟碑》背面第 13 行："g. yung drung gi rgyal po chen po"，"此威德無比雍仲之王威煊赫"（頁 43），《建札昭恭紀功碑》第 10 行："na nyi dbab par gyung drurg" "固若雍仲"（頁 83），菩提薩埵被名爲雍仲薩埵（g. yung-drung-sems dpay），九、十三在苯教中都被目爲吉祥數字。[①]

此外，文中不少變形的 Swastika 符號未能植圖，特別是《饒宗

[①] 饒宗頤：《符號·初文與字母——漢字樹》，頁 105—106。

頤東方學論集》頁 27、58、60 及 62 的符號，讀者必須參考《符號·初文與字母——漢字樹》。從上種種錯漏，並非饒教授過失，而是文中所述深入專門，不易爲一般人讀懂之故。因此，本文未編入《饒宗頤二十世紀學術文集》，《符號·初文與字母——漢字樹》就成爲研讀該篇的標準文本。

4. "羊"的聯想——青海彩陶、陰山、西藏巖畫的⊕號與西亞原始計數工具

饒宗頤教授在調查西藏阿里日土縣古代岩畫中，除了注意吉祥符號卍及卐外，還注意到動物岩畫"田"的記號，此記號的意義詳述在《"羊"的聯想——青海彩陶、陰山、西藏巖畫的⊕號與西亞原始計數工具》一文內。饒教授留意到蘇美爾（Sumerian）的古代泥板有楔形文⊕的記號，代表羊字，並從⊕字演化成"田"字，另外通過西亞 Jemdet Nasar 的出土泥板證明⊕字即羊，泥板還有其他遠古的記數符號。通過那些泥板，饒教授一方面認爲人類的文字最初起源於刻劃標記；① 一方面將西亞的⊕字比對青海樂都彩陶⊕字及前述阿里日土縣的"田"字，此"田"符號繪於動物群中，極有可能即西亞的羊字。這種觸類旁通的識見，多見於饒教授的論文中。文中認爲，西亞的⊕字，有可能在中國西北地區，特別是羌人活動地區廣爲流傳。這一發現，又再一次證明遠古中外文化有着密切聯繫，文中呈現的文化關聯性、文化源流的複雜性和多樣性，在在是饒教授念茲在茲的課題，在在是一種華學新視野。②

5. 西藏與中國古代哲學文法後記

本文原爲中央民族大學藏學研究院王堯教授的《從"河圖、洛

---

① 饒宗頤：《"羊"的聯想——青海彩陶、陰山、西藏巖畫的⊕號與西亞原始計數工具》，《饒宗頤二十世紀學術文集》卷一，臺北：新文豐出版公司，2003年，頁61。
② 鄭煒明：《饒宗頤的國學新視野》，《國學新視野》2011年3月春季號，香港：中華能源基金委員會、中華（出版）社，頁26。

書"、"陰陽五行"、"八卦"在西藏看古代哲學思想的交流》的跋文，① 重刊於《饒宗頤序跋集》時更名爲《西藏與中國古代哲學文法後記》。饒教授在跋文裏，以當時新的出土安徽含山凌家灘玉龜夾資料，補充河圖、洛書的起源，證明五千年前漢人早有河洛的觀念。此外，跋文又舉敦煌寫卷《九宫圖》說明唐代占術盛行，並傳播至吐蕃。另一方面，饒教授據今枝由郎、石泰安（R. A Stein）的研究，指出伯希和藏文寫卷 P. T. 1291 並非《戰國策·魏策》，而是東晉孔衍的《春秋後語·魏語》，因伯希和漢文寫卷有唐寫本《春秋後語》之故。然而，王堯教授認爲 P. T. 1291 藏文似與《戰國策》接近，此點未被《饒宗頤二十世紀文集》編者注意，沒有將王教授的跋文增補放於文末。②王堯教授在《西藏文史探微集》相關文末補上跋語："選堂先生所見甚是，容當斠改，謹致謝意。"③

圖四　饒宗頤教授與中國藏學家王堯教授，攝於2012年5月28日香港大學饒宗頤學術館。

　　饒教授一貫地利用新出土文物資料、敦煌文書、古籍史冊（《漢書》、《潛夫論》、《通志》、《左傳》等）及時賢著述（今枝由郎、石泰安、馬達明等）加以補充校正，於此又見饒教授觸類旁通、行文穿梭於古今典籍及出土文獻的特點。王饒兩學人的跋文酬唱，又是

---

　① 王堯：《從"河圖、洛書"、"陰陽五行"、"八卦"在西藏看古代哲學思想的交流》，王堯：《水晶寶鬘》，臺北：佛光出版社，2000年，頁162—163。
　② 跋補見上註，頁164。
　③ 王堯：《西藏文史探微集》，北京：中國藏學出版社，2005年，頁246。

一次漢藏文化交流的因緣。

6.《吐蕃時期的占卜研究——敦煌藏文寫卷譯釋》序

1985年8月,饒教授參與第二屆敦煌吐魯番學術研討會,會中對王堯及陳踐的《吐蕃時期的占卜研究——敦煌藏文寫卷譯釋》(圖五)極感興趣,於是將文稿推薦予香港中文大學中國文化研究所出版,並爲之作序。① 所謂鳥卜,就是剖開特定的鳥或雞的胃,觀其所吃食物以卜吉凶。② 序中先廣説古代阿爾泰、突厥及中國皆以胛骨占卜。漠北一帶多畜羊,是故占卜以羊骨爲主;吐蕃用羊骨問卜,承襲自突厥及契丹。此外,他引殷商卜辭、《太平御覽》、《隋書·經籍志》及《兵要望江南》,認爲吐蕃的鳥卜與漢人的"鳥情占"關係密切。此外,藏人占卜文獻《諸葛出行圖》及《金龜圖》等極有可能源自漢族,他説:

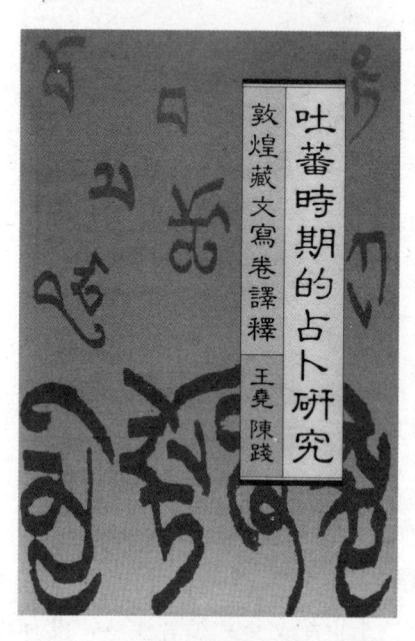

圖五 饒宗頤教授曾爲王堯及陳踐的《吐蕃時期的占卜研究》(香港:香港中文大學出版社,1987)一書作序。

藏語稱吉兆曰 bzang,當是漢語之"臧",故知吐蕃占術實與漢人息息相關,其因襲異同之迹,尚有待於抉發也。③

---

① 王堯、陳踐:《吐蕃時期的占卜研究——敦煌藏文寫卷譯釋》,香港:香港中文大學出版社,1987年。
② 同上註,頁5。
③ 見序文,頁 vii。

對於吐蕃的鳥卜是否與漢人關係密切，意見雖有異同。[①]然而饒教授對西藏文化的認識及關注，亦見於其序文中。後來出版的《饒宗頤二十世紀學術論文集》，（圖六）他再次補上後記：

> 鳥占起源於西亞，Samau-iluna 王朝（公元前1749—1712）曾以六鳥爲 Ibbi-sin 所使用而作占。印度《梨俱吠陀》亦有鳥占之記錄。梵稱爲 sakuna（其義即鳥），在《阿闥婆吠陀》10、36 可以見之。[②]

圖六 《饒宗頤二十世紀學術文集》還有不少論文未收，包括《〈卜考〉續記》。

只就鳥卜一事，足以窺見饒教授穿梭古今中西的能力。

二、《頓悟大乘政理決》的整理和研究

1. 吐蕃僧諍始末

吐蕃僧諍，始於赤松德贊（khri srong lde btsan，742—797）時代，贊普得到寂護（Śāntarakṣita，Zhi ba' tsho）和蓮華生（Padmasambhava）

[①] 參考［法］矛甘：《敦煌藏文寫本中鳥鳴占凶吉書》，耿升主編：《國外藏學研究譯文集》第8輯，拉薩：西藏人民出版社，1992年，頁253—277。
[②] 《饒宗頤二十世紀學術論文集》，卷14，頁123。

的支持,使佛教大弘吐蕃。桑耶寺(bSam yas)於 779 年建成後,除了有第一批吐蕃僧侶(即七試人,sad mi mi bdun)外,還附設有譯經場供僧侶翻譯佛經,漢土禪宗亦於此時流布吐蕃。786 年,沙州被攻陷後,禪僧摩訶衍入藏弘法,影響甚廣,不少禪籍翻成藏文,如《二入四行論》、《楞伽師資記》及《頓悟真宗金剛般若修行達彼岸法門要訣》等。① 一時佛教頓漸的修行法門產生了嚴重分歧,最終出現了由赤松德贊主持,代表頓門派的摩訶衍(Mohoyen)與代表漸門派的蓮花戒(Kamalaśila)展開的激烈辯論。結果各有自己的説法,漢文《頓悟大乘正理決》(圖七)謂摩訶衍獲勝,禪宗繼續於吐蕃弘傳;藏文文獻説摩訶衍先勝後敗,贊普下令禪宗從此絶迹吐蕃。

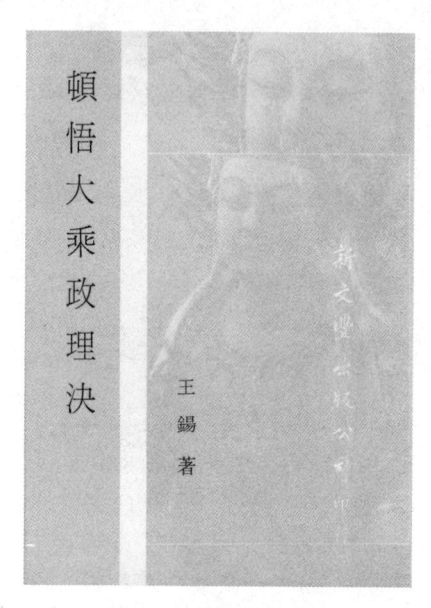

圖七 饒宗頤整理的《頓悟大乘正理決》(臺北:新文豐出版公司,1993)單行本。

2. 學界對吐蕃僧諍的研究

自法國戴密微(Paul Demiéville,1894—1979)於 1952 年出版《吐蕃僧諍記》(*Le concile de Lhasa*)後,② 不少學者對公元 792—

---

① 沈衛榮:《西藏文文獻中的和尚摩訶衍及其教法———一個創造出來的傳統》,金雅聲、束錫紅、才讓主編:《敦煌古藏文文獻論集》下册,上海:上海古籍出版社,2007 年,頁 603。

② Paul Demiéville *Le concile de Lhasa: Une Controverse sur le Quéitisme entre, Bouddhistes de L'inde et de la Chine au VIIIe Siécle de L'ère Chrétienne* Paris: Imprimerie Nationale de France, 1952. 戴氏此書得到王重民的協助歷十年之功才能完成,王君在巴黎亦曾爲伯希和編目,又與戴氏討論吐蕃僧諍的敦煌漢文文書,每週三將一己資料所穫帶到戴氏家中研討。見張廣達:《唐代禪宗的傳入吐蕃及有關的敦煌文書》,見張廣達:《西域史地叢稿初編》,上海:上海古籍出版社,1995 年,頁 198。

794年間於吐蕃的一場佛教頓漸之爭展開研究,① 其中包括圖齊（Giuseppe Tucci, 1894—1984）、上山大峻（Ueyama Daishun, 1934—）、原田覺（Harada Satoru, 1947—）、今枝由郎（Yoshiro Imaeda, 1947—）、木村隆德、范德康（Leonard van der Kuijp）、呂埃格（David Seyfort Ruegg, 1931—）、噶爾美（Samten Karmay, 1936—）、大衛・傑克遜（David Paul Jackson）等。日本學者的研究如上山大峻、木村隆德及今枝由郎等，多能運用漢藏兩種語言討論，特別是上山大峻，早年已對吐蕃僧諍及相關問題下了不少功夫，其後出版的《敦煌佛教的研究》第三章更是作者對此課題的集成和總結。② 國外學者，大多從藏文文獻着手，如大衛・傑克遜分析了藏傳佛教薩迦派學者薩迦班智達（Sa skya Paṇḍita Kun dgar rgyal mtshan, 1182—1251）對吐蕃僧諍的看法；③ 呂埃格亦就論諍寫成專著，書內運用了大量藏文史籍，④ 然而對於漢文寫本《頓悟大乘正理決》，外國學者（日本除外）只運用戴密微的研究成果，即 P.4646 寫本，未若饒公使用 S.2672 作對照校證。

3. 饒宗頤教授的吐蕃僧諍研究

饒教授的《王錫〈頓悟大乘政理決〉序說並校記》一文，早在 1970 年發表於香港中文大學《崇基學報》第 9 卷第 2 期,⑤ 饒宗頤教授治學細密又觸類旁通，在校讀《頓悟大乘正理決》以前，首

---

① 這是戴密微的說法，也有斷代爲 780—782 年，詳見［日］上山大峻:《吐蕃僧諍問題的新透視》,《國外藏學研究譯文集》（第 11 輯）, 耿昇譯, 拉薩:西藏人民出版社, 1994 年, 頁 260; 亦見巴宙:《大乘二十二問之研究》, 臺北:慧炬出版社, 1992 年, 頁 160—161。
② 上山大峻:《敦煌の佛教の研究》, 京都:法藏館, 1990 年。書中第三章《チベシト宗論の始終》, 見頁 247—338。
③ David Jackson: "Sa skya Paṇḍita the 'Polemicist': Ancient Debate and Modern Interpretations", *JIABS* 13, 2/1990, pp.17-116.
④ David Seyfort Ruegg: *Buddha-Nature, Mind and the Problem of Gradualism*, London: School of Oriental and African Studies, 1989.
⑤ 該文又見於《選堂集林・史林》中冊, 香港:中華書局, 1982 年, 頁 713—766; 又見於《饒宗頤二十世紀學術文集》（卷 8・敦煌學）, 臺北:新文豐出版公司, 2003 年, 頁 104—171。三種版本均未作修訂，今以《饒宗頤二十世紀學術文集》本爲底本。

先序説與寫本有關的根本性問題，分爲"早期漢蕃佛教關係之史實"、"吐蕃之延聘漢僧説法"、"漢僧開示禪門所至吐蕃地名考證"、"從摩訶衍所引經典論後期禪宗對金剛經、楞伽經之並重"及"建中至長慶間佛教關係二三事"五部分，從不同角度梳理漢藏佛教的關係。

文中校記部分以斯坦因 S.2672 記摩訶衍問答寫卷補校伯希和 P.4646《頓悟大乘政理決》。校記分兩部分，"校記 A"以 S.2672 比對 P.4646，作用有四，還原伯希和寫卷中的俗字及錯字、指出 S 本的多字及缺字、根據文意選取正確的詞彙、指出 P 本及 S 本文字的錯誤。"校記 B"則校正戴密微《吐蕃僧諍記》的缺失，校記以 C.L 代指 Le Concile de Lhasa。這樣，附校記的原文就成爲一個可讀的善本，正如饒公所説："王錫此文，出自奠高窟秘笈，爲中古禪學史重要資料，惜乎流通未廣，今合 P、S 兩本，細加參訂，撰爲校記，以便瀏覽"、[①] "惟校記之作，對於研讀王錫《理決》，或不無涓埃之助"。[②] 饒教授早年得方繼仁之助購藏斯坦因寫卷的微縮膠卷，[③] 其功之一即對《理決》的校讀起了決定性作用。

除了序説和校記外，文末還另附《摩訶衍及四川之曹溪禪兼論南詔之禪燈系統》一文，以藏文史籍《巴協》(sBa bzhed，約 8 世紀)、《大臣布告》(即《大臣遺教》，Blon po bka'i thang yig，約 14 世紀)考察摩訶衍、金和尚及無住禪師與四川禪宗之關係。饒文刊於 70 年代初，是時得悉此課題及從事研究者着實不多，據饒教授在文中謂，前言"屬稿在十年前，曩曾郵往巴黎，請戴教授訂正"，[④] 可知文稿構思於 60 年代初。學界一般注意饒公與戴密微的交往，始

[①] 饒宗頤：《王錫〈頓悟大乘政理決〉序説並校記》，頁 129。
[②] 同上註。
[③] 胡曉明：《饒宗頤學記》，香港：香港教育圖書公司，1996 年，頁 26—27。
[④] 饒宗頤：《王錫〈頓悟大乘政理決〉序説並校記》，頁 129。

於二人合作撰寫《敦煌曲》一書，然從上引文，可知饒教授與戴密微在討論《敦煌曲》之時，早留意戴氏的《吐蕃僧諍記》的內容。呂澂（1896—1989）在 30 年代寫成的《西藏佛學原論》僅略提僧諍始末，亦未有作專題研究。① 戴密微以後，只有圖齊、立花孝全、小畠宏允（Hironobu Obata, 1945—）、島田虔次（Kenji Shimada, 1917—）、芳村修基（Shuki Yoshimura）及上山大峻等數人研究而已。饒教授自 60 年代初已留意並撰寫序說校記，在 1970 年付梓前續有修訂，這可從文中附註所引專書可知。那十年間，饒教授不斷引用新的學術成果加以補充，這包括王忠發表於《歷史研究》第 5 期（1965）的《唐代漢藏兩族人民的經濟文化交流》、② 立花孝全的《Kamalaśila 與法成之關係》。③ 此外，我們從饒教授在文中不斷增補新的研究成果，包括"附記"（頁 127—130）、"增注"（頁 166—167）、"附說"（頁 167—170）及"附表"（頁 171），可知饒教授對吐蕃僧諍的關注。可以說，華裔學人從事吐蕃僧諍專題研究者，饒教授當為第一人。

1993 年，臺灣新文豐出版公司特別出版了該文的單行本，內容排版雖復印自《選堂集林·史林》，然而卻反映了該文的重要性，作為"近世自敦煌出土的重要佛教文獻"，④ 封面只列王錫著《頓悟大乘政理決》，內容則以饒教授《頓悟大乘政理決》勘誤本為善本，供學人研習，此舉無疑對敦煌學、藏學及佛教學的研究都帶來一定的意義。

---

① 呂澂：《西藏佛學原論》，《呂澂佛學論著選集》第 1 卷，北京：中華書局，1996 年，頁 477。
② 饒宗頤：《王錫〈頓悟大乘政理決〉序說並校記》，頁 166。
③ 同上註，頁 167。立花孝全一文見《印度學佛教學研究》14 之 2，1966 年。
④ 見單行本封面內頁的提要，王錫著（封面錯排成王錫），《頓悟大乘正理決》，新文豐出版有限公司，1993 年，共 58 頁。

三、《王錫〈頓悟大乘政理決〉序說並校記》的特點

對於《頓悟大乘政理決》的整理和研究，饒文有如下的特色：

1. 徵引當前最新的學術著作以助研究

松贊干布迎娶文成公主及尼泊爾赤尊公主，文成公主帶來了釋迦牟尼十二歲等身像，赤尊公主帶來了不動金剛，① 並於拉薩分別興建大昭寺和小昭寺，② 這是漢藏佛教關係史實重要一環。饒教授除引用《衛藏通志》以點出史實外，還引用桑耶寺碑記譯文，突顯大昭、小昭二寺和文成公主的關係。對於釋讀桑耶寺碑文，當時的學術著作僅有圖齊的《吐蕃贊普陵墓考》（The Tombs of Tibetan Kings）、李察遜（Hugh Richardson, 1905—2000）於1952年出版的《拉薩古代歷史文告和唐蕃會盟碑》及佐藤長（Sato Hisashi, 1913—2008）的《古代西藏史》，至於王堯的《吐蕃金石錄》要到80年代初才出現。饒公在論述漢藏佛教關係，不忘援引當時最新的學術研究成果，包括藏學研究著作。治學細密全面，是饒教授的特點之一。榮新江謂："饒先生治學，往往能夠抓住一代新學術的重點，而做出奠基性的工作。"③ 觀本文附表二足可證之。

2. 善用"華學"材料，以助論證

所謂華學，簡言之是不分疆界，探討一切與中華文明有關的學

---

① 饒教授引《衛藏通志》："唐公主帶來釋迦牟尼佛像，拜木薩公主帶來墨居多爾濟佛。"其中"墨居多爾濟佛"是藏文 mi-bskyod rjo-rje（不動金剛）的音譯。

② 饒文引《布敦佛教史》謂大昭寺又名 Rasa hprul snaṅ, hprul snaṅ 即 rphrul snang，譯作神變；Rasa 即拉薩，大昭寺又稱神變寺廟（rphrul snang gtsug lag khang），見張怡蓀，《藏漢大辭典》，北京：民族出版社，1998年，頁1794。

③ 榮新江，《饒宗頤教授與敦煌學研究》，見氏著：《辨僞與存真——敦煌學論集》，上海：上海古籍出版社，2010年，頁386。

問，華學一詞亦早由饒教授提出。①《王錫〈頓悟大乘政理決〉序說並校記》裏，有關摩訶衍的事迹，漢籍所見不多，饒教授特於文中詳加考證，除了從《頓悟大乘政理決》得知摩訶衍就學於降魔、小福、大福等北宗神秀的傳人外，還分別從《中華傳心地禪門師資承襲圖》及唐李邕的《麓山寺碑》考出摩訶衍同時問學於南北禪宗，早年更任長沙嶽麓寺主持。②此外，饒教授還參考了曾提及摩訶衍的伯希和敦煌藏文寫卷 P.116，117 及 812 號及藏文史籍《大臣布告》等，突顯當時摩訶衍對吐蕃佛教影響深遠。③

詩詞之道，本爲一己比興。然古人詩文在饒教授法眼，即成另類文獻，甚至可以"文史互證"。60 年代末，饒教授適值與戴密微教授魚雁往返，討論敦煌曲子詞，故對敦煌文學尤爲敏感。在閱讀戴氏《吐蕃僧諍記》時，饒教授注意到敦煌若干曲子所反映的民生願望，正如《王錫〈頓悟大乘政理決〉序說並校記》中第 5 部所記：

  Demiéville 書中，附載若干詩歌，爲當日流落西蕃者之作，憂愁羈思，讀之墜淚。抑敦煌石室所出曲子，若頁三一二八之《菩薩蠻》，頁三一二八、S. 五五五六之《望江南》，亦皆紀實之篇。S. 二六〇七且有《贊普子》一詞，以吐蕃王號爲調名，是又蕃、漢文化交流之結果，則軼出宗教範圍矣。④

此外，文中通過 S 本《正理決》的文字聯想到 S.646 的揚州顒

---

① 見饒宗頤主編：《華學》第 1 輯《發刊辭》，廣州：中山大學出版社，1995 年。另鄭煒明：《饒宗頤先生的國學新視野》："但他（饒宗頤）認爲這是研究中華文明這個屹立於大地之上一個從未間斷的文化綜合體的學問，所以他會稱之爲華學"，《國學新視野》春季號總第 1 期，香港：中華能源基金委員會及中華出版社，2011 年 3 月，頁 26。
② 饒宗頤：《王錫〈頓悟大乘政理決〉序說並校記》，頁 115—118。
③ 同上註，頁 167—169。
④ 同上註，頁 125。引文中"頁三一二八之《菩薩蠻》，頁三一二八"的"頁"字，恐是排印缺失，"頁"字實爲"伯"字之誤。該號之曲子詞寫卷圖片見饒宗頤《敦煌曲》一書。

禪師的偈頌，由此再聯繫到 S.6042《行路難》殘卷，與《樂府詩集》、鮑照、費昶及龍谷大學敦煌寫卷的相同內容，並發現日人入矢義高討論行路難論文未收 S.6042 一首。① 作者研討之廣，以《正理決》爲重心，旁及文學、漢藏史及宗教藝術，討論穿梭於華學材料之間，其以此觀彼的方法，對古今文獻的靈活運用、旁徵博引，反映出其深厚的治學功力。

3. 關注交通史地

這裏可補充一點，饒教授運用各種文獻以助論述，亦能鉤沉前人所未知者，如文章第一部引義淨（635—713）《大唐西域求法高僧傳》論述當時行人有取道吐蕃前往天竺者，其中就發現了文成公主乳母之子曾在尼泊爾學習梵文這一有趣而又没人注意的訊息；② 不單如此，饒教授引《大唐西域求法高僧傳》論述早期漢藏佛教關係，"是時適天竺者，取途吐蕃，每經泥波羅，今之尼泊爾也"，③ 從中外交通切入討論，在在反映出他對交通史的關注和興趣。

4. 關注地名考辨

地理地名的考證，一直是饒教授關心的課題之一，從《王錫〈頓悟大乘政理決〉序説並校記》一文即可窺見他讀書治學時，每對地名異常留心，此種敏鋭觸角當來自早年曾替顧頡剛編輯《古史辨》第 8 册《古地辨》，書雖未能編成，然而他對地理考證的關注影響到後來的研究，《楚辭地理考》正是一個明顯的例子。

P.4646《頓悟大乘正理決》謂：

> 臣沙門摩訶衍言：當沙州降下之日，奉贊普恩命，遠追令

---

① 饒宗頤：《王錫〈頓悟大乘政理決〉序説並校記》，頁 127—129。
② （唐）義淨著，王邦維校注：《大唐西域求法高僧傳》，北京：中華書局，2004 年，頁 65；饒宗頤：《王錫〈頓悟大乘政理決〉序説並校記》，頁 104。
③ 饒宗頤：《王錫〈頓悟大乘政理決〉序説並校記》，頁 104。

開示禪門，及至邏娑，衆人共問禪法，爲未奉進止，罔敢即説。復追到割，屢蒙聖主詰訊，卻發遣赴邏娑，教令説禪，復於章蹉、及特使邏娑，數月盤詰。又於勃礜湯尋究其源，非是一度。①

文中除"邏娑"即拉薩最明顯外，② 饒教授認爲其餘"訟割"、"章蹉"及"勃礜湯"三地皆需予以考證。蓋因地名陌生，亦非漢地，且漢文名稱當與藏文有異，對釐清地理位置對寫本討論的吐蕃僧諍之地當有幫助。這點可見他對辨識地理的敏感度。

饒文謂戴密微所據 P.4646，"訟割"一地只有一字"割"，戴氏又未能據 S 本補證，③ 此項已爲饒教授點出。④ 此外，戴氏未能辯釋"勃礜湯"中"礜"一字，只寫成"勃○湯"。⑤ 饒教授先 S.2672 與 P.4646 比對，發現上列引文倫敦本少 23 字，繼而分別考辨上述三地所在。

勃礜湯一地，饒教授通過 P.S. 兩個文本比較，立即確認了戴密微所缺的"礜"字，再比對了意大利藏學家圖齊（Giuseppe Tucci, 1894—1984）在《小部佛典》（*Minor Buddhist Texts*）對該地讀音 Poman，從而確定該地爲吐蕃贊普冬天所居地 Brag dmar。⑥ 饒教授續説：

> 勃，漢、藏互譯作爲語音前綴，而礜字見廣韻二十一麥"力摘切"，與 rag 音相近，故"勃礜"可相當於 brag；dmar 自即"漫"。⑦

---

① 饒宗頤：《王錫〈頓悟大乘政理決〉序説並校記》，頁 119。
② *Le concile de Lhasa* p. 154.
③ 'Par la suite, je fus mandé à Ko', *Le concile de Lhasa*, p. 154.
④ 饒宗頤：《王錫〈頓悟大乘政理決〉序説並校記》，頁 119。
⑤ *Le concile de Lhasa*, p. 155.
⑥ 饒宗頤：《王錫〈頓悟大乘政理決〉序説並校記》，頁 120。
⑦ 同上註。

藏文 brag dmar 一名，brag 是山岩，dmar 爲紅色，合起來就是紅岩山，乃吐蕃贊普的冬宮所在地，"勃礧滂"是漢譯藏音，或有譯作"扎瑪"。① 紅岩山附近即是桑耶寺。饒教授以清代編修的《衛藏通志・薩木央寺》中記有"札瑪爾正桑廟"證明 brag dmar 即勃礧滂。札瑪爾正桑廟是桑耶寺的別名，藏文爲 brag dmar lhun gyis grub gtsug lag khang，② lhun gyis grub 是任運（自然）成就，合起來就是紅岩任運成就寺。饒文結合聲韻學、中國方志及當時國外最重要的藏學研究成果，爬梳鉤抉，解決了寫卷中勃礧滂的地理位置。

至於另一地"訟割"，饒教授考訂爲赤松德贊與烏仗那國高僧蓮華生初會之地 Zung mkhar。③ "章蹉"一地所指爲何，饒文通過音近推論，引《衛藏通志・察木珠寺》及《大招寺》（即大昭寺）兩條線索，嘗試論證該地可能在昌諸寺，④ 最後總結出"摩訶衍與蓮華戒爭論所到之所，其地皆已有寺。王錫但舉其地名，茲更補述寺廟，以爲考證之助。"⑤

饒宗頤教授對辨析地理的關注，明顯延續了《楚辭地理考》、《三苗考》⑥及《古海陽考》⑦等對古地辨研究的精神。其閱覽之廣，心思之細，觀教授對上述三則地名之梳理，可見一斑。

---

① 王森：《西藏佛教發展史略》，北京：中國社會科學出版社，1997年，頁9。
② Giuseppe Tucci, *The Tombs of the Tibetan Kings*, Roma: Istituto Poligrafico dello Stato, 1950, p. 81.
③ 饒宗頤：《王錫〈頓悟大乘政理決〉序説並校記》，頁121。原文拼寫爲 Zun mk'ar，Zun 一詞，漏印一g字，Zung 中 ng（讀作 nga 爲一個後加字），現據 *The Tombs of the Tibetan Kings* p. 22 更訂。mk'ar 即 mkhar。
④ 饒宗頤：《王錫〈頓悟大乘政理決〉序説並校記》，頁122。
⑤ 同上註，頁123。
⑥ 據訪談所記，《三苗考》發表於《禹貢》古代地理專號，見胡曉明、李瑞明整理：《饒宗頤學述》，杭州：浙江人民出版社，2000年，頁11。查該文即《魏策吳起論三苗之居辨誤》，刊於《禹貢》（古代地理專號第7卷第6，7期），1937年6月，頁97—99，資料見鄭煒明編：《饒宗頤教授著作目錄新編》，濟南：齊魯書社，2010年，頁63。
⑦ 饒宗頤：《古海陽考》，《饒宗頤潮汕地方史論集》，汕頭：汕頭大學出版社，1996年，頁159—164。

四、小　　結

　　藏學與敦煌學、甲骨學、文學、簡帛學等學科一樣，同是饒教授念茲在茲的課題。除上述文章外，饒教授在各個範疇的論文裏，不時引用藏學文獻或藏學研究成果以助論述分析，如《穆護歌考》附錄就有"藏文資料中之末摩尼"、①《敦煌曲》中討論"偈讚與長短句"一節參考了《翻譯名義大集》，得石泰安教授幫助釋讀了藏文 spel ma 即韻散結合之"長短句"，與漢人之詞異曲同工、②《論釋氏之崑崙説》引用了《翻譯名義集》、《衛藏通志》、《漢藏史集》（rgya — bod yig — tshang）及《西藏王統記》，③ 在在表現出饒教授經常留心藏學研究的發展及相關成果。又如他在1979年《敦煌學》第四輯發表的《論敦煌殘本登真隱訣（P.2732）》。④ 該文主要研討道家修行寶典，梁代陶弘景的《登真隱訣》。然而寫卷第二頁有一行正楷藏文，饒教授留意到藏文 bstan-sum，參考了伯希和、戴密微及湯瑪斯

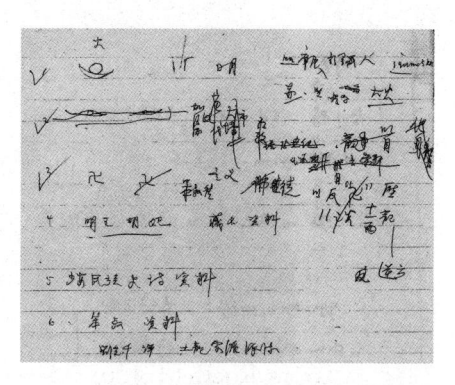

圖八　饒宗頤教授的藏學讀書札記，收錄於王堯的《吐蕃金石錄》（北京：文物出版社，1982）一書內。（原書及札記現藏香港大學饒宗頤學術館）

---

①　饒宗頤：《文轍》下冊，臺北：學生書局，1991年，頁493。
②　*Airs de Touen-houang*（*Touen-houang k'iu*）: text a chanter des VIIIe — Xe siecles : manuscrits reproduits en fac-similé , avec une introduction en chinois par Jao Tsong-Yi ; adaptée en français avec la traduction de quelques Textes d'Airs par Paul Demieville. Paris: Editions du Centre national de la recherche scientifique, 1971, p. 206（22）.
③　饒宗頤：《論釋氏之崑崙説》，《選堂集林》上冊，香港：中華書局，1982年，頁445—458。
④　饒宗頤：《論敦煌殘本登真隱訣（P.2732）》，香港新亞研究所敦煌學會：《敦煌學》第4輯，香港新亞研究所敦煌學會，1979年，頁10—22，另附黑白寫卷圖版10頁。

（F. W. Thomas，1867—1956）的著作，或有可能是吐蕃貴族（尚婢婢）贊心 Bcan-gsan，同時得悉《登真隱訣》在貞元時已流進吐蕃會人之手。①

此外，從附圖可知，饒教授在細閱藏學研究論文時，不忘寫下讀書札記。在香港大學饒宗頤學術館所藏王堯所著《吐蕃金石錄》一書內，就附有饒教授的讀書筆記，包括藏文宗教史料劉立千（1910—2008）譯的《土觀宗派源流》書名，象徵智慧與方便的明王明妃（yab yum）及四大金剛的藏文拉丁拼寫。學術館還藏有王堯主編的《國外藏學研究譯文集》第 1 至 9 輯、馮蒸的《國外西藏研究概況：1949—1978》、羅列赫（George Roerich，1902—1960）及更敦群培（Dge-'dun-chos-'phel，1903—1951）合作英譯迅魯伯（gos lo-tsa-ba gzon nu dpal，1392—1481）的《青史》（deb-ther snon-po, The Blue Annals）、蔡巴·貢噶多傑（tshal pa kun dgar rdo rje，1309—1364）的《紅史》（deb ther dmar po）、陳觀潯編的《西藏志》等等，在在看出他非常留心藏學研究的情況。

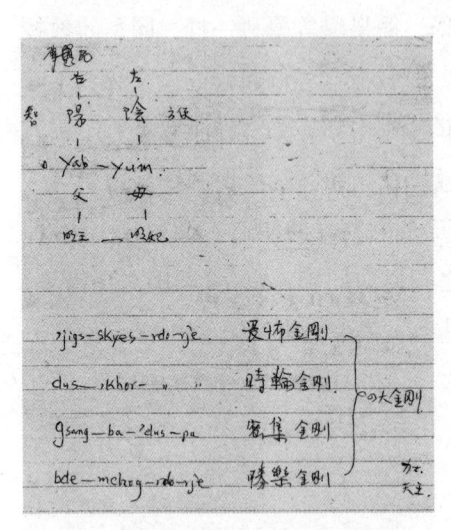

圖九 另一張饒宗頤教授的藏學讀書札記，收錄於王堯的《吐蕃金石錄》內。（原書及札記現藏香港大學饒宗頤學術館）

從饒教授的相關藏學研究論文裏，不難發現他運用中外古今文

---

① 饒宗頤：《論敦煌殘本登真隱訣（P.2732）》，香港新亞研究所敦煌學會編：《敦煌學》第 4 輯，香港新亞研究所敦煌學會，1979 年，頁 12，另附黑白卷圖版 10 頁。

化的相關資料，作文化史的關聯研究，鄭煒明博士説："許多新知灼見，足堪垂範後學。"① 只消翻開《符號・初文與字母——漢字樹》及《西南文化創世紀：殷代隴蜀部族地理與三星堆、金沙文化》，足以發人深省、且大開眼界。

至於吐蕃僧諍的論點，在於兩地對佛教義理之不同闡釋，而兩地佛教關係的史實，尤應注意。饒教授對漢藏佛教關係史實，尤多關注，《王錫〈頓悟大乘政理決〉序説並校記》一文，旁徵博引，先引後析，層層遞進，從文成公主入藏、興建桑耶寺、赤松德贊推動佛教到頓漸之諍，通過比對 P. 4646 及 S. 2672《頓悟大乘正理決》，爲後來學人整理出一個準確的版本，以供研習。新文豐出版公司出版單行本，以王錫《頓悟大乘正理決》作書名，在在顯示校記本當爲漢文《頓悟大乘正理決》的標準本。上山大峻在討論《正理決》，特別是關注"昌都"一地的注音時，即參考了饒教授的鴻文。② 劉宇光《桑耶論諍中的"大乘和尚見"——"頓入"説的考察》一文所用的《正理決》版本，即是饒教授的校本。③

《王錫〈頓悟大乘政理決〉序説並校記》一文在排版上有一美中不足，就是不少藏文拼寫有欠準確，這實非饒教授過失，而是教授徵引文獻英文、日文、梵文及藏文皆有之，校對或排印者如不懂基本拼寫規則，錯漏實難避免，如文中藏文名 ye ses dban po（意希旺波，即《巴協》的作者巴・賽囊），④ 原拼寫該是 yeśes dbaṅ，或可拼寫成 ye shes dbang po；又如 rin cen（大寶），⑤ 當拼寫爲 rin chen。當然，此等小瑕疵無損文本價值，學人要研讀《頓悟大乘正

---

① 鄭煒明：《饒宗頤的國學新視野》，頁 29。
② 上山大峻：《敦煌佛教の研究》，第三章《チベット宗論の始終》，頁 263。
③ 劉宇光：《桑耶論諍中的"大乘和尚見"——"頓入"説的考察》，臺灣大學文學院佛學研究中心編，《佛學研究中心學報》第 6 期，2001 年，頁 151—180。
④ 饒宗頤：《王錫〈頓悟大乘政理決〉序説並校記》，頁 109。
⑤ 同上註，頁 113。

理決》，饒教授的專文乃必備的參考資料。

附表1：饒宗頤教授藏學論文一覽表

	論文名稱	出　　處	頁　碼
1	《神會門下摩訶衍之入藏兼論禪門南北宗之調和問題》	1.《香港大學五十周年紀念文集》（第1冊），香港大學出版社，1964年。 2.《選堂集林・史林》（中冊），香港：中華書局，1982年。 3.《饒宗頤二十世紀學術文集》（卷8，敦煌學），臺北：新文豐出版公司，2003年。	173—181 697—712 86—103
2	《王錫〈頓悟大乘政理決〉序說並校記》（附說：摩訶衍及四川之曹溪禪兼論南詔之禪燈系統）	1.《崇基學報》（第9卷第2期），香港：香港中文大學崇基學院，1970年。 2.《選堂集林・史林》（中冊），香港：中華書局，1982年。 3. 王錫著，《頓悟大乘政理決》，臺北：新文豐出版公司，1993年。 4.《饒宗頤二十世紀學術文集》（卷8，敦煌學），臺北：新文豐出版公司，2003年。	127—148 713—766 共58頁 104—171
3	《論敦煌陷於吐蕃之年代——依〈頓悟大乘政理決〉考證》	1.《東方文化》（第9卷第1期），香港：香港大學出版社，1971年。 2.《選堂集林・史林》（中冊），香港：中華書局，1982年。 3.《饒宗頤二十世紀學術文集》（卷8，敦煌學），臺北：新文豐出版公司，2003年。	1—14 672—696 60—85
4	《禪門南北宗的匯合與傳播》	1. 本文爲饒教授於1963年11月19日在泰國曼谷潮安同鄉會的演講辭，後刊登於《泰國星暹日報》及《世界日報》。 2. 王僑生、陳瑞雲編：《香港饒宗頤教授與泰國緣份》（特刊），2005年。	缺 38—39
5	《吐蕃時期的占卜研究——敦煌藏文寫卷譯釋》序	1. 王堯、陳踐著：《吐蕃時期的占卜研究——敦煌藏文寫卷譯釋》，香港：香港中文大學出版社，1987年。 2.《固庵文錄》，臺北：新文豐出版公司，1989年。 3.《饒宗頤東方學論集》，汕頭：汕頭大學出版社，1999年。 4.《饒宗頤二十世紀學術文集》（卷14，文錄、詩詞），臺北：新文豐出版公司，2003年。 5.《選堂序跋集》，北京：中華書局，2006年。	263—267 141—144 120—123 165—167

饒宗頤教授與藏學研究

續　表

	論文名稱	出　　處	頁　碼
6	《吽字説》	1.《中印文化關係史論集・語文篇——悉曇學緒論》，香港：香港中文大學中國文化研究所，1990年。 2.《梵學集》，上海：上海古籍出版社，1994年。 3.《饒宗頤二十世紀學術文集》（卷5，宗教學），臺北：新文豐出版公司，2003年。	143—153 277—288 766—778
7	王堯《從"河圖、洛書"、"陰陽五行"、"八卦"在西藏看中國古代思想交流》跋	1.《華學》（創刊號），廣州：中山大學出版社，1995年。 2. 王堯著：《水晶寶鬘——藏學文史論集》，臺北：佛光出版社，2000年。 3. 更名《西藏與中國古代哲學文法後記》後收入《饒宗頤二十世紀學術文集》（卷6，史學），臺北：新文豐出版公司，2003年。 4. 王堯著：《西藏文史考信集》，北京：中國藏學出版社，2005年。 5.《選堂序跋集》，北京：中華書局，2006年。 6. 李克主編：《當代名家學術思想文庫・王堯卷》，瀋陽：萬卷出版社，2010年。	257—258 162—164 820—821 245—246 203—204 424—425
8	《吐蕃統治敦煌研究》序	1. 楊銘著：《吐蕃統治敦煌研究》，臺北：新文豐出版公司，1997年。 2.《饒宗頤二十世紀學術文集》（卷8，敦煌學），臺北：新文豐出版公司，2003年。 3.《選堂序跋集》，北京：中華書局，2006年。	253—254 237
9	《〈卍考〉續記》	1.《符號・初文與字母——漢字樹》，香港商務印書館，1998年。 2.《饒宗頤東方學論集》，潮陽：汕頭大學出版社，1999年。	98—106 56—67
10	《"羊"的聯想——青海彩陶、陰山、西藏巖畫的⊕號與西亞原始的計數工具》	1.《明報月刊》第299期，1990年11月。 2.《符號・初文與字母——漢字樹》，香港商務印書館，1998年。 3.《饒宗頤二十世紀學術文集》（卷1，史溯），臺北：新文豐出版公司，2003年。	44—49 106—116 59—70

備註：本表製作曾參考鄭煒明編：《饒宗頤教授著作目錄新編》（山東：齊魯書社，2010年）一書。

附表 2: 有關吐蕃僧諍的研究論文

	作者	論文名稱/書名	出處
1	Paul Demiéville（［法］戴密微）	1. *Le concile de Lhasa* 2.《吐蕃僧諍記》耿昇譯	1. Paris: Imprimerie Nationale de France, 1952. 2. 蘭州: 甘肅人民出版社, 1984年。拉薩: 西藏人民出版社, 2001年。
2	Giuseppe Tucci	*Minor Buddhist Text*, Part II	Roma: Is. M. E. O., 1958.
3	Paul Demiéville	Bibliographie, Giuseppe Tucci: Minor Buddhist Text Part II	*Toung Pao*, Vol. 46, Leiden, 1958.
4	饒宗頤	《神會門下摩訶衍之入藏兼論禪門南北宗之調和問題》	《香港大學五十周年紀念文集》（第1册），香港大學出版社，1964年。
5	［日］立花孝全	Lam rim chen mo に見るbsam yas 宗論について	《印度學佛教學研究》15-1，1966。
6	饒宗頤	《王錫〈頓悟大乘政理決〉序說並校記》（附說: 摩訶衍及四川之曹溪禪兼論南詔之禪燈系統）	《崇基學報》（第9卷第2期），香港: 香港中文大學崇基學院，1970年。
7	饒宗頤	《論敦煌陷於吐蕃之年代——依〈頓悟大乘政理決〉考證》	《東方文化》（第9卷第1期），香港: 香港大學出版社，1971。
8	［日］長谷部好一	《吐蕃佛教と禪》	《愛知學院大學文學部紀要》1，1971。
9	［日］芳村修基	《サムエ論義とカマラシーラの思想》	《インド大乘佛教思想研究》第1篇，1974。
10	G. W. Houston	The bsam yas Debate: according to the rGyal rabs gsal ba'i me long	*Central Asiatic Journal*, XVIII, 1974.
11	［日］上山大峻	《チベシトにおける禪とカマラーラとの爭點》	《日本佛教學會年報》，40，1975。
12	［日］山口瑞鳳	《 Rin lugs rBa dPal dbyans-bSam yas の宗論をめぐる一問題》	《平川彰博士還曆紀念論集》，1975。
13	Yoshiro Imaeda	Documents tibétains de Touen-houang concernant le concile du Tibét	*JA*, Tome 263, 1975.

續　表

	作　者	論文名稱/書名	出　　處
14	[日]原田覺	《bSam yas 宗論以後における頓門派の論書》	《西藏學會會報》22，1976年3月。
15	[日]小畠宏允	《古代チベシトにおける頓門派（禪宗）流れ》	《佛教史學研究》18，1976。
16	[日]沖本克己	《摩訶衍の思想》	《花園大學研究紀要》，8，1977。
17	[日]原田覺	《頓悟大乘正理決の妄想説について》	《印度學佛教學研究》25-2，1977。
18	[日]原田覺	《摩訶衍禪師考》	《佛教學》，8，1977。
19	[日]原田覺	《摩訶衍禪師と頓門》	《印度學佛教學研究》28-1，1979。
20	G. W. Houston	Sources for a History of the bSam yas Debate	Sainkt Augustin: VGH-Wissenschaftsverlag, 1980.
21	[日]山口瑞鳳	《中國禪とチベシト佛教・1、摩訶衍の禪》	《講座・敦煌8・敦煌佛典と禪》，東京：大東出版社，1981年。
22	[日]原田覺	《敦煌藏文 mKhen po Ma ha yan 資料考（1）》	《印度學佛教學研究》30-1，1981。
23	張廣達	《唐代禪宗的傳入吐蕃及有關的敦煌文書》	1.《學林漫錄》第三期，北京：中華書局，1981年。 2. 張廣達：《西域史地叢稿初編》，上海：上海古籍出版社，1995年。 3. 金雅聲、束錫紅、才讓主編：《敦煌古藏文文獻論集》上冊，上海：上海古籍出版社，2007年。
24	[日]沖本克己	1.《敦煌出土のチベシト文禪宗文獻の内容》 2.《敦煌出土的藏文禪宗文獻的内容》，李德龍譯。	1.《講座敦煌8・敦煌佛典與禪》，東京：大東出版社，1981年。 2. 王堯主編：《國外藏學研究譯文集》第三輯，1992年。
25	[日]木村隆德	1.《敦煌出土のチベシト文禪宗文獻の性格》 2.《敦煌出土藏文禪宗文獻的性質》，李德龍譯。	1.《講座敦煌8・敦煌佛典與禪》，東京：大東出版社，1981年。 2. 王堯主編：《國外藏學研究譯文集》第十二輯，1995年。
26	[日]御木克己	《頓悟與漸悟——蓮花戒的〈修習之第〉》	《講座大乘佛教8・中觀思想》，東京：春秋社，1982。

續 表

	作 者	論文名稱/書名	出 處
27	Roger Jackson	Sa skya Pandita's account of the bsam yas Debate: History and Polemic	*The Journal of the International Association of Buddhist Studies* (*JIABS*) 5, 1982.
28	Luis O. Gómez	The Direct and the Gradual Approaches of Zen Master Mahayana: Frangments of the Teachings of Mo-ho-yen	Gimello and Gregory ed: *Studies in Chan and Hua-yen*, Honolulu: University of Hawaii Press, 1983.
29	Luis O. Gómez	Indian Materials on the Doctrine of Sudden Enlightenment	Whalen Lai and Lewis R. Lancaster ed.: *Early Chan in India and Tibet*, Berkeley: Asian Humanities Press, 1983.
30	Leonard van der Kuijp	Miscellanea to a Recent Contribution on/to the bsam yas Debate	*Kailash*, 11/3-4, 1984.
31	Leonard van der Kuijp	On the Sources for Sa skya Pandita's Notes on the bSam yas Debate	*JIABS* 9/2, 1986.
32	Flemming Faber	The Council of Tibet according to the *sBad bzhed*	*Acta Orientalia* 47, 1986.
33	M. Broido	Sa skya Pandita, the White Panacea and the Hva-shang Doctrine	*JIABS* 10, 1987.
34	[法] 今枝由郎	《有關吐蕃僧諍會的藏文文書》，一民譯。	王堯主編：《國外藏學研究譯文集》第二輯，1987年。
35	[法] 戴密微	《新發現的吐蕃會諍漢文檔案寫本》，施肖更譯。	王堯主編：《國外藏學研究譯文集》第三輯，1987年。
36	Luis O. Gómez（戈麥斯）	Purifying Gold: The Metaphor of Effort and Intuition in Buddhist Thought and Practice 《成佛如煉金：佛教思想和修行中精進與直顯的隱喻》，袁荷荷譯。	P. N. Gregory ed.: *Sudden and Gradual Approaches to Enlightenment in Chinese Thought*, Honolulu: University of Hawaii Press, 1987. 彼得·N. 格里高瑞編：《頓與漸：中國思想中通往覺悟的不同法門》，上海：上海古籍出版社，2010年。
37	Samten Karmay	*The Great Perfection*	Leiden: E. J. Brill, 1988.（Second Edition, 2007）

饒宗頤教授與藏學研究

續 表

	作 者	論文名稱/書名	出 處
38	David Seyfort Ruegg	The Great Debate between "Gradualists" and "Simultaneists" in Eighth-Century Tibet	David Seyfort Ruegg：Buddha-Nature, Mind and the Problem of Gradualism, London：School of Oriental and African Studies, 1989.
39	David Seyfort Ruegg	Models of Buddhism in Contact and opposition in Tibet：Religious and Philosophical Issues in the Great Debate of bsam yas	Buddha-Nature, Mind and the Problem of Gradualism, London：School of Oriental and African Studies, 1989.
40	David Seyfort Ruegg	The Background to some issues in the Great Debate	Buddha-Nature, Mind and the Problem of Gradualism, London：School of Oriental and African Studies, 1989.
41	David Jackson	Sa skya Pandita the "Polemicist"：Ancient Debate and Modern Interpretations	JIABS 13, 2 1990.
42	〔日〕上山大峻	《敦煌佛教の研究》	京都：法藏館, 1990 年。
43	〔日〕沖本克己	《關於桑耶論的諸問題》	山口瑞鳳編, 許洋主譯：《西藏的佛教》, 臺北：法爾出版社, 1991 年。
44	Guiluine Mala	How the Oral Tradition Corroborates the Touen-Houang Manuscripts' Version Concerning the Influence of the Hva-San（和尚）in Tibet	《第二屆敦煌學國際研討會論文集》, 中國文化大學中文系、漢學研究中心, 1991 年。
45	Helmut Eimer	Eine frühe Quelle zur literarischen Tradition über die "Debatte von bSam yas".	E. Steinkellner ed.：Tibetan history and language: studies dedicated to Uray Géza on his seventieth birthday, Wien：Arbeitskreis für tibetische und buddhistische Studien Universität Wien, 1991.
46	David Seyfort Ruegg	On the Tibetan Historiography and Doxography of the "Great Debate of Bsam yas"	1. Ihara Shoren ed.：Tibetan Studies: Proceedings of the 5th Seminar of the national Association for Tibetan Studies, Narita 1989, Narita：Naritasan Shinshoji, 1992. 2. David Seyfort Ruegg：The Buddhist Philosophy of the Middle, Boston：Wisdom Publications, 2010.

續　表

	作　者	論文名稱/書名	出　處
47	巴宙	《大乘二十二問之研究》	臺北：慧炬出版社，1992年。
48	王堯	《藏族翻譯家管·法成對民族文化交流的貢獻》	1. 王堯著：《西藏文史考信集》，高雄：佛光出版社，1992年。 2. 金雅聲、束錫紅、才讓主編：《敦煌古藏文文獻論集》下冊，上海：上海古籍出版社，2007年。
49	David Jackson	*Enlightenment by a Single Means*	Verlag：Der osterreichischen Akademie der Wissenschaften，1994.
50	［日］上山大峻	《吐蕃僧諍問題的新透視》，耿昇譯。	王堯主編：《國外藏學研究譯文集》第十一輯，1994年。
51	Hugh Richardson	Political Rivalry and the Great Debate at Bsam-yas	1. M. Aris ed.：*High Peaks, Pure Earth: Collected Writings on Tibetan History and Culture*，London：Serindia Publications，1998. 2. Alex Mckay ed.：*The History of Tibet* Vol.1 London：Routledge Curzon，2003.
52	劉宇光	《桑耶論諍中的"大乘和尚見"——"頓入說"的考察》	臺灣大學文學院佛學研究中心編，《佛學研究中心學報》第6期，2001年。
53	Carmen Meinert（［法］梅開夢）	Chinese Chan and Tibetan Rdzogs Chen: Preliminary Remarks on Two Tibetan Dunhuang Manuscripts	Henk Blezer, Alex Mckay & Charles Ramble ed.：*Brill's Tibetan Studies Library* Vol.2/2，Leiden：Brill，2002.
54	索南才讓	《關於吐蕃佛教研究的兩個問題——頓漸之諍和朗達瑪滅佛》	《西藏民族學院學報》（哲學社會科學版）第25卷第5期，2003年9月。
55	許德存	《試釋桑耶寺僧諍的焦點》	《西藏研究》，2003年4月。
56	Sven Bretfeld	The Great Debate of Bsam-yas: Construction and Deconstruction of a Tibetan Buddhist Myth	Asiatische Studien/Etudes Asiatiques：Zeitschrift der Schweizerischen Asiengesellschaft，LVIII-1，2004.

續　表

	作　者	論文名稱/書名	出　　處
57	沈衛榮	《西藏文文獻中的和尚摩訶衍及其教法——一個創造出來的傳統》	1.《新史學》第16卷第1期,臺北:新史學雜誌社,2005年。 2. 金雅聲、束錫紅、才讓主編:《敦煌古藏文文獻論集》下冊,上海:上海古籍出版社,2007年。 3. 沈衛榮著:《西藏歷史和佛教的語文學研究》,上海:上海古籍出版社,2010年。
58	Carmen Meinert	The legend of *Cig car ba* Criticism in Tibet: A list of six *Cig Car ba* Titles in the *Chos* "*byung me tog snying po* of Nyang Nyi ma" od zer (12th century)	Ronald Davidson and Chistian K. Wedemeyer: *Tibetan Buddhist Literature and Praxis: Studies in its Formative Period*, 900—1400, Leiden: Brill, 2006.
59	沈衛榮、邵頌雄、談錫永	《聖人無分別總持經對勘與研究》	1. 臺北:全佛出版社,2005年。 2. 北京:中國藏學出版社,2007年。
60	尹邦志	《薩班對摩訶衍遺教的遺判》	《宗教學研究》,2007年3月。
61	李元光	《試論漢地禪宗在藏區的傳播和影響》	《西南民族大學學報》(人文社科版)總第198期,2008年2月。

備註:本表部分缺頁碼之文獻,參考自上山大峻《敦煌佛教の研究》(京都:法藏館,1990年)第三章所列之註記。從下表可見饒教授對吐蕃僧諍問題早具慧眼,開國人研究此題之先河。

（原刊於《國學新視野》2011年12月冬季號。）

椎輪爲大輅之始：
論饒宗頤先生與歷史考據學

胡孝忠

　　衆所周知，饒宗頤先生治學領域十分廣博，往往爲學界提出新論題，開闢新領域。若我們仔細研究饒先生早年治學路徑，就會發現其治學的一個重要特點，即充分繼承和發揚了乾嘉學派以來的歷史考據學。可以説，其學術起點就是將考據學與歷史地理學及方志學的有機結合，並將這種方法貫穿其一生的學術研究。陳其泰先生著《20 世紀中國歷史考證學研究》（北京師範大學出版社，2004 年）第六章第二節有一半的内容是對饒宗頤先生在甲骨學、敦煌學、簡帛學、宗教史、潮汕文化等方面的研究成果和方法做歸納，但是由於篇幅所限，留給後學進一步探討的餘地。饒宗頤先生幼承家學，又從上世紀 30 年代起就受到史學宗師顧頡剛先生的青睞，並加入禹貢學會，目前是唯一健在的會員。本文就試圖以饒先生早年在歷史考據學領域的成就爲例，來一窺先生治學之道。

椎輪爲大輅之始：論饒宗頤先生與歷史考據學

一、歷史地理及方志學

誠如晚清的劉晚榮《藏修堂叢書第二集序》云："讀史以洞明地理爲要，尤以考析地理爲最難。"1940 年，著名歷史學家童書業先生爲饒先生的成名作《楚辭地理考》作序云："考據之學，愈近愈精，讀宗頤饒君之書，而益信也。君治古史地學，深入堂奥，精思所及，往往能發前人所未發！"① 這是對饒先生在治古史地學時運用考據方法所取得成果的高度評價。

根據《饒宗頤教授著作目錄新編》② 所列饒先生早期的學術成果，有《廣濟橋考》、《韓山名稱辨異》、《海陽山辨》、《汕頭釋名》、《韓文編錄原始》等，而 1940 年撰成的《楚辭地理考》自序，開篇即云："予爲《古地辨》，此其一種也。以篇帙較多，故抽出單行。"③ 可以看出先生早期治學重點是以歷史地理和方志學爲主。1941 年 9 月 1 日出版的《責善半月刊》有顧頡剛先生請饒宗頤先生所編古地辨擬目，其中有饒先生自作論文《古書地名舉例》、《〈禹即九州考〉跋》、《十二州解》、《三苗考，附九黎考、三危考》、《夏殷民族考》、《子氏考》、《殷困民國考》、《鬼族考》、《昆夷與昆吾》、《于越名稱考》等文章，通觀篇名，有稱"考"、"辨"、"解"、"釋"、"發微""證""原始"，不僅顯示其在研究上古史、歷史地理學的深度和廣度，而且體現了饒先生在考據學領域所取得的豐碩研究成果。茲簡要分類例舉先生治學方法和成果如下。

---

① 童書業：《楚辭地理考》序，上海：商務印書館，1946 年，頁 1。
② 鄭煒明、林愷欣：《饒宗頤教授著作目錄新編》，濟南：齊魯書社，2010 年。
③ 饒宗頤：《楚辭地理考》自序，上海：商務印書館，1946 年，頁 1。

(一) 有關典籍、志書考據。

目前能讀到饒先生最早發表的論文係 1934 年 11 月 1 日出版的《禹貢半月刊》二卷五期的《廣東潮州舊志考》，已展現其考索之功。饒先生在文中否定"潮志自明弘治以前，無可考矣"的觀點，認爲南宋乾道、淳熙之際猶有書名可考見者，明文淵閣所庋潮州府志、圖志共六部。饒先生從《宋史・藝文志》等書考證出王中行撰《潮州記》一卷，認爲"潮州方志最古而可考者惟此，然書僅一卷，當爲觕具雛形之志書也"。[①] 對鄉邦文獻的考證，引起了同鄉耆老和學界名師的關注，奠定了饒先生往後治地方史的堅實基礎。

(二) 有關名詞考證、辨誤。

《周書・王會》言八方所獻有"海陽大蟹"，潮州府縣志皆以爲是潮州海陽縣貢獻之始。饒先生考證古海陽應在江蘇，理由有三：1. "潮州海陽縣，晉始置，自晉以前，縣無有海陽也，名起於後世，尤不得指爲《周書》之所云。"[②] 這是以名詞出現的先後來作考據。2.《史記》、《漢書》之功臣年表記載"海陽齊信侯搖毋餘"，後魏酈道元始以爲此海陽在遼西，而光緒《嘉應州志》等書認爲秦漢間南海郡有海陽縣矣。饒宗頤先生認爲這兩種觀點均不正確。其考證認爲：

> 謂封於遼西，則地太遠，雖云"越境而封，亦間有之事"（周壽昌語），然毋餘子孫世居餘杭，自與遼西無關；且《索隱》

[①] 饒宗頤：《廣東潮州舊志考》，《禹貢半月刊》，2 卷 5 期，香港：龍門書店，1968 年，頁 34。

[②] 饒宗頤：《古海陽地考》，《禹貢半月刊》，7 卷 6、7 期，香港：龍門書店，1968 年，頁 255。

言《地理志》闕，則此海陽非屬遼西郡甚明。若謂爲南海之海陽，則"晉始置爲縣，且其時地屬趙佗，高祖安所取而封之。"謂爲虛封，然《漢書》明云千七百戶，非封而何。①

3. 根據鄧名世《古今姓氏書辨證》記載，以及徐廣曰："搖，東越之族"，周壽昌曰："是以其國主名爲氏"，判定"毋餘爲東越之族，故封於楚東海陽，由是子孫世居餘杭。……古楚東海陽，實處今常熟東南濱海之地。自《周書》、《國策》、《史記》、《吳越春秋》，其地望皆指此。後世以爲在遼西或南海者，皆因同名牽涉而誤。今爲辨正，以與掔治地學者商榷焉"。②

(三) 有關地名、職官沿革考證。

1994年，楊振寧先生在《明報月刊》"讀者來信"欄撰文說，根據《大英百科全書》第十五版（1974）"利瑪竇條"說當時肇慶是廣東首府，丁克先生曾兩度來信與其討論。楊先生因此向史學家提問：兩廣總督府所在地是否在史書上稱爲"兩廣首府"？③ 饒先生的《明末兩廣軍事首府正在肇慶》一文回答楊振寧先生的質疑：

> 編輯先生：本年九月號貴刊讀者一欄，刊出楊振寧教授函，詢及兩廣首府一事，不揣固陋，謹奉答如下：
>
> 明代官制，地方設承宣布政使司，布政使掌一省之政，這屬行政方面，廣東布政使首府當然是廣州府。但軍事則不然，兩廣總督之職是提督，軍務駐地不一定。《明史》卷七十（引者：中華書局版爲七十三卷）《職官》云：景泰三年，苗亂（引

---

① 饒宗頤：《古海陽地考》，《禹貢半月刊》，7卷6、7期，頁257—258。
② 饒宗頤：《古海陽地考》，《禹貢半月刊》，7卷6、7期，頁258。
③ 楊振寧：《明末廣東首府非肇慶》，《明報月刊》，1994年9月號，頁146。

者：寇）起，以兩廣宜協濟應援，乃設總督。成化元年兼巡撫事，駐梧州。……嘉靖四十五年，另設廣東巡撫，改提督爲總督，正（引者：止）兼巡撫廣西，駐肇慶。……萬曆三年仍改總督。

第一任兩廣總督是王翺（見《明史》十一《景帝紀》），總督駐地先在梧州，後來改在肇慶。應檟於嘉靖三十年（1551）督兩廣，他編著《蒼梧總督軍門志》一書，那時兩廣督府正在梧州（此書藏臺灣"中央圖書館"。史書如《東莞縣志》、羅氏《香港前代史》都誤"蒼梧"作"蒼格"，因不知梧州亦是總督所在地。現有大東圖書公司影印本。）。

移駐肇慶是嘉靖四十五年（1566），其時吳桂芳爲總督（見《實錄》）。利瑪竇於1583年（即萬曆十一年）到1589年（萬曆十七年）居肇慶，是時肇慶正爲兩廣總督所在地。這時期的總督有郭應聘、吳文華、吳善、劉繼諸人（見《明督撫年表》頁663—664），名字不很著聞，沒有前此淩雲翼、劉堯誨的功績昭著史傳。入清，承前制仍置兩廣總督，《清史稿》卷一一六云："順治元年，置廣東總督，駐廣州，兼轄廣西。十二年徙梧州。康熙三年，別置廣西總督，移廣東總督駐廣州。三軍復並爲一，駐肇慶。"順治至康熙初，南明奉永曆正朔，亦可說是"明末"。永曆即位於肇慶，行政首府正在此地。清廷設總督蓋沿明制，而兩廣分合無定。要到康熙三年方有兩廣總督，駐於肇慶。楊教授說兩廣首府在肇慶，依前例沒有錯的。如果說"明末廣東首府非肇慶"，反而有點不太正確。

一個月前楊教授約我在沙田午飯，可惜沒有談及這一問題。楊教授虛懷若谷，希望史學家指教。這不過是一般的歷史常識，由於我在年青時嘗參加省志工作，對地方沿革的事情較爲熟悉，故敢貢一得之愚。兩廣總督駐地屢有更動，具見上述，很不容易用一句話來概括。該標題説"明末廣東首府非肇慶",但分明有一段時間駐於肇慶,則又講不過去。一般都知廣州是廣東省的首府,這是對行政區域而言,管軍務的總督則又不同了,知一而不知二,隨便説來,是不符合事實的。①

由於此文係饒先生在上世紀30年代受聘中山大學廣東通志館時深入研讀兩廣方志的"副產品",也是饒、楊兩位學者的一段學術往來趣史,而有關研究者多未提及此文,故將其全錄於此,以供參考。該文末尾還有饒先生與周策縱先生論"夏"字的補充,研究甲骨、簡帛的學者或可參考。可見,饒先生熟知兩廣地方志記載,對職官和典章制度沿革熟記於心,故能將多種史料有機結合而作考據,往往發前人所未發。

這也印證了饒先生於1944年發表信史首先必須來源於真實史料的觀點:

> 近代史學之發達,邁越前古,大半由於研究對象之開拓及史料之日見增加:如中西交通及域外史地諸問題,皆前此史家所未措意者也。……夫專史之作,莫切於史料之鑒覈,苟史料不實,則凡所論述,均不足令人置信;椎輪爲大輅之始,理固然也。②

(四) 考據學的規律總結。

饒宗頤先生治學不光注重考據,而且善於發現規律、總結治學方法。他爲《楚辭地理考》作自序:

---

① 饒宗頤:《明末兩廣軍事首府正在肇慶》,《明報月刊》,1994年10月號,頁142。
② 饒宗頤:《張璉考》,《南洋研究》,1944年11卷2號,頁13。

曾謂考古代地理，其方法有二。一曰辨地名，二曰審地望。前者爲考原之事，所以窮其名稱之由來，與所指之範圍也；後者爲究流之事，即求其地之所在與遷徙沿革也。辨名者，當知地名之種類不一。有泛稱之地名，如"江南"之指大江以南一帶之地是也；有專稱之地名，如江南亦爲邑名是也。有合稱之地名，如"鄢郢"爲宜城之鄢及江陵之郢之合稱是也；有別稱之地名，如楚徙陳後，所謂鄢、郢乃轉指鄢陵及郢陳是也；有借稱之地名，如楚都江陵曰郢，復假爲楚都代稱，故在紀謂之紀郢，在鄢謂之鄢郢，在陳謂之郢陳是也；有混稱之地名，如邊裔地名，多所淆亂，南方蒼梧之名，亦訛傳於東西方是也；故宜詳加辨析，庶無舛誤。至于審地望，則當留意於其民族遷徙與建置沿革。遷徙之，例如邾爲楚亡，徙之江夏，仍號曰邾；蔡爲楚滅，遷於武陵，謂之高蔡；（尚有上蔡下蔡，例同。）建置之例，如楚黔中之疆域及所治，異于秦漢之黔中郡，並且區別而論之。古代地名，多同號而異地，或殊名而同實，其紛紐繁賾，至難悉究，然亦有大例，可資尋考，循是以求，或可得其情實。①

考求規律，還在於類比。《〈魏策〉吳起論三苗之居辨誤》一文云：

《策》文謂"汶山在南，衡山在北"，《韓詩外傳》則云："衡山在南，岐山在北"，適得其反，又別作岐山。余考《策》文言夏桀之國云"盧、睪在其北，伊、洛出其南"，其例先言北而後南。而言文山、衡山，獨先南而後北，詞氣甚不順，是南北二字亦爲倒置；當云"汶山在其北，衡山在其南"乃合矣。②

---
① 饒宗頤：《楚辭地理考》自序，頁3。
② 饒宗頤：《〈魏策〉吳起論三苗之居辨誤》，《禹貢半月刊》，7卷6、7合期，頁98。

這是從用字習慣和詞氣是否順暢兩方面作考據，非博覽群書之大家不能提出此種觀點也。著名史學家童書業先生點評此文道：

> 饒先生的治學方法最是謹嚴，他從種種方面考出《魏策》論三苗之居的文字有誤，他的大作雖然簡短，但是影響到古代地理的研究卻是很大，因爲三苗疆域的問題關涉到夏、周、戎三種民族發展的歷史。在此以前，錢穆先生曾作過一篇《古三苗疆域考》，是一篇研究古代地理的權威文字，影響於學術界極深。饒先生這篇《辨誤》，便是針對錢先生的著作而發，錢先生已有答辨，並載本刊，兩先生的説法各有理由，其是與非，可請讀者公評。①

饒先生時年 21 歲，《禹貢半月刊》刊登其對權威文字提出的商榷，也登載回應文章供學界公評，促進學術討論，從側面反映出當時的學術風氣和學術水準。

二、文　　學

饒宗頤先生幼承家學，並得同鄉先賢時俊的指點，青年時代就在編纂藝文志和文學史考據方面已嶄露頭角。1933 年，饒宗頤先生作《潮州藝文志總目序》，闡明了饒氏父子的考據學淵源及成就：

> 先君子鈍盦先生平生致力於考據之學，所著有《王右軍年譜》一卷、《西湖山志》十卷、《漢儒易學案》一卷、《佛國記疏

---

① 童書業：《序言》，《禹貢半月刊》，7 卷 6、7 合期，頁 3。

證》十卷，皆裒輯成書。惟晚年撰《潮州藝文志》二十卷尚未完編而卒。其稿自明以上皆纂定，清人集部僅具書目而已。先君之爲是書，蓋感鄉邦文獻之凋殘，郡縣舊志雖於先賢簡籍有所論列，然疏漏踳駁，實無裨於考證，乃大索遺書，鈎稽排纂。……今春因鄭先生雪耘之介，得識同邑黃嵩園先生。先生好古嗜學，尤關心鄉獻賸篇。方其初納交於予也，殷殷然以先君遺著垂詢，及見是編，則嘆其考覈詳密，稱爲一郡文獻之幟志。復惜其未能成書，督促宗頤亟爲校補，並令依其原著先編成簡明目錄。①

黃嵩園即黃仲琴先生，曾給予饒宗頤先生研究地方史和上古史很多幫助。此序末尾有"中華民國廿三年三月三日宗頤謹序"，而饒宗頤先生於當年九月將此序修訂後作爲《潮州藝文志》的序言發表在《嶺南學報》1935年4卷4期，篇首即是黃仲琴先生所作序。

《潮州藝文志》的例言認爲郡邑殊地，往往今古同名。所以饒氏父子對舊志誤錄及撰人未詳者，"姑爲綴錄，更加疏證，纂爲'訂僞''存疑'兩編。'訂僞'者蓋仿孫氏'辨正'之體；至於'存疑'，雖屬創例，究亦徵文考獻者所不廢也。"② 這既有對前人學術成果的繼承，也有一定創新，實爲徵文考獻者所不廢也。

饒先生在其文學史論文集《文轍——文學史論集》提出治文學也可用考據之學："念平生爲學，喜以文化史方法，鈎沉探賾，原始要終，上下求索，而力圖其貫通；即文學方面，賞鑒評騭之餘，亦以治史之法處理之。"③ 該論文集就收錄饒先生於1945年在《東方雜

---

① 饒宗頤：《潮州藝文志總目序》，《潮聲月刊》，1934年1卷12期，上海潮州同鄉會，頁31—32。
② 饒宗頤：《潮州藝文志》，《嶺南學報》4卷4期，1935年，上海：上海古籍出版社，1994年再版，頁5。
③ 饒宗頤：《文轍小引——文學史論集》上，臺灣：學生書局，1991年，頁Ⅰ。

志》發表的《蕪城賦發微》一文。鮑明遠《蕪城賦》，千古傳誦。説者以爲此賦作於宋世祖孝建三年，因竟陵王誕據廣陵反，沈慶之討平之。命悉誅城内男丁，以女口爲軍賞。照蓋感事而賦。饒宗頤先生考證道：

> 予考《南史・孝武紀》"大明三年四月乙卯，司空南兗州刺史竟陵王誕有罪，貶爵。誕不受命，據廣陵反。秋八月己巳，尅廣陵城，斬誕。"其事實在大明三年。……再考劉宋時，廣陵爲南兗州治。《宋書・州郡志》："文帝元嘉八年，始割江、淮間爲境，治廣陵。"（以前治京口）照以文辭之美，歷事臨川王義慶，始興王濬，爲佐史國臣，皆於二王爲南兗州刺史。時義慶鎮南兗州，在元嘉十七年十月（《宋書・文帝紀》），及在廣陵有疾，始求解州（《南史・臨川烈武王附傳》）。照時以貢詩見賞，奉筆相從，（照集中有瓜步山揭文云"鮑子辭吳客楚，指兗歸揚"，必遷都赴兗時作，詳譜）……《南史・文帝紀》："元嘉二十八年正月丁亥，魏太武帝自瓜步退歸，俘廣陵居人萬餘家。"此當日廣陵塗炭之情狀。其後竟陵王誕敗，孝武命城中無大小悉斬，沈慶之執諫，自五尺以下全之，男丁殺爲京觀，死者數千人（《南史・誕傳》）。廣陵經再度摧殘，於是閭閻撲地之名都，遂爲荒煙蔓草野鼠城狐之窟宅。照親臨其盛，復覩其衰，情發於中，遂爲賦之如此。①

《文化之旅》這類學術劄記也多利用正史和地方志資料，考訂史實、人物。如該書的《柘林與海上交通》② 一文就利用歷代《潮州府

---

① 饒宗頤：《蕪城賦發微》，《東方雜志》，41卷4期，1945年，頁58。
② 饒宗頤：《文化之旅》，香港：牛津大學出版社，1997年。

志》、萬曆《東里志》等地方志和《明史》、《讀史方輿紀要》等史料，考證了饒平縣柘林鎮的歷史形勝及有關海盜林鳳的史實，將人、事和物聯繫起來，充分證明了該鎮在明清時期的海防要地角色。

饒宗頤先生學貫中西，匯通古今，所以其考據之學也兼具中西兩方面，更具說服力。1980年4月，先生在巴黎舉行之"文字——觀念體系與實踐經驗會議"發表演講《漢字與詩學》，就利用古今對照的方法考證出中國詩的省略習慣，也是漢語的一般慣例。其考據推理如下：

許多人談漢詩，認爲省略（Ellipse）是漢詩的特徵。在詩的語言裏，主詞的人名及表示位置的介詞（Proposition）往往省略。其實在殷代武丁時期的卜辭，已大量使用省略的方法。我們可以從同時同事的占卜文字體會出來，在不同的甲骨上面細心比較便可了然。譬如A片上記著主詞（有卜者名）及日期，B片、C片上可以省去。有時同一版上同事的占卜在上文很具體的紀錄，到了下面，便省略去了。介詞的省略，更隨便可以看到。例如"用一牛于兄丁"，可以作"用一牛兄丁"；甚至連動詞亦省去，只作"兄丁一牛"。銅器上亦普遍採用"略辭"。從同一地區出土的銅器群，經過比勘之後，可確定是略辭。例如（洛陽東郊西周墓出土）：

𢀛射作尊（瓻）

射作父乙（爵）

作父乙（觚）

𢀛射（尊）

在不同器上所鑄的文字，有的省去作器的人名，有的省去先祖名及器名。這種用極少數文字簡括地來表達的特殊手法，淵源甚早。……可見省略的習慣，不限於詩，這是漢語的一般慣例。詩的語言，因爲字數的限制，省略更進一步罷了。①

從本文所舉實例可見，饒先生分別運用了本證、旁證、推理審音之法，綜合多種語言文字，廣徵博引，尋找多重證據。

三、甲骨學

饒先生花費 20 多年心血撰巨著《殷代貞卜人物通考》，1959 年一出版，就在學術界引起轟動。該書運用多種考據方法，開創了以貞人爲綱排比卜辭的先例，在理論和方法上都超越前人，對瞭解各個貞人的占卜內容及其所屬的時代很有參考價值。饒先生因此在 1962 年獲得法國漢學儒蓮獎。

其實饒先生在 1941 年 9 月發表的《古史辨第八冊（古地辨）擬目》即有《殷困民國考》（稿本），學界多以爲此文並未發表。筆者近期偶見廣東省立文理學院於 1946 年 6 月 1 日出版的《文理學報》刊登此文（署名"饒頤"），對羅振玉、王國維等甲骨學名家的研究成果提出不同觀點，可謂饒先生運用考據學研究甲骨文的典範之作。《山海經·大荒東經》記載"有困民國，勾姓而食。有人曰王亥，兩手操鳥，方食其頭。王亥託於有易、河伯僕牛，有易殺王亥，取僕牛。"饒先生認爲困民一名僅見於斯，學者以其怪僻罕見，故從未探究。他根據《山海經》和甲骨金文、《墨子》等史料記載，考訂出"神困山近洹水，帝困山近朝歌，凡此之地皆殷之舊盧。其山與水有神困帝困之號，殆以困民所居而得名。困困二字古通。……困民國人王亥爲殷之先公，而帝困神困諸山，在朝歌洹水間，正通殷都，則困民者，

---

① 饒宗頤：《文轍小引——文學史論集》上，臺灣：學生書局，1991 年，頁 70—71。

必殷人之先。"① 在該文的下篇"困民之舊居"考"泰卷"：

> 泰卷地望，舊罕解釋。按《漢書・地理志》安定郡朐卷下注："應劭曰'卷音箘簬之箘'，《釋名・釋宮室》：'困，綣也。'"則泰卷猶言大箘，當因箘人居之而賜名，其所以冠以大字者，蓋箘人爲殷之先。又卷曾爲殷都，故有斯號。如夏爲禹都，亦稱大夏，例正同也。……頤謂箘宮必在殷都之泰卷，因地在箘，故名箘宮。如商都牧野，有牧宮。周都豐，有豐宮也。②

這是利用甲骨文、傳世文獻和考古實物結合，加以合理的規律總結，考訂出地名的讀音和演變。饒先生在文末認爲劉師培先生在《古代南方建國考》一文中提出"古漢水附近之國，均爲箘人後裔所宅居，乃箘人之由湘桂北遷"值得商榷，認爲此觀點"則仍昧其淵源，不知箘人即困民，爲殷之先。郢地之箘乃由漢、衛徙東，以殷亡國後，其族被迫南遷，遂入處於江漢之間，非其民自南而北也"。③ 既有辨地名，又有審地望。

文末有"廿八年四月初稿，卅三年春易稿于桂林，卅五年夏重錄于廣州光孝寺"。附錄的文末有"三十三年初夏，脫稿于桂林穿山之麓"。④ 此文從撰寫初稿到最終發表，共經歷七年，是先生在抗戰前後輾轉多地的見證。穿山即桂林市東南隅的穿山村，係饒先生在廣西任教無錫國專所做的《瑤山詩草》所提到的蒙山、金秀、北流山圍之外的又一重要科研和創作地點。

---

① 饒宗頤：《殷困民國考》，《文理學報》1卷1期，1946年，頁29。
② 同上，頁34。
③ 同上，頁38。
④ 同上，頁38、43。

四、歷史考據學的方法論

顧頡剛先生曾提出"層累地造成中國古史"這一著名史學觀點，並相繼編成多册《古史辨》，第三册序言曾説：

> 一種學問的研究方法必不能以一端限，但一個人的研究方法則盡不妨以一端限，爲的是在分工的學術界中自有他人用了別種研究方法以補充之。我深知我所用的方法（歷史演進的方法）必不足以解决全部的古史問題，但我亦深信我所用的方法自有其適當的領域，可以解决一部分的古史問題，這一部分的問題是不能用它種方法來解决的。①

由此可見，顧先生雖然善於考據辨僞，但也認識到學術分工的必然性，故而邀請饒宗頤先生編輯《古史辨》第八册（《古地辨》）。據蘇州市檔案館藏 1945 年 12 月造報的《無錫國學專修學校三十四年度教員名册》記載，時年 32 歲的饒宗頤先生爲該校專任教授，所授課程及時數是"實用文字學、修辭學、國學概論，共九小時"，上年度著作及研究成果爲"古史鈎沈（沉）、《古史辨》第八册、字源學"，足見當時饒先生是著力於文字學、古史鈎沉和字源學等重在考據的學問上。

鄭煒明先生認爲："作爲一個劃時代的大學者，有没有自己一套獨特的研究方法論，也是能否獲得認同和肯定的關鍵要素之一。饒先生就是一位有自己的方法論的學者。"② 饒宗頤先生非常重視考據學的方法論，根據自己多年運用歷史考據學的方法在人名和地名方

---

① 顧頡剛：《古史辨》第三册"自序"，上海：上海古籍出版社，1982 年，頁 8—9。
② 鄭煒明：《饒宗頤先生的國學新視野》，《國學新視野》，香港：中華出版社，2011 年春季號，頁 29。

面的研究基礎上，於 1970 年提出創立兩門專門研究，"我個人主張在史學上應該開闢二門專門研究，一是人名學，一是地名學，雙軌並進，對於治史將有極大的裨益。"① 後來又在 1982 年香港夏文化探討會上提出三重證據法，即田野考古、文獻記載與甲骨文相結合，之後又提出五重證據法，② 不斷豐富完善已有的考據學方法和理論。鄭煒明先生曾點明該方法的突出理論貢獻：

> 饒教授研究上古史，首倡五重證據法。我對這一點的理解是：饒師是先將有關史料證據分爲直接、間接二種，再分成中國考古出土的實物資料、甲骨、金文等古文字材料、中國傳統的經典文獻與新出土的古籍（例如簡帛等）資料、中國域內外的民族學資料和異邦古史資料（包括考古出土的實物資料和傳世的經典文獻）等五大類的；前三類爲直接證據，後二類爲間接證據。他最主要的方法是通過比較研究各種證據中各類資料的關係（特別是傳播關係）與異同，從而希望得出較爲客觀的論點。③

饒先生在《論古史的重建》一文指出當今考據學發展的新方向：

> 出土文物如果沒有文獻作爲媒介說明的根據，直接的報導，只有考古學上的數據。這和當時的人地關係無法取得某歷史事件的聯繫與說明。僅有"物"的意義、沒有"史"的實證。許多人輕視紙上記載，我認爲二者要互相提攜，殊途而必同歸，

---

① 饒宗頤《序言》，蕭遙天：《中國人名的研究》，馬來西亞：（檳城）教育出版公司，1970 年，頁 2。
② 饒宗頤：《談三重證據法——十干與立主》，《饒宗頤二十世紀學術文集》第一冊"史溯"，臺北：新文豐出版公司，2003 年。
③ 鄭煒明：《卷一·史溯》，洪楚平、鄭煒明主編：《造化心源——饒宗頤學術與藝術》，香港：香港大學饒宗頤學術館、廣州藝術博物院，2004 年，頁 8。

百慮務須一致，纔是可靠可信的史學方法。[①]

即歷史考據學不僅要文物與文獻相結合，最重要的是不能爲考據而考據，而是要研究各種證據中各類資料的關係，特別是要揭示

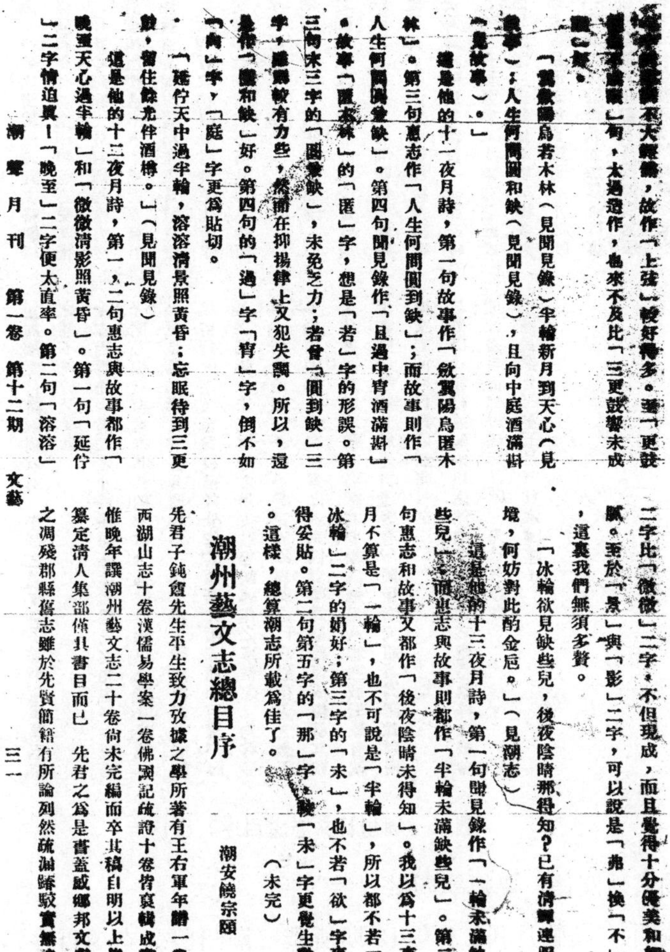

圖一 《潮州藝文志總目序》（1）

[①] 饒宗頤：《論古史的重建》，《饒宗頤二十世紀學術文集》第一冊"史溯"，臺北：新文豐出版公司，2003年，頁11。

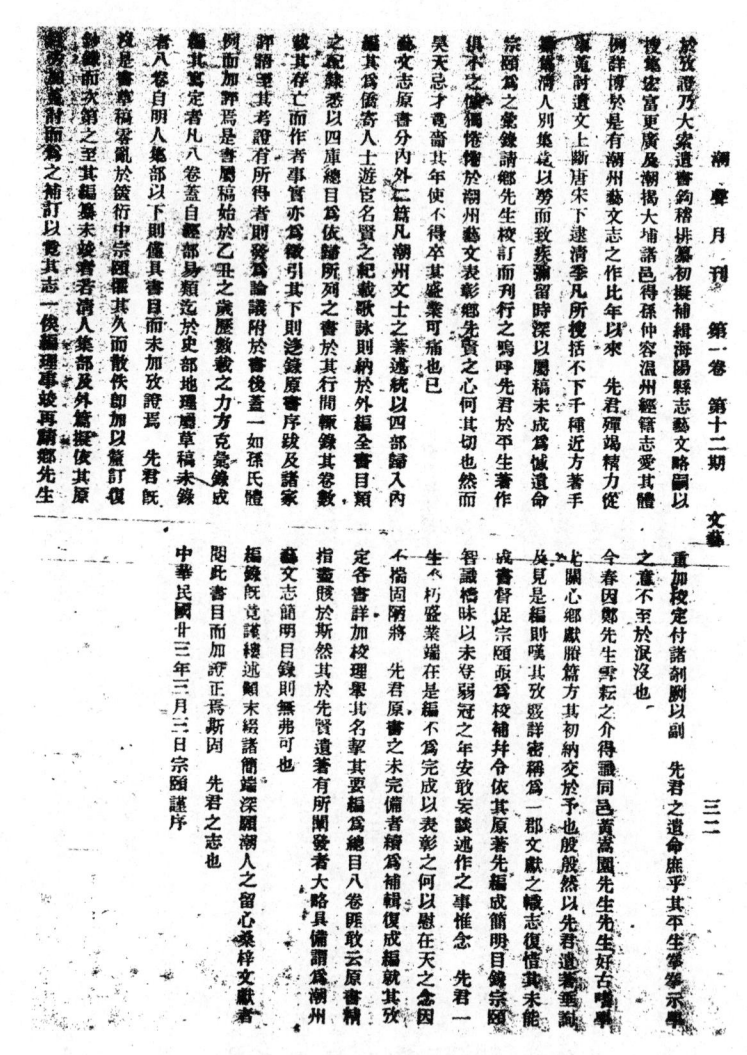

圖二 《潮州藝文志總目序》(2)

其後的人地關係，要把學問做"活"。

說明：《潮聲月刊》1卷12期所載《潮州藝文志總目序》，末尾有"中華民國廿三年三月三日宗頤謹序"，此文向不爲學界注意，實與當年9月修訂後作爲《潮州藝文志》序言發表在《嶺南學報》1935年4卷4期之文略有不同。

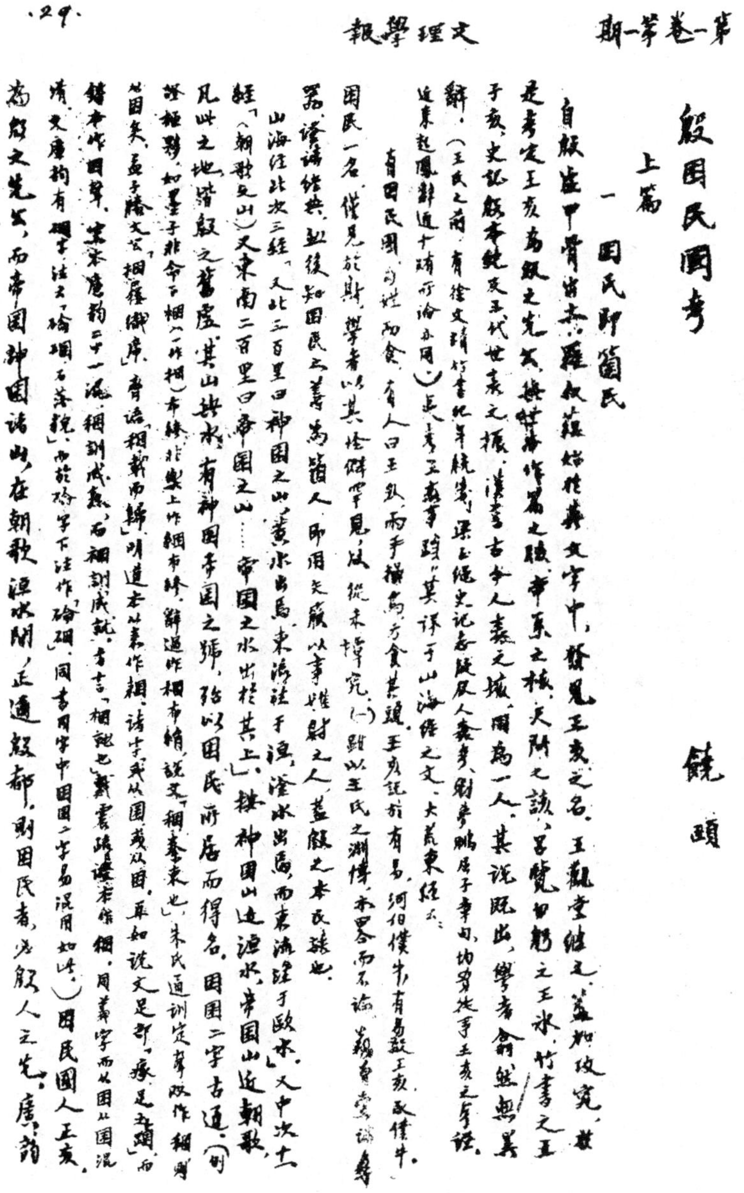

圖三 《殷囷民國考》(1)

圖四《殷困民國考》(2)

椎輪爲大輅之始：論饒宗頤先生與歷史考據學

說明：廣東省立文理學院於 1946 年 6 月 1 日出版的《文理學報》刊登《殷囚民國考》一文，罕見地以饒先生的手寫本發表，此前並未被學界發現。該文既有辨地名，又有審地望，實爲饒先生早年運用歷史考據學研究甲骨文和歷史地理之典範。

（原文收録於賈益民、李焯芬主編《第一届饒宗頤與華學國際學術研討會論文集》，濟南：齊魯書社，2014 年。）

饒宗頤與顧頡剛交誼考述

胡孝忠

　　饒宗頤幼承家學，未及弱冠已在學術界嶄露頭角，深得一代史學宗師顧頡剛青睞。饒先生曾回憶其與顧先生的淵源："我和顧先生的學術淵源，西方學人，也很知道。法國謝和耐（Jacques Gernet）爲我的文集寫推薦文也提及。在這裏，我要爲大家報告一椿事，法國漢學界友人因爲我曾受到顧頡剛先生的青眼。他們對顧先生非常尊重，曾一度把顧老提名入選爲歷史最悠久的亞洲學會榮譽會員（Membre d'Honneur de la Société Asiatique），[1] 該會會刊至今已出

---

[1] 香港中文大學新亞書院 1981 年 4 月 15 日出版《新亞生活月刊》8 卷 8 期以《饒宗頤教授獲巴黎亞洲學會推選爲榮譽會員》爲題詳細報導："本院院務委員、前中文系講座教授饒宗頤先生最近獲巴黎亞洲學會（Société Asiatique）推選爲該會榮譽會員，去年七月得該會理事會提名通過。亞洲學會成立於 1822 年，爲世界最古老而有領導地位之東方學研究機構，範圍極廣，包括近東之亞述學、埃及學，中東之希伯來、閃族、阿拉伯、伊斯蘭及伊蘭、突厥各方面之研究，遠東則印度學、中國學、蒙古、西藏學以及日本、韓國、東南亞各地語文史地之探討均爲之，會員遍及世界各地，有歷史悠久之權威性定期刊物《亞洲學誌》（Journal Asiatique）已出 268 期。1830 年該會首任榮譽會長爲 Due d'Orléans 公爵（即後來之法皇 Louis-Philippe）。近代著名漢學家伯希和亦嘗擔任會長（1935—1945）。又悉：該會榮譽會員，限於非法國籍人，須在某方面研究有高度代表性成就者方能獲選。該會自成立至今將近 160 年，世界之東方學者被選爲榮譽會員僅得 30 名。以前代表漢學之榮譽會員只爲瑞典高本漢（B. Karlgren）一人。近時中國學人膺此榮譽者僅有顧頡剛（已故）及饒氏云"。

至290期以上，顧老名字久已列在榜上。"① 學術界對饒、顧兩位先生之交誼有所涉及，② 但有待深入挖掘和研究。本文試就兩位之交誼進行考述，以此管窺饒宗頤學術事業發展歷程之一斑，或可促當今學人對古史重建和歷史地理學之發展有新認識。

一、抗戰前：《禹貢》和廣東通志館

1934年2月，顧頡剛等學者在北平發起組織"禹貢學會"，3月1日出版《禹貢半月刊》創刊號。饒宗頤在該刊1934年11月1日出版的2卷5期上發表的第一篇文章《廣東潮州舊志考》，距創刊不到一年。饒先生在文中否定"《潮志》自明宏治③以前，無可考矣"的觀點，認爲南宋乾道、淳熙之際猶有書名可考見者，明文淵閣所庋潮州府志、圖志共六部。④ 有學者認爲此文是目前能讀到的饒先生最早發表的論文。⑤

饒先生視顧先生爲知己，他説："我還要感謝我最早的知己——顧頡剛先生，他非常了不起，不拘一格，任人唯才。我是他第一個

---

① 饒宗頤：《懷念顧頡剛先生》，中國社會科學院歷史研究所、中山大學歷史系合編：《紀念顧頡剛先生誕辰110周年論文集》，北京：中華書局，2004年，頁52。
② 主要有［馬來西亞］鄭良樹：《顧頡剛學術年譜簡編》，北京：中國友誼出版公司，1987年，頁221、227—228。周少川：《治史論學六十年——饒宗頤教授訪談錄》，《史學史研究》，1995年1期；《江山代有才人出——饒宗頤教授學術成就管窺》，《陰山學刊（社會科學版）》，1996年1期；黄挺、杜經國：《饒宗頤教授的潮州地方史研究——〈饒宗頤潮汕地方史論集〉編後》，載《潮學研究（第5輯，饒宗頤教授八十華誕頌壽專輯）》，汕頭：汕頭大學出版社，1996年，頁17—18。郭偉川：《論饒宗頤教授之史學觀》，吴榕青、莊義青：《饒宗頤先生早年的歷史地理研究》，兩文均載曾憲通主編：《饒宗頤學術研討會論文集》，香港：香港翰墨軒出版有限公司，1997年。沈建華：《饒公與新古史辨》，載《華學》第七輯，廣州：中山大學出版社，2004年，頁35。胡曉明：《饒宗頤學記》，香港：香港教育圖書公司，1996年，頁48—49。陳韓曦：《饒宗頤學藝記》，廣州：花城出版社，2011年，頁16—17。嚴海建：《香江鴻儒：饒宗頤傳》，南京：江蘇人民出版社，2012年，頁27—29。姜伯勤：《饒學十論》，濟南：齊魯書社，2012年，頁118、210。
③ 引者注：此處乃修志人避乾隆諱，將"弘治"改爲"宏治"。
④ 饒宗頤：《廣東潮州舊志考》，《禹貢半月刊》，1934年2卷5期，頁33。
⑤ 王振澤：《饒宗頤先生學術年歷簡編》，香港：藝苑出版社，2001年，頁11。

提拔的人，他在《禹貢》看到我發表的文章，不知道我多大，其實我當時 18 歲。這是我最早發表的論文，此前我同顧先生都還沒見過面。在大名鼎鼎的嶺南才俊中，我是晚輩後學。"① 那麼，饒先生爲何選擇呈文顧先生呢？筆者贊同傅斯年致函顧頡剛時所言："史學的中央題目，就是你這'層累地造成的中國古史'，可是從你這發揮之後，大體之結構已備就，沒有什麼再多的根據物可找。……所以你還是在寶座上安穩的坐下去罷，不要怕掘地的人把你陷了下去。"② 顧先生可謂史學界的"無冕之王"，學人能得其指點和賞識，自然得益匪淺。

饒宗頤曾回憶他與顧頡剛及《禹貢半月刊》之淵源：

> 我少年時候，曾經是北京"禹貢學會"的會員。1936 年，③我開始在《禹貢》發表文字。1937 年童書業兄爲《禹貢》主編"古代地理專號"，我有論文二篇參加，此時我已在廣州中山大學廣東通志館工作。館藏方志近千種，使我對古代地理發生極大的興趣。流覽既廣，兼讀楊守敬的著作，漸有著書之志。我曾選集若干近賢論著，益以自己的劄記，擬編成《古地辨》一書。我又究心兩漢史事，復以餘力搜集王莽事迹，準備爲他寫一斷代史。④

1936 年 12 月出版的《禹貢半月刊》刊發了饒宗頤呈顧頡剛信：

> 頡剛先生史席：久欽名下，未獲瞻韓。企詠之私，實成饑

---

① 饒宗頤、陳韓曦：《選堂清談錄》，北京：紫禁城出版社，2009 年，頁 7。
② 傅斯年：《與顧頡剛論古史書》，《國立第一中山大學語言歷史學研究所週刊》，1928 年 2 集 13 期，頁 310。
③ 引者注：應爲 1934 年 11 月 1 日。
④ 饒宗頤：《懷念顧頡剛先生》，中國社會科學院歷史研究所、中山大學歷史系合編：《紀念顧頡剛先生誕辰 110 周年論文集》，北京：中華書局，2004 年，頁 51。

渴，道塗修阻，抗謁無由，惟於雜誌中拜誦佳製，稍慰遠慕而已。昔讀先生辨僞諸作，以鄭樵之博兼百詩之專，研覈臧否，鈎稽微眇，足使東壁斂手，際恒變色。又復扢揚地學，創禹貢學社。維昔地學大師，顧姓有亭林、祖禹，今得見先生，鼎足而三，信可高睨一代矣。不佞曾以黄仲琴先生之介紹，加入禹貢學會。自維庸劣，靡有表見，悚汗滋深。今輒以所著潮、梅史地論文四篇，曰《惡溪考》、《潮州府韓文公祠沿革（上）》、《韓山名稱辨異》、《海陽山辨》，奉呈大教，幸賜削正，再登入《禹貢半月刊》。高山仰止，實積愚誠，是用冒昧上言，瀆擾視聽，匪敢妄覬攀附，仍思他日掃門一聆清誨也。倘蒙見納，爲幸多矣。謹先奉狀，申布微悃，附呈《天嘯樓集》、《潮州藝文志》各一本，乞察收。

　　肅此，敬請道安，諸維亮照不宣。後學饒宗頤謹上。十一，六。①

此四篇文章全被 1937 年 2 月 1 日出版的《禹貢半月刊》第 6 卷第 11 期採用。時年饒先生僅 21 歲，其文章已深得當時史學大師顧頡剛賞識。可以説，這些文章奠定了饒宗頤在歷史地理學和文獻考據學領域非同尋常的起點。早在 1935 年 3 月 28 日，顧頡剛致信譚其驤就談及辦《禹貢半月刊》的目的：

　　我辦這刊物，固要使你成名，但世界上埋没了的人才何限，可以造就的青年又何限，我們縱不能博施濟衆，但必應就力之所及，提拔幾個，纔無負於天之生才。……所以我們若爲自己成名計，自可專做文章，不辦刊物；若知天地生才之不易，與

---

① 饒宗頤：《通訊一束》，《禹貢半月刊》，1936 年 6 卷 7 期，頁 84。

國家社會之不愛重人才，而欲彌補這個缺憾，我們便不得不辦刊物。我們不能單爲自己打算，而要爲某一項學術的全部打算。①

在當時禹貢學會辦刊經費並不寬裕的情況下，顧先生在同一期發表一個年輕人的四篇文章，充分體現其作爲卓越辦刊者的眼光、學識和襟懷。後來的事實證明，顧先生爲某一項學術打算、無負於天之生才的目的，在饒宗頤等一大批學者身上完全實現了。

《禹貢半月刊》之所以影響巨大，其中一個重要原因，就是該刊能在"國步維艱"的時刻，由研究地理沿革轉趨到邊疆調查研究，邊疆學、邊政學一度得以長足發展，使得學術與國運緊密相連。這是中國歷史地理學學風轉變的一大標志。爲此，該刊在1937年6月1日出版了"古代地理專號"，童書業在專號的序言中對饒宗頤的兩篇文章做了精彩點評。第一篇爲《〈魏策〉吳起論三苗之居辨誤》，童先生點評道：

饒先生的治學方法最是謹嚴，他從種種方面考出《魏策》論三苗之居的文字有誤，他的大作雖然簡短，但是影響到古代地理的研究卻是很大，因爲三苗疆域的問題關涉到夏、周、戎三種民族發展的歷史。在此以前，錢穆先生曾作過一篇《古三苗疆域考》，是一篇研究古代地理的權威文字，影響於學術界極深。饒先生這篇《辨誤》，便是針對錢先生的著作而發，錢先生已有答辨，並載本刊，兩先生的説法各有理由，其是與非，可請讀者公評。②

---

① 顧頡剛：《顧頡剛書信集》卷二，北京：中華書局，2011年，頁557。
② 童書業：《序言》，《禹貢半月刊》，1937年7卷6、7合期，頁3。

童先生乃顧先生的得意弟子，主持該專號，應是體現顧先生的辦刊宗旨。《禹貢半月刊》既刊發21歲的饒宗頤對權威提出的商榷，也登載回應文章供學界公評，促進學術討論，從側面反映出當時的學術風氣和學術水準。童先生認爲饒先生的另一篇文章《古海陽地考》確定古海陽應在江蘇，足以糾正舊説之誤。①

饒先生曾在《論古史的重建》一文中回顧這段歷史："當日古代地理研究的討論文字集中在《禹貢》一刊物，該刊亦曾印行過一期《古代地理專號》，我和錢先生討論的文章亦發表在該期，我對顧老的'古史中地域擴張'論點，已有不同的看法。"②

後人總結顧頡剛的治學特點有一個較爲公允的評價：

> 通過辦刊物來推進學術、培養人才，是顧先生治學的一個顯著特點。……現代歷史地理學領域中的大師，幾乎全是當年禹貢學會的成員。以此而論，《禹貢半月刊》可以稱爲中國現代學術史上辦得最成功的雜誌之一。顧先生爲我國歷史地理學培養了整整一代人才，爲建立、發展這一學科打下了堅實基礎，影響深遠。③

1946年3月，顧頡剛假《國民新報》副欄編輯"禹貢週刊"，重續因抗戰而中斷的禹貢學會之史地研究和出版工作。顧先生在該週刊第1期"發刊詞"中説："自學術創新以來，能打破從前書齋獨學之風，而集合數百同志，分工合作，若一大工廠之所爲，且群策群

---

① 童書業：《序言》，《禹貢半月刊》，1937年7卷6、7合期，頁4。
② 饒宗頤：《饒宗頤二十世紀學術文集》卷一，臺北：新文豐出版公司，2003年，頁10。
③ 中國社會科學院歷史研究所：《勤奮爲學 終身以之——紀念顧頡剛先生110周年誕辰》，中國社會科學院歷史研究所、中山大學歷史系合編：《紀念顧頡剛先生誕辰110周年論文集》，北京：中華書局，2004年，頁4。

力，挾愉樂鼓舞之心情以以（引者：此"以"字疑衍）赴之者，本會其嚆矢也。"① 饒宗頤在1936年11月以前就加入了禹貢學會，據筆者瞭解，他應當是唯一健在的"禹貢學會"會員。今天來考述饒、顧的交誼，實際上就是管窺近代中國學術史，尤其是歷史地理學的發展史。

顧、饒之聯繫，其關鍵人物就是饒宗頤的潮安籍鄉前輩黃仲琴。據饒先生回憶："今年（1934）春，因鄭先生翼之介，獲識黃仲琴先生。先生嗜古篤學，殷然以先君遺著為詢。……而奮心尋檢，迄於成編，則黃先生獎勉之忱，有以迪之，此又不能無感激於中也。"②

1934年2月12日，黃仲琴為《潮州藝文志》作序，表達其對饒氏父子的讚賞。潮州《金山志》是由黃仲琴輯稿，饒宗頤補輯。饒先生於1936年4月作《金山志序》提到："去歲輯《韓山志》，既竣，頗欲以餘力志金山勝迹，附此意以質考古之士。曾稍事蒐輯，得遺聞軼事，暨詩文若干篇。會同邑黃仲琴先生有《金山志》之作，以志稿屬予補錄，因將所輯附入。"③ 可見，黃、饒二人學術志趣相投，交往頗多，黃氏遂介紹饒宗頤加入顧頡剛主持的禹貢學會。

《顧頡剛日記》記載顧、黃之交往，先是在廈門大學，之後在中山大學。1927年2月16號，"與黃仲琴先生談話"；④ 2月25號，"仲琴先生來，導遊國學院及圖書館等處，宴之於南普陀。履安亦去。偕仲琴先生到振玉處看書畫，送之出校"。⑤ 顧先生於1927年4月到中山大學，"十月，任中大史學系教授兼主任"。⑥ 據1930年出

---

① 顧頡剛、譚其驤主編：《禹貢》合訂本卷七下，石家莊：花山文藝出版社，1994年，頁1。
② 饒鍔輯、饒宗頤補訂：《潮州藝文志》序二，《嶺南學報》，1935年4卷4期，頁2—3。
③ 饒宗頤：《固庵序跋》，《潮州叢著初編》，臺北：文海出版社，1971年，頁4。
④ 顧頡剛：《顧頡剛日記》卷二，臺北：聯經出版事業公司，2007年，頁17。
⑤ 同上，頁20。
⑥ 顧潮：《顧頡剛年譜》，北京：中國社會科學出版社，1993年，頁144。

版《國立中山大學一覽》可知，黃仲琴係前清附貢、江蘇省法政專門學校畢業，於"十七年二月"即 1928 年 2 月到國立中山大學任預科國文教員兼圖書館典藏部主任。① 《顧頡剛日記》記載，1928 年 2 月 29 號，"仲琴與林遂奇君來，同出，到元胎處，未晤，遂奇別去。余與仲琴訪孟真及騮先，到研究所看書。"② 3 月 1 號，"到校，導仲琴參觀圖書，到會計部交帳"。③《顧頡剛日記》中有上百處提及黃仲琴，包括一起吃飯、購書、買鞋等日常活動，可見二人關係甚密。

1929 年 1 月 8 日，香港《華字日報》發表《朱家驊請纂修廣東通志》，實爲政治分會委員朱家驊在 1928 年廣東省政府第四屆委員會政治分委員會 154 次會議決交省政府之提案。同年 11 月 9 日廣東省政府第四屆委員會第 107 次會議收到該提案，決定黃節、許崇清、伍觀淇、羅文莊擬其辦法呈覆。1929 年 1 月 4 日該會第 122 次會議通過該提案，黃節任館長。④ 朱家驊提交之《請纂修廣東通志提案》中有"家驊提議在廣東設立廣東通志編輯處，撥給官產房屋一所，暫定經費每月三千元，延聘專家，從事編輯；以三年爲初稿完成之期，以五年爲全書正式公布之期，藉助建設之大業而樹各省之先聲。"⑤ 1932 年 7 月 19 日，顧頡剛在此提案錄文後記中稱："此事爲我所發起，文由黃仲琴先生起稿而我改作之。"⑥ 以朱家驊名義發表，因朱氏時任國立中山大學副校長兼浙江省民政廳廳長，兼廣東省政府第四屆委員會政治分會委員，乃有提案權。《顧頡剛日記》也載："民國十七年中所作文字……編輯廣東通志提議案（十）。"⑦ 可見顧

---

① 國立中山大學編：《國立中山大學一覽》，1930 年，頁 343、367。已收入張研、孫燕京主編：《民國史料叢刊》1097 册，鄭州：大象出版社，2009 年。
② 顧頡剛：《顧頡剛日記》卷二，頁 137。
③ 同上，頁 142。
④ 王美嘉等編：《民國時期廣東省政府檔案史料選編》第 2 册，廣州：廣東省檔案館，1987 年，頁 37、108—109。
⑤ 顧頡剛：《寶樹園文存》卷一，北京：中華書局，2011 年，頁 285—286。
⑥ 同上，頁 286。
⑦ 顧頡剛：《顧頡剛日記》卷二，頁 237。

頡剛於廣東通志館之復開，功不可没。

1935年出版《國立中山大學現狀》記載廣東通志館之沿革：民國續修《廣東通志》，乃始於民國四年，九年閉館，十六年復開（引者：應爲十八年），十九年又停。至民國二十一年（1932），"廣東省政府決議以修志之責，付諸本校，更名曰國立中山大學廣東通志館，以今校長鄒魯兼長館務。即聘專家訂規程，積極進行，期三年以成書。"① 根據饒宗頤於1938年5月爲《潮州叢著初編》作"自序"提到"前歲冬與纂省志"，② 可知饒先生於1936年冬參加廣東通志館的纂修工作。下表爲1937年廣東通志館一份薪水檔案的部分内容：

纂修	纂修	纂修	纂修	校長秘書兼纂修	主任	職别	國立中山大學二十六年六月份薪水清册③
饒宗頤	黄仲琴	蕭漢槎	陳梅湖	冒鶴亭	温廷敬	姓名	
120.00	140.00	140.00	200.00	300.00	300.00	薪額	
						實支數	
						備考	

另一份1937年8月7日填寫的《國立中山大學廣東通志館人員名册》記載了該館纂修兼主任温廷敬等27人，其中記載饒宗頤的年齡是21歲，籍貫是潮安，學歷是"廣東省立四中肄業"，現職是"藝文纂修"，住所是"本館"。潮安黄仲琴，52歲，現職是金石纂修，住所也是"本館"。④

可見，由黄仲琴起稿、顧先生發起和修改、朱家驊提交的提議案，是促成饒先生後來能到國立中山大學廣東通志館工作的一個積極因素。饒先生當時在廣東通志館中年齡最小，學歷較低，但是由

---

① 國立中山大學：《國立中山大學現狀》，1935年，頁317。收入張研、孫燕京主編：《民國史料叢刊》第1098册，鄭州：大象出版社，2009年。
② 饒宗頤：《潮州叢著初編》自序，臺北：文海出版社，1971年，頁1。
③ 原檔藏廣東省檔案館，檔號：20-1-208-28。
④ 原檔藏廣東省檔案館。陳偉武：《選堂先生與中山大學之夙緣》，《華學》，2004年7輯，頁5有影印件。

於其出衆的學術研究能力和鄒魯、溫廷敬、黄仲琴等前輩學者的提攜，在館中承擔了較爲重要且是其擅長的工作——纂修藝文志。饒先生還回憶當時廣東通志館藏方志千餘種，占全國第二位，"那時候，我深受顧先生的影響，發奮潛心，研究古史上的地理問題。曾經把古書所有與地名有關的記載鈔録若干册，《楚辭地理考》即其時得以刊布的一種"。① 可以説，結識顧先生、到廣東通志館工作是饒先生學術生涯的重要轉捩點。在此前後，饒先生的學術研究領域由嶺南地方史轉向了更廣闊的史地研究，顧頡剛無疑是其中一位重要的指路人。

二、抗戰軍興：《責善》、新莽史和《古史辨》

顧先生善於辦刊、編報、出書，既是爲學者作嫁衣裳，也發現和培養了更多學術青年，達成其願望——像樹木一樣"斫了當柴燒"。②

1939年，顧頡剛爲昆明之《益世報》編輯《史學週刊》。③《蔡元培日記》1939年8月10日記載：《益世報》七月二十五日副刊"史學"，"有饒宗頤之《離騷伯庸考》，言伯庸即祝融。《路史·後紀》曰：'祝融，字正作祝庸'，皇考即太祖之義，非謂其父"。④ 可見此文也是獲顧先生之首肯，並經其編輯得以發表的。該文後改名爲《伯庸考》，收入饒先生的成名作《楚辭地理考》中。

---

① 饒宗頤：《饒宗頤二十世紀學術文集》卷一，頁9—10。
② 顧頡剛：《顧頡剛書信集》卷二，頁349。
③ 顧潮：《顧頡剛年譜》，頁294。
④ 王世儒：《蔡元培日記》下册，北京：北京大學出版社，2010年，頁630。

1939年9月，顧頡剛任從濟南遷到成都的齊魯大學國學研究所主任。饒先生回憶抗戰時期顧先生對他的關注和提攜道：

> 抗戰軍興，顧老移席成都，在齊魯大學主持國學研究所，創刊《責善半月刊》，他的《浪口村隨筆》是我案頭的長期讀物，我和顧老的通訊，討論虞幕的故事，他把我的《古地辨》擬目，同在1941年《責善》第一卷第十二期，一併刊出。先一年，他把我的新書序目在1940年《責善》第一卷第三期發表。他回信要我的《古地辨》作爲《古史辨》的第八册，新書列入了齊大叢刊，寄交王伯祥先生，在開明印行。顧老一生愛才若渴，對同僚及後輩，汲引提攜，無微不至，使我受寵若驚。①

《責善半月刊》出了兩年，共48期。顧先生在發刊詞中道出"借題示範、互相切磋"的創刊宗旨：

> 齊魯大學自國難中僑居成都，重立國學研究所，文學院中舊有國文及史社系，揚搉學術，其事大同。而從學者初至，恒謂志學未逮，祇緣不知所以入門，譬諸宮牆，無術攀而窺焉。憚於個別指點之煩，鑒於借題示範之急，故爲此刊以誘導之……從古大業之興，無不造端於隱而精功於漸，欲爭上流，惟須不懈。於以喚起其自信心，鼓舞其創造力，觀摩一學，切磋一題，各尋自得之深樂，同登治學之大逵，豈不懿歟！……孟子曰："責善，朋友之道"，同人行能無似，誠不敢忘此鵠的。②

---

① 饒宗頤：《懷念顧頡剛先生》，中國社會科學院歷史研究所、中山大學歷史系合編：《紀念顧頡剛先生誕辰110周年論文集》，北京：中華書局，2004年，頁51。
② 顧頡剛：《發刊詞》，《責善半月刊》，1940年1卷1期，頁2。

爲什麼選擇在"孤島"上海的開明書店出版呢？據學者回憶："（顧頡剛）在運用'孤島'學者研究力量的同時，也運用了'孤島'出版力量，因此，'齊魯大學國學研究所專著彙編'就交由上海開明書店印刷、出版和發行。主持開明書店的王伯祥、葉聖陶諸先生，有的是老同學，有的是老朋友。"①

　　1940年4月16日，時年23歲的饒宗頤首次在《責善半月刊》發表文章，題名爲《〈新書〉序》（龍門書店再版時改爲《〈新書〉序目》），開篇就提出與多數史家不同的觀點：

> 嘗謂吾國中古史中以秦新二代最爲特出，嬴秦定制，務在變古，新莽爲政，力蘄返古，各行其極，而亡也俱不逾二紀。揚子雲有劇秦之歎，予於新室，未曾不謂然也。二國享祚過促，益以苛政煩酷，不爲人所喜，後之作史，雖代有撰紀，於此獨爲抑棄，任其缺如。然秦設史官，猶有秦紀，見采於太史氏，至若新室，則曠乎無有焉。推其缺録之故，良由史官狃惑舊聞，以莽篡竊賊臣，無與於正統，夫此特一己褒貶之私見耳。而推緣其極，至於剗削文獻，泯没史實，則誠不可之大者也。竊以莽於史書，當自列爲一代，綜其理故，可得而言。②

　　饒宗頤對於作《新書》之經過及評價説："今之所述，迥異前轍，徒依摭拾，希存往迹，如此爲書，能無踳駁。徒以爬羅剔抉，頗費精理，勉以五載之勤，觕成卅卷之作，故不忍其覆瓿，聊冀藏之名山，俟彼通人，攻其違失。"③

---

① 方詩銘：《記顧頡剛先生在齊魯大學國學研究所》，王煦華：《顧頡剛先生學行録》，北京：中華書局，2006年，頁256。
② 饒宗頤：《〈新書〉序》，《責善半月刊》，1940年1卷3期，頁2。
③ 同上，頁2—3。

《〈新書〉序》文末所附《〈新書〉目錄（未定稿）》敘例還提到："凡《新書》，紀四卷，表四卷，志八卷，列傳二十四卷，共四十卷。"① 可見，這是按《漢書》體例撰寫紀傳體新莽史，雖是未定稿，但體例完備，只待史料搜集充實後，即可成書。1994 年，饒先生在京接受採訪就説：

> 通過對中國史學上正統論的研究，我從司馬光的《通鑒》上受到影響，重新考慮到《新書》的正統問題，所以沒把它最後整理出版。但是這方面的資料還存在，以後有時間還要作出來，不過形式要改變，材料也要補充。因爲從目前出土的漢簡來看，又增加了許多新莽史的內容。②

饒宗頤、李均明合著《新莽簡輯證》就是根據這一想法而撰成，輯得敦煌、居延簡牘中有關新莽史事的記錄共 800 餘則，豐富了新莽史的研究史料。饒先生在該書前言《王莽傳與王莽簡》一文中做了闡述："1940 年余撰《〈新書〉序目》，刊於齊魯大學《責善》半月刊第一卷第三期，作爲該刊首篇，至今已逾半個世紀。由於我的史學觀點的改變，故壓下遲遲未敢寫成書，另一方面，亦在等待漢簡新材料的逐漸充實。"③

《古史辨》是中國近代學術研究的一個晴天霹靂，餘波至今未消。饒宗頤回憶顧先生頗重視他，邀請其編《古史辨》第八册的情況：

---

① 饒宗頤：《〈新書〉序》，《責善半月刊》，1940 年 1 卷 3 期，頁 4。
② 周少川：《治史論學六十年——饒宗頤教授訪談錄》，《史學史研究》，1995 年 1 期，頁 30。
③ 饒宗頤、李均明：《新莽簡輯證》前言，臺北：新文豐出版公司，1995 年，頁 1。

由於我很早就參加了顧頡剛先生的禹貢學會，又在古史地上作了一些研究，所以引起了顧先生的重視，當時顧先生讓我編《古史辨》第八册，也就是《古地辨》。我爲此作了許多準備工作，全書的目錄已經列出來了，發表在齊魯大學國學研究所的《責善》半月刊上，全書的內容也都作了考慮。後來由於日本侵略的影響，《古史辨》第八册的編撰工作耽擱下來，抗戰期間輾轉各地，材料也有所遺失。抗戰勝利以後，由於我個人史學思想發生了變化，開始意識到《古史辨》的某些地方是比較草率的，特別是辨僞的方法不成熟，假定太快，有一些提法是不準確的，所以《古史辨》第八册我沒繼續編下去。①

　　劉起釪撰文憶顧頡剛編《古史辨》的經過時，曾對此事有補充："他本來打算繼續編下去，已著手編第八册，專收歷史地理之作，初步彙集的稿子托饒宗頤先生在香港編印，據饒先生面告，當日本軍入侵香港時，全稿毀失了。"② 劉氏回憶與史實略有出入，初步彙集稿子者乃饒宗頤，也非在香港編印，而是準備在上海出版。另據1945年12月造報的《私立無錫國學專修學校三十四年度教員名册》記載：饒宗頤，號固庵，男，32歲（引者：此有誤，虛歲爲29歲），籍貫廣東潮安，專任教授，給薪320元，所授課程及時數爲"實用文字學、修辭學、國學概論，共九小時"，上年度著作及研究成績"古史鈎沉、《古史辨》第八册、字源學"，到校年月"三十三年四月"，③ 可見當時饒先生在日軍入侵香港後並未放棄編輯，只是"抗戰期間輾轉各地，材料也有所遺失"，還將《古史辨》第八册列爲其

---

① 周少川：《治史論學六十年——饒宗頤教授訪談錄》，頁29。
② 劉起釪：《古史續辨》序言，北京：中國社會科學出版社，1991年，頁1。
③ 原檔藏蘇州市檔案館。見圖一。

研究（編輯）成績或即將出版之著作。至於該書之中斷出版，劉起釪未提及饒宗頤在抗戰勝利後個人史學思想發生了變化這一原因。饒先生曾專門撰文闡述其史學觀念的轉變，既有對當時學界觀點的贊同，也有爲堅持真理而提出批判。他說：

> 我對顧老的"古史中地域擴張"論點，已有不同的看法。……我認爲關於把古史地域的盡量縮小，同名的古史地名可作任意易位，這是不牢固的推理方法，這樣連篇累牘的討論是沒有意思的。在我屢次比勘之下，覺得無法接受，只有失望。所以我決定放棄第八册的重編工作，原因即在此，遂使《古史辨》僅留下只有七册，而沒有第八册，這是我的罪過。顧先生把我帶進古史研究的領域，還讓我參加《古史辨》的編輯工作，我結果卻交了白卷。
>
> 我的思想改變，我不敢説是"入室操戈"，但真理在前面，我是不敢回避的。……我的文集第一册開宗明義是討論古史問題，我所採用的方法和依據的資料雖然與顧先生有些不同，可是爲古史而嘵嘵置辯，這一宗旨老實説來，仍是循著顧先生的途轍，是顧先生的工作的繼承者。謹以此書敬獻給顧老，表示我對他的無限敬意。[①]

從以上饒宗頤的數段回憶可以看出，編《古地辨》是因爲其在歷史地理研究領域的出色表現而受到顧先生的青睞，後因抗戰遺失部分材料和個人史學思想變化而未能繼續。可以説，編輯《古史辨》第八册"古地辨"，見證了顧、饒之交誼；其中斷，是日本侵華給中國學術研究造成重大損失之又一罪證，也是饒先生史學思想變化的

---

① 饒宗頤：《饒宗頤二十世紀學術文集》卷一，頁10。

證明。

至於準備編寫《新書》，主要是饒先生"究心兩漢史事，復以餘力搜集王莽事迹，準備爲他寫一斷代史"，後受《資治通鑒》的影響而未再寫，僅發表《〈新書〉序》、《新莽職官考》、①《新莽藝文志》②等文。姜伯勤曾撰文總結饒先生青年時期治學經歷有兩個鮮明特色，③第一個特色——很强的自審精神，就是以饒先生致力於《新莽史》和《古史辨》第八册之史實爲案例，頗具説服力。另一特色，即打破南學、北學疆界，也是受到顧頡剛、葉恭綽、王雲五等學者的影響。

在饒宗頤、姜伯勤等學者其前發表的觀點之後，郭偉川將饒先生與顧頡剛、王伯祥之關係做了如下闡述：

> 他發表的《楚辭地理考》引起了顧頡剛、王鐘麒等古史辨派的注意，遂亟力欲羅致旗下。顧與王是老同學，編"古史辨"時，二人在北京是同處一室的好友。顧欲選堂先生主編《古史辨》第八册，內容專門以古代地理爲主；王則寫信給選堂先生，要他以正史的體裁重新寫王莽的歷史。他們兩人顯然都將饒先生視作重建新古史的中堅分子。因爲顧頡剛本人在古史上，有破壞，無建設，所以亟欲倚重像選堂先生這樣有才具的年輕人。而他們將"令亂臣賊子懼焉"的孔子《春秋》棄如敝屣，乃公然廢正統而就偏統，因此選擇王莽作爲翻案對象，使其於正史中厠身於帝王本紀。不惜冒天下之大不韙，爲亂臣賊子"正名"，這是何等嚴重的事！但他們自己不敢做而慫恿別人做，幾

---

① 見賀光中編輯：《東方學報》（新加坡），1957年1卷1期。
② 見廣東文化教育協會編輯：《文教》，1947年5月創刊號，署名"饒頤"。
③ 見姜伯勤：《從學術源流論饒宗頤先生的治學風格》，《學術研究》，1992年4期，頁99。

乎陷選堂先生於不義。幸得選堂先生於關鍵時刻"懸崖勒馬"，斷然中止付梓。①

另有郭景華的近著基本贊同此觀點，又補充一點："饒宗頤編《新史》，除了時代潮流的推動，也與他精神氣質裏固有的求變求異的特質有關。"②

郭偉川對顧、王與饒關係的闡述，恐有違史實，也與饒先生一貫表述不符。首先，郭氏將編《古史辨》第八冊和撰《新書》兩件事混爲一談。根據郭氏之文意，此段的"他們"即指顧、王二人。編《古史辨》第八冊與前七冊一樣，是一件很有意義，也是很重要的學術工作，故顧先生不應存在所謂"冒天下之大不韙"、"幾乎陷選堂先生於不義"之説。2005年，饒宗頤還在《九州學林》第3卷第1期發文認爲編《古史辨》第八冊很有意義，雖因戰事前稿盡失，但仍歲以來，重理舊業，又提出新看法。其次，郭氏並未公布或引用王、饒來往信函等確鑿史料來證明存在所謂的"慫恿"。③ 根據饒宗頤在1940年説"勉以五載之勤"，可證明他在1935年已開始撰寫《新書》，而王、饒二人在那時是否談及此事，還有待考證。顧氏將《新書》列入齊大叢刊，交王伯祥主持的開明書店出版，並不能證明二人是所謂的"慫恿別人做"，寫書和出書毕竟是兩回事。

---

① 郭偉川：《論饒宗頤教授之史學觀》，曾憲通：《饒宗頤學術研討會論文集》，香港：翰墨軒出版有限公司，1997年，頁168—169。
② 郭景華：《觀看之道：作爲精神史的藝術史——饒宗頤藝術史論研究》，長沙：湖南人民出版社，2010年，頁44。
③ 嚴海建提到呂思勉和王伯祥曾分別致信支持饒宗頤寫《新史》，王伯祥的信説：王莽雖然失敗了，也算一個皇帝，所以史書應該有王莽的"本紀"。饒宗頤提出：在王伯祥的書上，應該補編一個王莽本紀。嚴氏認爲饒先生關於王莽的研究没有繼續，"一方面是因爲戰爭的原因，另一方面是因爲饒宗頤對自己歷史觀念的否定。"（《香江鴻儒：饒宗頤傳》，江蘇人民出版社2012年，頁41—42）。嚴海建也未引用三人通信原文或注明出處，但很明顯未有"慫恿"一説。此處所指王伯祥的書，應該是其主編、開明書店於1936年3月到1937年3月出版的《二十五史補編》，其中就有萬斯同撰《新莽大臣年表》等。

郭氏還認爲顧頡剛"有破壞,無建設",與魯迅的觀點相同。顧先生針對這種觀點是早有回應的:"我們所以有破壞,正因求建設。破壞與建設,只是一事的兩面,不是根本的歧異。"①"所以僞史的出現,即是真史的反映。我們破壞它,並不是要把它銷燬,只是把它的時代移後,使它脫離了所託的時代而與出現的時代相應而已。實在,這與其說是破壞,不如稱爲'移置'的適宜。"② 1933 年 2 月,顧頡剛曾爲《古史辨》第四册作序講明他要請人輯錄地理方面論文專集的原因和計劃:"我自己的工作雖偏于破壞僞史方面,但我知道古史範圍之大,決不能以我所治的賅括全部,我必當和他人分工合作。數年以來,我常想把《古史辨》的編輯公開,由各方面的專家輯錄天文、曆法、地理、民族、社會史、考古學……諸論文爲專集。就是破壞僞史方面,也不是我一個人的力量所能完成。"③ 事實上,六年之後的顧頡剛曾有自編《古地辨》之意,他在 1939 年 3 月 1 號日記中寫道:"得丕繩來書,知《古史辨》在上海銷路甚好,開明書店囑其編第七册,渠擬目見示,皆三皇五帝及夏代傳說之考訂文字,凡六十萬言,並謂今年內即可出版。此日此時,此種書居然能銷,大出意外。予因有自編古代地理考證文字爲一册之意,其第一篇則爲《禹貢著作時代考》。"④《古史辨》第七册經童書業擬目,又與呂思勉合作編著,一問世即在學界引起巨大反響。正因爲編輯《古史辨》非顧氏一人之力所能完成,但又銷路甚好,影響頗大,恰巧饒宗頤的古史地研究頗有建樹,遂請其主編第八册,實乃水到渠成之學界佳話。王學典曾對顧先生做較爲公允的評價:從"破壞僞古史系統"而"建設真實的古史",由"化經學爲史學"而"化經書爲史

---

① 羅根澤:《古史辨》第 4 册"顧序",上海:上海古籍出版社,1982 年,頁 19。
② 顧頡剛:《古史辨》第 3 册"自序",頁 8。
③ 羅根澤:《古史辨》第 4 册"顧序",頁 14。
④ 顧頡剛:《顧頡剛日記》卷四,臺北:聯經出版事業公司,2007 年,頁 204。

料",將"破壞"與"建設"這兩個看似相反方向的路徑,完美地結合於"化經爲史"的學術實踐中,顧頡剛則成爲近現代由經學向史學的結構性轉換中的關鍵人物。①

當時雖然戰火紛飛,但並未阻止顧、饒二人的聯繫。1940 年 9 月 16 日出版《責善半月刊》第 1 卷 13 期發表饒宗頤《◯日爲根圍考（殷史探原之一）》,根據卜辭、《説文解字》等資料將《禮記》、《史記》對根圍的錯誤記載予以糾正。同年 10 月 16 日出版《責善半月刊》第 1 卷 15 期"學術通訊"第一則如下:

> 頡剛先生史席:承累貽《責善半月刊》,至深感謝。拙作《新書》序例,辱荷寵獎,載諸篇首,俵拙之資,何敢當此,惟有愧报!偶披張君《讀詩經新義》,至佩精博。晚夙疑《詩經》流傳迄今,文字多所紕謬,曾妄欲檢舉其誤,撰爲《詩經誤字説》,苦無暇晷。茲略舉一例以質諸高明。……晚欲得曾毅公先生《甲骨文地名通檢》,敢乞代購一部。書費若干,容再郵奉。肅此敬叩。晚饒宗頤頓首。七月六日。②

由此信可以看出,饒先生同時對新莽史、《詩經》和甲骨文都有深入研究,借助顧頡剛所辦刊物發表,以質諸學界高明。《甲骨文地名通檢》一書可能是用於其撰寫《殷代貞卜人物通考》。從代購書一事也可以看出,饒、顧二人之關係較爲密切,顧先生在多方面對饒先生予以關心和幫助。

《顧頡剛日記》1940 年 12 月 6 號記:"寫潤章、伯棠、宗頤、之屏、資深信。"③ 筆者推測此信應談及《詩經誤字説》、新莽研究和

---

① 王學典:《顧頡剛和他的弟子們》（增訂本）,北京:中華書局,2011 年,頁 27。
② 饒宗頤:《學術通訊》,《責善半月刊》,1940 年 1 卷 15 期,頁 22。
③ 顧頡剛:《顧頡剛日記》卷四,頁 456。

《古史辨》第八册的編撰及出版事宜。請看 1941 年 7 月 16 日饒宗頤回信，後以《編輯〈古史辨〉第八册（古地辨）及論虞幕伯鯀等》爲題發表在 9 月 1 日出版的《責善半月刊》：

> 頡剛先生史席：盥奉賜書，隆情渥誼，感愧無既。牽以人事，報答稽遲，罪甚！罪甚！
>
> 鄙論詩經誤字，以旅舍無書，未敢造次屬稿，僅有劄記而已。《新書》大體已就，命由齊大出版，敢不遵命！惟其間尚有待增訂處，擬改正後再行寫定付印。甚望將來有機會能將全稿面呈質正！該稿擬仿通鑑例另撰《考異》，又擬考覈新室制度與經典異同作《新制考原》；此項工作須稍費時日也。①

饒先生年少時熟讀《詩經》和《資治通鑑》，此時在香港，雖獲顧先生賜書，而牽以人事（主要指中山大學遷校，饒先生因病留港，旋佐王雲五、葉恭綽），又"以旅舍無書，未敢造次屬稿"。就算《新書》初稿已成，也要不斷增訂、改正，不惜"以今日之我，攻昨日之我"。饒先生於 1995 年總結治學經驗說：

> 我有一個特點，就是寫出來的東西不願意馬上發表，先壓一壓。我有許多文章是幾年前寫的，有的甚至是十幾年、二十幾年，都不發表。……我治學的另一個特點是敢於否定自己，比如前邊提到的作《新莽史》和編《古史辨》第八册，這兩項工作後來我自己壓掉了。對於學術問題我敢於不斷修正、自我改進。有時候關於一個問題，要寫三四篇文章，好像反反復復，

---

① 饒宗頤：《編輯古史辨第八册（古地辨）及論虞幕伯鯀等》，《責善半月刊》，1941 年 2 卷 12 期，頁 22。

其實是不斷推進。這種修正跟前邊所說的謹慎發表文章的特點並不矛盾，因爲有些領域是没人涉足的，有些考古材料是第一次發現的，在這方面我有勇氣首先去探討，不足了再改正，再補訂。治學領域廣泛是我的又一特點。①

1941 年 9 月 1 日發表的饒宗頤回信，重點談當時的學術熱點《古史辨》第八册的編輯情況：

《古地辨》目録另楮録呈，乞賜補正。其加○號者爲晚手頭所缺，香港方面亦無法借得者。其《畿服辨》數篇，敢煩王樹民先生代爲蒐集；其餘如成都可以得到者，敢乞代爲訪購，掛號寄下，無任感激！晚以修改舊稿《〈尚書〉地理辨證》、《〈路史〉國名紀疏證》，而地辨稿本時須參考；又第一篇拙作《古書地名舉例》仍未完稿，故遲延至今，尚未寄交排印，歉疚奚似！俟各稿集齊，當即寄開明王伯祥先生；預計今年年底全稿可以付印也。將來擬請先生及賓四先生各賜一長序，冠諸篇首，無任感幸！錢先生處，煩代爲致意。②

《古地辨》擬目收録了當時頂尖中國古史地研究者的前沿成果，具有重要的學術史價值。目録分"古代地理通論"、"古代民族與都邑"兩編，共收 31 位學者的 65 篇文章（其中日本學者林泰輔《甲骨文地名考》由聞宥翻譯，算兩位作者），由該擬目可以窺見當時中國古史地研究重鎮及傑出學者之分布。王樹民於 1941 年 1 月到齊魯

---

① 周少川：《治史論學六十年——饒宗頤教授訪談録》，《史學史研究》，1995 年 1 期，頁 34。
② 饒宗頤：《編輯古史辨第八册（古地辨）及論虞幕伯鯀等》，《責善半月刊》，1941 年 2 卷 12 期，頁 22。

大學國學研究所工作，應對《古地辨》擬目熟悉，搜集文章較易，其著《畿服説成變考》則在北大《潛社史學論叢》1934年第1册；束世澂著《畿服辨》載顧頡剛主編的齊魯大學《史學季刊》1940年第1卷第1期。

此信還可以看出饒宗頤是論著和文章同時進行，或新撰、或修訂，而且對錢穆的學術成就頗爲認同，故準備請其賜長序。饒先生1939年發表《離騷伯庸考》一文就引用《路史》一書之"後紀"，此次又疏證"國名紀"之内容，1947年發表《〈莊子〉裘氏考》也引用"國名紀"，是對同一本書從多角度入手、不斷改進研究成果的案例。

同在1941年，重慶的中央大學學生吳錫澤經一位程老師推薦，任顧頡剛主編的《文史雜誌》編輯，他後來回憶："總感到顧先生的用人很有點特別，他毫無門户之見，對人並能破格録用，是他最了不起的地方。"① 應當説，當時顧先生門下從事古史地研究之青年才俊不少，而他卻選擇請年僅23歲且並非在其任教之名校畢業的饒宗頤來編《古史辨》第八册"古地辨"，足證吳氏所言"毫無門户之見、能破格録用"並非個别現象。

歷史地理學一直是饒先生治學的一個重點領域，建樹頗多。我們能從其發表的學術論著中追尋其治學觀念的演變和治學方法的更新，特别是"三重證據法"的提出，是在繼承當年編《古地辨》所得的基礎上發展而來，後又發展爲"五重證據法"。饒先生撰文回憶道：

> 曩年曾應顧頡剛教授之約，以拙編《古地辨》列爲《古史辨》第八册，其目録久經於《責善》半月刊公布，因戰事前稿盡失。仍歲以來，重理舊業，欲以甲骨金文及簡帛新材料，合

---

① 吳錫澤：《雜憶顧頡剛先生》，《傳記文學》（臺灣），1969年14卷1期，頁32。

出土情況與舊書文獻作爲三重論證，重理古代地理方國部族之錯綜問題，提出新看法，以待方家之論定。①

1941年6月5日，顧頡剛受朱家驊來信邀請，由成都飛重慶，任文史雜誌社副社長、《文史雜誌》主編。② 1942年8月出版《文史雜誌》第2卷第7、8期"廣東專號"，特邀羅香林（字元一）任編輯，其中有饒先生詩《聞警迻居村夜坐月奉寄元一羊石》，羊石即廣州。

可以説，抗日戰爭對饒先生的學術研究雖有影響，但他依然與顧、羅等文史名家保持聯絡，將學術與國運緊密聯繫，不斷推進學術研究。

三、抗戰勝利後：潮州修志

抗戰勝利後，因政治和時局等因素，饒、顧兩位先生聯繫較以往減少。

1947年11月10日，汕頭《大光報·方志周刊》第32期刊登通訊《顧頡剛教授來函》：

> 宗頤先生道席：惠箋敬悉，適赴京出席參政會，久稽裁答，罪甚罪甚。閣下在《潮輯志》，立千秋之準，成百世之業，不勝喜賀。承賜大作《〈莊子〉裘氏考》一文，博覽廣引，佩服佩服，已在《天津民國日報·史與地》中披露。《北碚志》尚未出

---

① 饒宗頤：《古地辨二篇》，鄭培凱：《九州學林》3卷1期，上海：復旦大學出版社，2005年，頁2。
② 顧潮：《顧頡剛年譜》，北京：中國社會科學出版社，1993年，頁305、308。

版，蓋勝利既臨，群從星散，遂未成書。現盧局長子英，正在重聘人員，賡續爲之。……餘不一一，即頌著綏。弟顧頡剛頓首。①

此信系《顧頡剛書信集》之佚文。

國民政府分別於1942年7月27日和1945年4月23日公布的第三、四屆國民參政會參政員名單，顧頡剛均爲江蘇省代表。②《顧頡剛日記》記其於1946年7月借居耦園，8月8號"到耦園，寫魏瑞甫、汪叔棣、李延增、趙景深、金擎宇、井成泉、周振鶴、饒宗頤、辛樹幟信。"③《〈莊子〉裘氏考》一文在1947年8月4日的《天津民國日報·史與地》發表，故此通訊不是1946年8月8號所寫那封。根據通訊所載"赴京出席參政會"，查《顧頡剛日記》1947年5月20日至6月2日在南京出席第四屆第三次國民參政會，故此信寫於1947年8月4日至11月10日之間，正符合"久稽裁答"之意。

1946年秋，汕頭成立潮州修志館，開始修《潮州志》，饒宗頤任總纂。《大光報·方志周刊》正是由該館編輯，顧先生的來信纔得以在《方志周刊》發表。1949年，葉恭綽爲《潮州志》作序，認爲全書"體例愜當"、"茲則義取求真，事皆徵實，如山川、氣候、物產、交通之類，皆務根測驗，一以科學爲歸。更重調查，期與實情相副，迥殊捫籥，可作明燈。此紀載之翔確，爲全書之特色者二也。"④以科學爲歸是饒先生修志過程中的方法論自覺，乃與此前中國修志傳統大不相同者。該志分門類三十（其中1949年出版15門類，2005、

---

① 顧頡剛:《顧頡剛教授來函》,《大光報·方志周刊》(汕頭), 1947年11月10日, 第4版。
② 孟廣涵:《國民參政會紀實》下冊,重慶:重慶出版社, 1985年, 頁1056、1423。
③ 顧頡剛:《顧頡剛日記》卷五, 頁696。
④ 葉恭綽:《潮州志序》,饒宗頤:《潮州志補編》第1冊,潮州:潮州海外聯誼會, 2011年, 頁4。

2011年補刊餘下之大部），題材及體例皆精研創新，爲中國地方志的一個典範，至今仍爲編寫地方志之圭臬。顧先生所言"立千秋之準，成百世之業"不虛矣。

北碚地處重慶市北，"民國三十年（1941），四川省政府改地方行政機關爲管理局，比於縣治"。[①]盧局長子英，系盧作孚的四弟，時任北碚管理局局長。1944年4月7日，盧子英邀請北碚有關單位負責人、專家和地方紳士20餘人開會，統籌編纂《北碚志》事宜，會上成立了以時任中國史地圖表編纂社社長顧頡剛、北泉圖書館館長楊家駱、盧子英等爲首的北碚修志委員會，推選顧頡剛爲修志委員會主任委員、楊家駱和傅振倫爲副主任委員。[②]楊家駱《北碚九志序》記載，衆推楊氏爲主任委員，聘顧頡剛爲"總編纂"，[③]與傅振倫所述略有不同。查《顧頡剛日記》1944年4月7號，"北碚修志局開會結果，予被推爲常務委員，從此又多一事"。[④]1945年6月7號，"維本來，送修志局預算書。……盧作孚弟兄以抗戰將結束，北碚文化機關將各遷回原地，誠恐《北碚志》不易成書，聘予爲主任委員，欲於兩年內成之，每月經費約十四萬元，予以其爲社會事業，不涉政潮，允之"。[⑤]11月18號又記盧子英要其從當年起任北碚修志館館長。可見顧先生不同時期擔任職務雖有改變，但始終主持其事，熟悉有關情況。盧子英在北碚管理局內成立的北碚修志館，經過一年半的工作，編撰出38個分志草稿和部分零散篇章，總計約90萬字。抗戰勝利後之情形，誠如盧氏兄弟所預料，遂有顧頡剛所言"《北碚志》尚未出版，蓋勝利既臨，群從星散，遂未成

[①] 北碚修志委員會：《創修北碚志緣起》，重慶：私立北泉圖書館，1944年，頁1。
[②] 傅振倫：《北碚志例目》，尹達《紀念顧頡剛學術論文集》下冊，成都：巴蜀書社，1990年，頁725。
[③] 楊家駱：《〈以科學論文方式撰寫方志之試驗──北碚九志〉序》，臺北：鼎文書局，1977年，頁2—3。
[④] 顧頡剛：《顧頡剛日記》卷五，臺北：聯經出版事業公司，2007年，頁265。
[⑤] 同上，頁478。

書"。1948年9月南京的中國地理研究所發行《地理》季刊第5卷3、4期合刊"北碚專號",所長林超在"卷頭語"敘明《北碚志》編纂顛末:

> (北碚志)規模之大,前所未有,而編纂儘量採用科學方法,尤爲我國纂志倡一新例。地理編由本所負責主編,先後負責者有黃國璋、李承三、林超等。復員後各機關星散,編纂工作爲之中梗,惟地理志大致告竣,且多由中國學典館排版,盧子英及楊家駱兩氏擬將地理編各志先交本所付印,作爲《地理》季刊北碚專號,計共包括九志。①

1949年,楊家駱去臺灣,又將九篇編輯成冊,定名《以科學論文方式撰寫方志之試驗——北碚九志》,在臺北鼎文書局出版。該志與《潮州志》"以科學爲歸、更重調查"之特色暗合。1949年3月發表的《潮州修志館簡史》分四點報告該館成立兩年來的工作:編印《潮州先賢像傳》、全州地質礦產調查、考古工作,後兩點以科學方法進行實地調查,收穫頗豐。第四點"延攬科學家參與修志",提出現代方志的特殊價值——乃在經濟民生,尤爲真知灼見。內容如下:

> 近年國內利用科學方法編修方志者,有陝之城固,川之廣漢、北碚,黔之安順等。關於自然地理部門均曾派專家實地考察,作精密之調查,詳確之記載。良以現代志書,不在鈔錄詩文、修載人物,其特殊價值,乃在經濟民生。如水文之紀載,可作從事水利者之借鏡;礦藏之探測,可爲開採者之指針,此

---

① 林超:《卷頭語》,《地理》,1948年5卷3、4合期,頁1。

固無庸贅言而知者矣。故方志之纂輯，在廣集衆長，分工與專門，尤爲首要。本館早注意及此，雖在種種條件限制下，仍竭力羅致專家，以相從事。計參與本志工作之學術機關團體，有中央研究院地質研究所、兩廣地質調查所之於地質、礦產，南京中國地理研究所之於地圖編繪及山川、水文、氣候，潮安水文站之於氣候實測，廈門大學海洋研究所之於魚類，韓江水利工作隊之於水利，中華柑橘研究院之於農產、柑橘、昆蟲，皆於本志有相當之貢獻。①

可以看出纂修《潮州志》時所彙集的科學家和機構的水準之高、範圍之廣，真正做到"廣集衆長，分工與專門"。川之北碚即指《北碚志》，二志皆異於舊志純由地方人士任其事之傳統，在修志理念和方志的體例、內容及修志方法等方面均有相似之處。中國地理研究所所長林超，潮州揭陽人，系潮州修志館特約地質山川門編纂，參與了《北碚志》與《潮州志》之地理、地質部分的調查和撰寫，② 應曾與饒宗頤談及《北碚志》。據此推測，大概饒先生在收到顧先生 1946 年 8 月 8 號所寫信之後，回信談了編纂《潮州志》有關情況，並要借鑒《北碚志》，纔得顧氏回信談及《北碚志》的現狀。

《天津民國日報·史與地》週刊 1947 年 1 月 7 日創刊，9 月結束，刊頭乃顧先生題。發刊詞談了近 30 年來史學和地理學的長足進展，歡迎學者投來通俗且史料完備、精密考證的文章。從創刊宗旨和行文風格判斷，筆者懷疑發刊詞出自顧頡剛之手。該週刊爲顧先

---

① 潮州修志館：《潮州修志館簡史》，《大光報·方志周刊》（汕頭），1949 年 3 月 25 日，第 4 版。
② 關於林超與饒宗頤之通訊及其對編纂《潮州志》之貢獻，可參考汕頭《大光報·方志周刊》1947 年第 33 期，1948 年第 43、48、51、53 期，以及第 76 期發表饒宗頤爲林超之父、《潮州志》宗教門編纂——林建中所寫《敬悼林建中先生》一文。

生主持，故稿約中有"惠稿請賜交蘇州懸橋巷顧家花園十號文通書局編輯所轉本刊編輯部"。① 據方詩銘回憶，"懸橋巷顧家花園九號（當時的門牌），既是顧頡剛先生的寓所，又是文通書局編輯所的所址"。②《顧頡剛日記》1947年1月29號記："看詩銘所編《史與地》稿。……看《史與地》稿，訖。"③ 4月11號記："寫津《民國日報》信，寄文。"④ 4月19號記："發《史苑》及《史與地》之稿費。"⑤可見，方詩銘是《史與地》週刊之編輯（第1期有其論文《太初二年前玉門關在敦煌西北説獻疑》），但顧頡剛仍是該週刊之主編，負責審稿、將定稿寄往天津、發稿費等事。

《〈莊子〉裘氏考》一文，主要考證《莊子·列禦寇》中"鄭人緩也，呻吟裘氏之地，祇三年而緩爲儒"的"裘氏"之所在。饒文認爲，"裘氏者，《釋文》但云地名，其地所在，自王先謙、郭慶藩以來均未詳"。《經典釋文》所載崔撰訓"裘"爲儒服，不可從；也不贊同錢穆《先秦諸子系年考辨》卷二"以裘爲儒服，知緩亦儒服矣"之觀點。他根據卜辭、金文、《説文》、《廣韻》、《玉篇》、《路史》等資料得出結論："陳留，今河南開封，春秋屬鄭，是《説文》、《玉篇》之邦，洽與《莊子》鄭緩所處之裘，衛大夫食采之裘，及殷王來往之裘，同爲一地也。"⑥ 本文當屬"古地辨"一類文，爲學界解決一個久懸未決之難題。總之，此通訊反映顧先生一如既往地大力支持饒先生的古史地研究和方志纂修。

---

① 佚名：《發刊詞》，《天津民國日報》，1947年1月7日，第6版。
② 方詩銘：《抗戰勝利後顧頡剛先生在蘇州的二三事》，蘇州市地方志編纂委員會辦公室、蘇州市檔案局：《蘇州史志資料選輯》第2輯，蘇州：內部發行，1984年，頁33。
③ 顧頡剛：《顧頡剛日記》卷六，臺北：聯經出版事業公司，2007年，頁15。
④ 同上，頁48。
⑤ 同上，頁52。
⑥ 饒宗頤：《莊子裘氏考》，《天津民國日報》，1947年8月4日，第6版。

四、人民共和國成立後：北京見面

中華人民共和國成立後，因政治和時局等原因，居留香港的饒宗頤先生與顧先生聯繫減少，乃至"文革"期間失去聯繫，之後，又因緣際會，在北京得見一面。正所謂君子之交淡如水。

《顧頡剛日記》1957年5月2號記載："陳真如、黃居素、黃良庸、羅偉之、又安、洪兒來。寫孟餘先生、錢賓四、董彥堂、雪曼夫婦、吳敬軒、香林夫婦、慰堂、季明、寶璋、簡又文、饒宗頤信。"寫信目的是："政府派黃居素到港，作聯絡事宜，故真如邀其來此，囑予爲賓四寫信，能回來最好，即不回來亦望改善態度。予因作留港舊友書十一通交之。"① 陳真如即抗日名將陳銘樞，時任全國人大常委、全國政協常委、民革中常委兼理論政策委員會主委等職。② 他與黃居素友情甚篤。黃氏係廣東香山縣（今中山市）人，1932年起長居香港，1955年9月到北京，1957年4月受聘爲中央文史研究館館員，5月返港。③ 因此，顧先生的信已在寫信當月由黃居素帶回香港。饒先生時年40歲，在顧頡剛看來其可與錢穆、董作賓、蔣復璁、羅香林等學者相提並論，作爲新政權"統戰"對象，足見饒先生當時聲望和影響力；同時也可看出當時大陸的政治風氣和學術氛圍較爲良好，顧先生真心誠意希望老友們爲新中國貢獻力量。

2003年，饒先生撰文回憶："顧老爲人十分多情，我還記得他寫

---

① 顧頡剛：《顧頡剛日記》卷八，頁238、239。
② 朱宗震：《陳銘樞回憶錄》，北京：中國文史出版社1997年，頁208。
③ 黃幼微：《父親黃居素和他的〈光網樓詩〉》，載政協廣東省中山市委員會文史委員會編：《中山文史》，1998年第43輯，第45頁。中央文史研究館編：《中央文史研究館館員傳略》（中華書局2001年版）第161頁說黃居素於1957年7月抱病返港，查其所據黃任潮《黃居素其人其事》（《嶺南文史》1990年1期）一文並無此月份，故此說不可信。

給我的信有一段這樣說：'頡剛年來體力漸衰，他日相見，必當爲一老叟，少壯之日易逝，恨之何如！'他真像梁任公筆端帶有無限情感，至今猶縈繞在我的心坎之中。"① 此信寫於何時呢？1953年11月12日，顧頡剛在《法華讀書記（十八）》寫道："予今年已六十有一，體力漸衰，而現任諸職有上海市文物管理委員會及大中國圖書局，一年之中，幾無暇日可得。"② 可見，顧先生有"體力漸衰"之感始於1953年底。由"年來體力漸衰"可推測此信寫作時間距1953年11月12日不算太遠。"文革"及其之前幾年，二位先生之書信聯繫恐很少，而且與"年來"之意不符，故推測此信爲上段所述1957年信。

在特殊年代，顧頡剛仍然堅持看書。他於1967年10月26號"翻饒宗頤《殷商貞卜人物通考》"。③ 該書實名《殷代貞卜人物通考》，開創了以貞人爲綱排比卜辭的先例，在理論和方法上都超越前人，對瞭解各個貞人的占卜内容及其所屬的時代很有參考價值。饒先生因此在1962年獲得法國漢學儒林獎。

《顧頡剛日記》1978年8月8號記載："看饒鍔《天嘯樓集》。……饒鍔爲饒宗頤之父，出身商人家庭而酷好讀書，所作具有見解，乃未及五十而卒。其藏書不知解放後如何處理，頗念之。"④《天嘯樓集》可能是饒宗頤於1936年11月6日寄送給顧頡剛那本。1924年，上海的國學研究社出版《國學週刊》第60期報導"潮州饒純鈎君、蔡心覺君，設立瀛社，研究國故，發行《國故》月刊"，並說饒君通訊處爲"潮州東門頭潮安銀莊"。該刊宣言云："學之不講，

---

① 饒宗頤：《懷念顧頡剛先生》，中國社會科學院歷史研究所、中山大學歷史系合編：《紀念顧頡剛先生誕辰110周年論文集》，北京：中華書局，2004年，頁51—52。
② 顧頡剛：《顧頡剛讀書筆記》五卷下冊，臺北：聯經出版事業公司，1990年，頁3602。
③ 顧頡剛：《顧頡剛日記》卷十，臺北：聯經出版事業公司，2007年，頁765。
④ 顧頡剛：《顧頡剛日記》卷十一，頁580—581。

尼父所憂。……光宣季世，迄於共和。異說披猖，詭言日多。新潮澎湃，黑白淆亂。……爰啓瀛膏社，保國以學。"① 可見饒鍔對國學頗有研究，決心以學保國，且擁有銀莊，有充足資金收藏書。饒宗頤家學淵源，亦有可考見者焉。他在前述的《禹貢半月刊》6卷7期通訊有敘說。饒宗頤在《〈天嘯樓集〉跋》稱其父"素以振故學爲職志，於鄉邦文獻尤爲眷注，於是有蒐輯潮州藝文之舉"。② 可見饒氏父子都很關注鄉邦文獻，以振故學爲職志，藏書頗多，因此爲顧頡剛所惦記。

1980年9月，饒宗頤在成都出席中國古文字研究會第三屆年會後，由中山大學曾憲通陪同，首次於改革開放後在內地十幾個省市參觀考察，歷時三月，光博物館就看了33家。11月（原文誤寫爲10月）7日，兩位隔斷音訊多年的忘年交在北京得以相見，再續前緣，時間驗證了"他日相見，必當爲一老叟"之預言。曾憲通記錄了北京會面時的感人場景：

> 回到大廈，胡厚宣先生已在大堂等候多時了，當即由胡先生陪饒先生前往北京醫院探望顧頡剛老先生。胡先生説，顧老前些時候發燒至攝氏四十度，現已恢復正常，但患有老年支氣管炎和糖尿病，所以還需繼續住院治療；不過老人家記憶力還特別好。果然一見面，顧老就説他和饒先生已有五十多年的交情，現在還保存着饒先生30年代爲《古史辨》寫的好幾篇文章。饒先生馬上説："那是我小孩子時寫的東西，還請顧老多多批評。"顧老雖然年近九十，但五十多年前的往事卻記得如此清楚，真不簡單。饒先生説，顧老十分注重培養年輕人，獎掖和

---

① 佚名：《國學消息》，《國學週刊》，1924年7月13日，第4版。
② 潮汕歷史文化研究中心：《饒鍔文集》，香港：天馬出版有限公司，2010年，頁157。

提攜後進是他對中國學術的重要貢獻，也是他深受敬重的原因之一。回到大廈，胡先生説顧老的學生們正在爲顧老的九十大壽準備出版祝壽文集。饒先生立即表示，他一定與大家一道，共襄盛舉。①

此段可補《顧頡剛日記》當日之缺。顧頡剛是胡厚宣在北大史學系讀書時的老師，也是其在齊魯大學國學研究所任研究員時的主任。所以，胡氏應對顧、饒此段時期之交誼及編輯《古史辨》第八册之來龍去脈比較熟悉。饒對顧的評價很中肯，顧猶記得五十年前收入《古史辨》之年輕學人文章，即是證明。可惜，顧先生在此次見面後月餘即12月25日遽歸道山。顧、饒在相隔幾十年後的最後一面就顯得彌足珍貴。

紀念顧先生誕辰90周年論文集後於1990年由巴蜀書社出版，易名《紀念顧頡剛學術論文集》，饒宗頤有《説卍——青海陶文小記》文參加。《紀念顧頡剛先生誕辰110周年論文集》另收饒宗頤《契封於商爲上洛商縣證》一文，贊同顧頡剛晚年主張商人之興，由西而徂東，太史公無誤，以糾正殷爲東夷一説之非。顧老地下有知，想必報以會心的微笑。文末慨言："今值先生百齡又十冥壽之辰，敢貢蕪文，不辭衰耄握槧之勞瘁，略以表我夙蒙先生埏埴、汲引、感佩之愚誠云。二〇〇三年八月五日修訂，時年八十又七於香港盛暑。"② 少壯之日易逝，恨之何如？中國學術正是因爲有像顧老這樣的前輩提攜後進而得以不斷發展進步！

饒宗頤曾撰文總結他與顧先生的交誼：

---

① 經法：《選堂訪古隨行紀實》，饒宗頤主編：《華學》第7輯，廣州：中山大學出版社，2004年，頁24—25。
② 饒宗頤：《契封於商爲上洛商縣證》，中國社會科學院歷史研究所、中山大學歷史系合編：《紀念顧頡剛先生誕辰110周年論文集》，頁65。

一個人的學術旅程，往往是很曲折的，亦同樣是"層累造成"的。我和顧老的結緣，將近七十年，追述往事，好像重溫一遍《雲煙過眼錄》。《古史辨》的中斷，我應有責任，至於今仍耿耿於懷。古史重建事業中的史料辨證和整理工作，由於考古學的發展，新材料陸續出現的不斷挑戰，相信大家都會持續下去，再接再厲。①

　　從中可以看出饒先生對顧先生的懷念。同時，饒先生對當今學人利用新材料、新方法、新觀念去從事古史重建事業中的史料辨證和整理工作寄予厚望。《顧頡剛和他的弟子們》中有一節用"學問：情感和生命的存在方式"為題，談顧先生之學術和學品。筆者願借花獻佛，用"學問和情感——生命的存在方式"概括兩位先生之交誼，以表達對他們的無限崇敬！

（原刊於《四川師範大學學報（社會科學版）》2014年1期。）

---

① 饒宗頤：《懷念顧頡剛先生》，中國社會科學院歷史研究所、中山大學歷史系合編：《紀念顧頡剛先生誕辰110周年論文集》，頁52。

饒宗頤與顧頡剛交誼考述

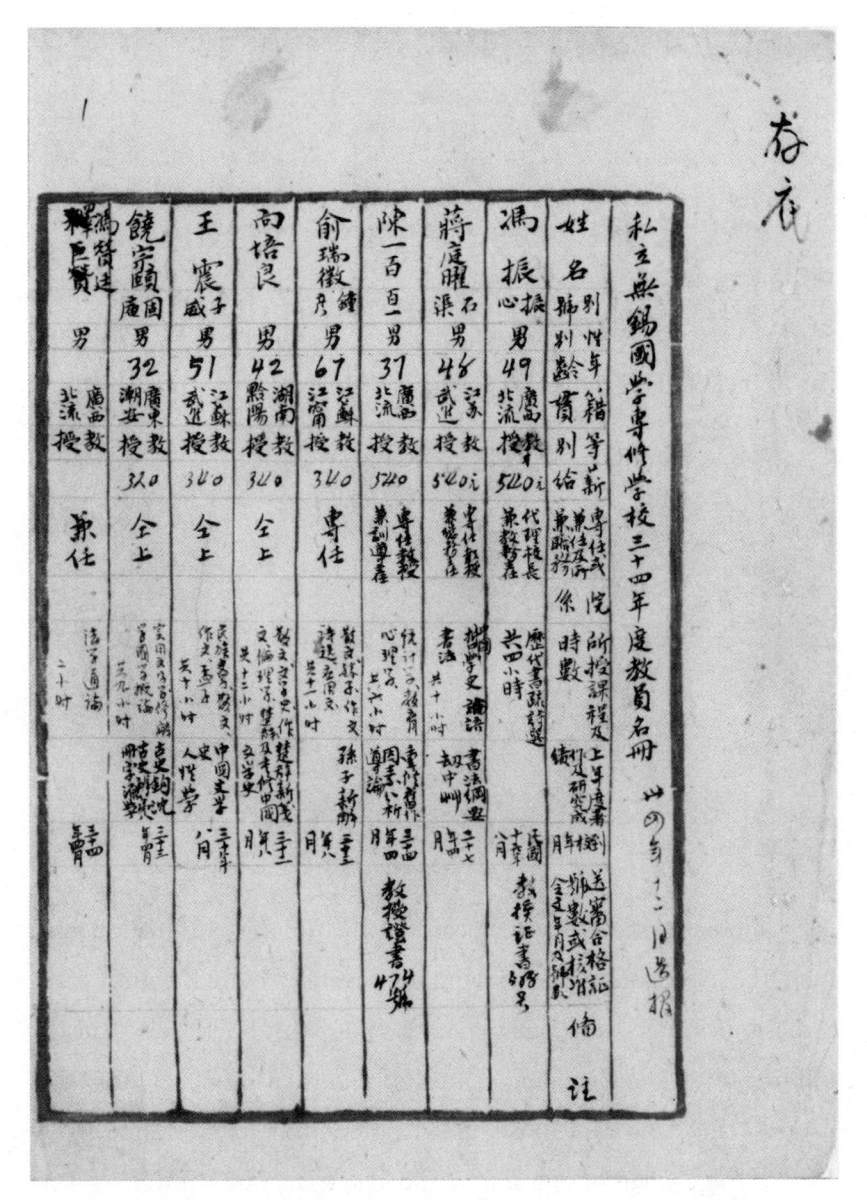

1945年12月造報的《私立無錫國學專修學校三十四年度教員名冊》顯示饒宗頤先生在桂林無錫國專任教授期間仍然堅持編輯《古史辨》第八冊（原檔藏蘇州市檔案館）

圖一 私立無錫國學專修學校三十四年度教員名冊

A Representation of the Contemporary Traditional Chinese Painting: The Art of Jao Tsung-i

Maria Cheng（鄭寶璇）　Tang Waihung（鄧偉雄）

Introduction

　　Chinese painting is a microcosm of the Chinese culture. Starting from the Neolithic stone carving, excavated colored pottery, the earliest paintings on silk, Grotto murals, brick and lacquer paintings, to the evolving genres of figure paintings, birds-and-flowers, and landscapes, the growth of Chinese painting inevitably reflects the change of cultural development and social phenomenon. The term "traditional Chinese painting", therefore, should be regarded as not only a mainstream of the specific historical period, it also witnesses the prosperity and adversity of that period and reflects the social, philosophical, or political convictions of this form of art and artists.

Chinese painting is a unique form of Chinese art and part of the Chinese culture and history. It provides an evidence of the development of the five thousand years of Chinese civilization that it records, decorates, educates, and expresses the feeling, character and the learning of the artists as well as the people at different period of time. The term traditional Chinese painting thus should not be interpreted as painting in a traditional style, otherwise it will become a synonym of "archaic" or "conservative" painting.

As genres and modes of Chinese painting have been changing in accordance with the development of Chinese economy and civilization, the term "traditional Chinese painting" refers to something that is ever-changing and ever-developing in techniques, forms, subjects as well as its inner-content. It has different implications in different periods of time. The essence of traditional Chinese painting in the present age is expressed through the artists' perception of life, their ideas and sentiments of the outside world adding beauty to the inner world of their paintings.

This article aims at restating with evidence the apparent features of what traditional Chinese painting was in the mind of Chinese people in different periods of time up till the contemporary moment. In particular, the art of Jao Tsung-i, which is an emblem of the literati from 20th to 21st century, will be taken as an example to elaborate the above-defined features and demonstrate such ever-changing nature, and therefore will act as a distinct example to the contemporary traditional Chinese painting. We refer to the works in

Collected Art Works of Jao Tsung-I（Tang, 2006）as the major reference of Jao's achievements in the art of painting.

Meaning of Traditional Chinese Painting in Various Time Periods

A form of record

Chinese painting has a long history, however, the origins of Chinese painting may vary according to different schools (see Wu, 1997; Yu, 1998; Zhang, 2002), and up to now, no conclusion has yet been reached. Nevertheless, traces can be found in the remains of painting thousands of years ago. Painting or engravings found on precipitous cliffs in Qinghai, Sichuan, Yunnan and Guizhou in Southwest China; Fujian in East China and Mount Yinshan in Inner Mongolia; Altai in China's extreme west and Heihe in the far north are good examples. The objects painted and engraved are mainly hunting scenes, and images of nature such as the sun and the moon, wave and cloud. Themes of these rock paintings（岩畫; *yan hua*）, depicting religious rituals, production and human activities, such as hunting and fishing, though may vary from the southern to the northern areas, the painting itself is a form and tool recording the economic and social life of the ancient ancestors of the Chinese people. These paintings convey messages and information about how they were threatened by the wild and cruel environment and how they survived. In addition, a decoration of this kind also gives us a rich imagination of these ancient, primitive ancestors and their custom of face-painting and body-tattooing which expressed their aesthetic understanding, psychological condition and embraced cultural connotations (Song, Zhang and Zhang, 2006).

We can also take reference from the record of the "Myth of the God of Water" (水神傳說) in Li Daoyuan's (酈道元) *Commentary on the Waterways Classic* (水經注; *shui jing zhu*) (Yu, 1998: 11).[①] According to this book, Lu Ban (魯班), the legendary founder of craftsmanship, recorded the appearance of the God of Water with his feet. In such perspective, painting is also being utilized as a way of recording.

However, this function of painting as a form of record diminished in the later period. In accordance with *Record of Painting Collection of Emperor Huizhong* (宣和畫譜; *xuanhe hua pu*) (Yu, 1964: 127; Barnhart, 1997: 110 – 112), Gu Hongzhong (顧閎中 c. 910 – c. 980), a court painter who served the last prince of the Southern Tang state, was sent to surreptitiously glance the scandalous and depraved behaviour of the statesman Han Xizai (韓熙載). In the handscroll "The Night Revels of Han Xizai" (韓熙載夜宴圖; *han xizai yeyan tu*) attributed to Prince Li Yu (李煜), a setting of palatial rooms with the portrait figure of Han Xizai was seen, and a debauchery and debauched life of a privileged stratum was depicted and recorded. However, in the postscript of this record, the editor of this book pointed out that this kind of painting should not be

---

[①] Original text in Chinese as recorded by Yu Jianhua (1998: 11): 酈道元《水經注》: "舊有忖留神像。此神嘗與魯班語, 班令其人出。忖留曰: '我貌獰醜, 卿善圖物容, 我不能出。' 班於是拱手與言曰: '出頭見我。' 忖留乃出首。班於是以腳畫地。忖留覺之, 便還沒水, 故置其像於水, 唯背以上立水上。"

regarded as what painting should be. That is to say, painting aiming at recording is no longer regarded as a mainstream.

A form of decoration

Since the period of New Stone Age, art began to serve as a decorative means. As explained in Wikipedia (2007a), "Earliest Chinese painting was ornamental, not representational. That is, it consisted of pattern or designs, not pictures. Stone Age pottery was painted with spiral, zigzags, dots, or animals. It was only during the Warring States period (403 - 221 B. C.) that artists began to represent the world around them". The earliest works of Chinese art acting as a form of decoration emerged with the Yangshao Culture (仰韶文化), as it occurred in the Neolithic Age about 5000B. C. to 2000B. C. (Wikipedia, 2007b), and Longshan Culture (龍山文化) was a late Neolithic culture which was also noted for its high-quality black pottery (Wikipedia, 2007c).

These cultures saw the flourish of coloured pottery making with a design of human faces, fish, deer, frogs, the sun, the wave, etc., it indicates that painting was being used by the ancient Chinese in decorating their daily accessories. Some of the patterns or designs on the potteries found in Yangshao and Ma Jiayao (馬家窰) are very realistic, but symbolic patterns are also found. For example, the pattern of a cross has already been recognized by the archaeologists as the symbol of the sun. And in the two typical types of Yangshao potteries called Banpo and Miaodigou, a series of multi-coloured geometric patterns of spirals and arcs painted in broad or thin horizontal bands, with some in zoomorphic and anthropomorphic patterns are found (Wu, 1997: 17 - 18; Yu, 1998: 2 - 3).

According to Zhang (2002: 10), four characteristics of these paintings are noted. First, such kind of printing is closely related to the kind of life that people of the Neolithic Age pursued, and it reflects their feelings and emotions. Second, these paintings, though decorative, express the active and vivacious life of their creators, and are closely related to the decorative painting on lacquerware, or painting per se, that developed in later ages. Third, some of the signs that appear on the coloured potteries which look like writing may have been the forerunner of the hieroglyphic writing that matured during the Shang and Zhou dynasties, or sixteenth to fifth century B. C. And fourth, judging by the rich, unearthed materials, Chinese painting and Chinese industrial arts have developed side by side, and such a parallel development has contributed tremendously to the national characteristics of Chinese painting.

Besides the prehistoric potteries and inscriptions on bones or tortoise shells in the Shang Dynasty, painting being used as a form of ornament developed till its climax in the Shang and Zhou Dynasties — the period of bronze civilization, and it developed from a sign to a decoration of bronze and pottery utensils. And the designs that decorate the pottery and bronzes of ancient time are the beginnings of pictorial art and painting while oracle bone writing and bronze inscriptions are the roots of calligraphy (Hough, 2007a). Thousands of bronze vessels that were used for ritual purposes (Falkenhausen, 2001), for memorial ceremony, for holding food or wine, can still be seen in the present. The patterns on the early Shang bronze vessels, though simple, already had a great sense of design. Up to the early Zhou Dynasty, the patterns of bronze vessels had already been very delicate and elegant with ornate zoomorphic and geometric motifs, and its design, including those of legendary animals and birds, real animals and birds, plants, clouds and waves, were all done in a very skillful way. As observed from a duck-shaped lacquer box with dance and music scene, it "demonstrates the artist's awareness of the divergent functions and visual effects of representation and decoration" (Wu, 1997: 19), and similar work integrating both geometric and pictorial elements "shows remarkable advances in both spatial conception and temporal representation" (Wu, 1997: 21).

In the later days, painting was being used as design on clothing in the Zhou Dynasty. In the ancient Chinese classics, the design for the emperors and various ranks of officials were recorded in details; other evidences were also found in the stone paintings (畫像石; *huaxiang shi*) of Wuliang Shrine on which the hats and dresses matched with the ranks and titles of their masters (Wang, 2004). Further, as exhibited in the two famous excavated silk banners "A Woman, a Phoenix and a Dragon" (美女龍鳳圖; *meinü longfeng tu*) and "An Immortal Riding on a Dragon" (人物御龍圖; *renwu yulong tu*) which are the oldest surviving silk paintings (帛畫; *bohua*), a remarkable artistic achievement was seen (Wu, 1997: 22; Zhang, 2002: 12 – 14; Fong, 2003: 265). And painting applied on various instruments, weapons, clothing and vessels continued to be the major form of painting up till the Han Dynasty while silk painting reached its artistic peak in the Western Han Dynasty.

In the Han Dynasty, painting started to be used as a decoration of houses for immortal and tomb. According to the excavated grottos and tombs, six major themes of murals are found: first, celestial phenomena, gods and goddess; second, legends of sages, dutiful sons and women of integrity; third, daily life of the masters of tombs; fourth, outgoings of officials with carriages and horses; fifth, production within manors which reflects the condition of the manor economics; and sixth, buildings and towers (Jin, 1997).

In a tomb of the Northern Dynasty, the wall was decorated with an engraved painting of Seven Worthies of the Bamboo Grove (竹林七賢; *zhulin qi xian*). And during the mid-Tang Dynasty, the disciples of Wu Daozi (吳道子, 685–758) began to paint landscapes and Buddhist portraits in a more free style, definitely also indicating that those paintings aimed more at the purpose of appreciation and decoration of the Buddhist or Taoist temple (Zhang 1963: 176–177; 2001: 82). In Volume 9 of *Famous Paintings through History* (歷代名畫記; *lidai minghua ji*), there are records of many painters who painted the walls of the Buddhist or Taoist temples for ornamental purpose. Take one example, Zhang Cang (張藏), one of the disciple of Wu Daozi, acquired a swift brush style and his inspiration is like a fast flowing spring. According to the literature, Zhang Cang could paint ten walls in a temple in less than ten days (Chen, 1987: 191).

In the recent decades, the tombs of Prince Zhanghuai (章懷太子) and Princess Yongtai (永泰公主) of the Tang Dynasty were unearthed by the archeologists. And the walls of these tombs were all decorated with paintings of the portraits of the masters of the tombs and also their attendants. These paintings, though, have their religious reason, the sense of decoration is quite obvious as those attendants were being painted so they could still serve their masters in the other world.

Apart from being a form of decoration for the immortals, painting, starting from the late Han Dynasty, also served as an ornament for the houses of mortals. Xue Ji (薛稷, 649 – 713), who was very skillful in the painting of flowers, birds and figures, was especially famous for painting crane which symbolizes longevity. In fact, the painting of six-fold screen of cranes was initiated by him (Chen, 1987: 86).

Starting with the Eastern Jin Dynasty, painting and calligraphy in China were the most highly appreciated arts in court circles and were produced almost exclusively by the amateurs, including the aristocrats and scholar-officials, who had the leisure time necessary to perfect the technique and sensibility required for great brushwork (Wikipedia, 2007a). In the Tang Dynasty, the painting for decorating royal buildings and houses of the nobles and senior officials became the main trend of painting. One famous painters of this kind was Li Sixun (李思訓, 653 – 718) who was a great-grandson of the founder of the Tang Dynasty as well as the representative painter of the period of the Emperor Xuanzong (唐玄宗). According to *Famous Paintings through History* (歷代名畫記; *lidai minghua ji*), Li Sixun, being a royal relative and a general in the period of Emperor Xuanzong, had access to all the treasures of the palace. Both he and his son Li Zhaodao (李昭道) were very skillful in landscape painting. Li Sixun is particularly renowned of his superb capability in capturing the spirit of landscape painting. Emperor Xuanzong once asked Li Sixun to paint landscape on the wall of Datong (大同) palace and on screens, and he said to Li Sixun a few days later: "Your landscape painting on the screen can actually generate sound of the river."① Li's epoch-making landscape painting was so highly appreciated that he was later recognized as the founder of the Northern School of Chinese painting (Chen, 1987: 99; Ferguson, 1927: 68; Cohn, 1950: 45 – 47).

Painting for decorative purpose was more obvious in the Song Dynasty. Plentiful examples can be found in various records of painting history. For instance, according to Ye Mengde (葉夢得)'s *Bishu Luhua* (避暑錄話), the original Royal Academy was at the back of the Superior Court, and it was divided into three parts with walls in between. Bao Xun (鮑詢), an academy painter painted flowers and bamboos on the walls, and on the opposite wall, Guo Xi (郭熙) painted the evening scenes of Spring River.② And when Guo Si (郭思), who was Guo Xi's son, passed the Royal Examination, Guo Xi was so glad to paint four walls of landscape in the Temple of Confucius. The painting was strong as well as elegant that Guo Xi said, "These are the best of my work".③

---

① Original text in Chinese: 李思訓,開元中除衛將軍,與其子李昭道中舍俱得山水之妙,時人號大李、小李。思訓格品高奇,山水絕妙,鳥獸、草木,皆窮其態。昭道雖圖山水、鳥獸,甚多繁巧,智慧筆力,不及思訓。天寶中,明皇召思訓畫大同殿壁,兼掩障。異日因對,語思訓曰:"卿所畫掩障,夜聞水聲。"通神之佳手也。國朝山水第一。故思訓神品,昭道妙上品也。《唐朝名畫錄》)
② Original text in Chinese as recorded in《避暑錄話》卷上頁28:舊學士院在樞密院之後,其南廡與樞密後廊中分,門乃西向。主堂本以待乘輿行幸,非學士所得居,惟禮上之日,得略坐其東,受院吏參謁而已。其後為主廊,北出直集英殿,則所謂北門也。學士僅有直舍,分於門之兩旁,每鎖院受詔,乃與中使坐主廊。余為學士時,始請闢兩直舍,各分其一間,與北門通為三,以照壁限其中。屏間嘗詔鮑詢畫花竹於上,與玉堂郭熙《春江晚景》屏相配,當時以為美談。
③ Original text in Chinese as recorded in張邦基《墨莊漫錄》卷四:郭熙,河陽溫縣人,以畫得名。其子思,後登科,熙喜甚。乃於縣庠宣聖殿內圖山水寀石四壁,雄偉清潤,妙絕一時。自云:"平生所得極意於此筆矣。"

229

From all these historical records showed above, we can see that painting, no matter on various media such as the walls, paper, or silk, was employed for various decorative purposes particularly for official buildings as seen in the Tang and Song Dynasties.

A form of education

Apart from the recording and decorative purposes, Chinese painting also holds a didactic role both in ethical and religious contexts. In accordance with the Confucius sayings, the Shang people emphasized on religion (殷人尚鬼; yinren shang gui), and the Zhou people emphasized on ritual (周人尚禮; zhouren shang li). It is noted that in the Zhou Dynasty, another form of painting as a kind of ritual paraphernalia on the walls of national temples (宗廟; zong miao) of the emperors and the temples of senior officials gradually took the place of design as the major trend of painting. It is recorded in Chapter 3 of the *Analects of Confucius* [3: 15] that Confucius once visited the previous national temple of a ruling house of early Zhou Dynasty and made a statement after viewing the paintings on the walls:

When Confucius entered the Grand Temple, he asked about everything. Someone said, "Who said Confucius is a master of ritual? He enters the Grand Temple and asks about everything!" Confucius, hearing this, said, "This is the ritual."[1]

---

[1] Original text in Chinese in the Analects of Confucius《論語·八佾》: "子入太廟,每事問。或曰:'孰謂鄹人之子知禮乎?入太廟,每事問。'子聞之,曰:'是禮也。'" English translated by Charles Muller, see http://www.hm.tyg.jp/~acmuller/contao/analects.html#div-3.

It is evidenced that Confucius was deeply impressed by the past glories of the Three Dynasties Period of Xia, Shang and Zhou as reflected in the painting.

According to archaeological discoveries and records, the paintings of the Shang and Zhou dynasties were not restricted to decorations on vessels. Throughout the feudal Zhou dynasty to the Han dynasty, there were already temple murals depicting stories and portraits with distinctive facial features, clearly having a didactic purpose and ethical function. And palaces and temples, as well as royal tombs, were decorated by sumptuous mural paintings, with religious and moral themes (Cheng, 1994: 5; Liao, 2002: 11). The distinct example is found in Wuliang Shrine which was a small ancestral temple built in front of the tombs of the Wu family who worked as officials for generations at the end of the Eastern Han Dynasty. This shrine is famous for the beautiful paintings and fine stone inscriptions.

In the Han Dynasty, all the rulers had their palaces decorated with elaborate murals with two thematic categories: ethical and religious. Since Han Dynasty inherited a centralized administration and a big-landlord economy, the government attempted to control and uniformize people's thought so as to strengthen its feudal rule (Zhang, 2002: 19). In Wu's view (1997: 27), "The imperial promotion of Confucian ideology inspired two related kinds of painting: illustrations of Confucian moral tales and iconic images of Confucius and his disciples, which were both displayed in the palace and copied throughout the country." And Confucian ideology and his aesthetic perspective have great influences on Chinese painting later on, especially the figure painting (Chen, 2003). A scroll painting by a pre-Tang master Gu Kaizhi (顧愷之, ca. 345 – 406) titled "Admonitions to the Court Ladies" (女史箴圖; *nüshi zhentu*) is feudal and moralistic in conformity with the Han tradition and belongs to the didactic kind of painting favoured by the early Confucianists, illustrating a moralizing text which is made up of advice on matters of deportment delivered to ladies of the imperial harem by the Court Preceptress (Cahill, 1977: 14 – 15; Shaw, 1988: 193; Zhang, 2002: 39). In Sullivan's (1999: 21) view, "Two thousand years ago, in the Han Dynasty, the painting was generally a portrait or an illustration to a story, a descriptive poem, or a classical or didactic text."

On the other hand, Buddhism and Taoism have also tremendous influences on Chinese painting (Shaw, 1988). The wall paintings in the Buddhist and Taoist temples that existed in the late Han Dynasty and up to their climax in the Tang Dynasty can also be regarded as a form of education, either in rites or religion. Zhang Yanyuan (張彥遠) once said in his work *Famous Paintings through History*, "The mission of painter is to express human relationships for didactic purposes"① This quotation can represent what painting should be at the pre-Tang period. Among the temples and grottoes excavated, Buddhist themes stressing the ideas of transmigration from the "bitter sea of life" were found on the murals painted during the Northern Dynasties (Xiao, 2002: 23). In addition, religious painting with scenes of the Buddha preaching with monastic ideals and

---

① Original text in Chinese as recorded in《歷代名畫記》: "畫者，成人倫，美教化。"

doctrines are widely seen on the walls of the Dunhuang Murals (Shih, 1993).

In the later periods, religious paintings flourished in the Sui and Tang dynasties. The "Master Painter" Wu Daozi (吴道子) who painted murals on more than 300 walls in palaces and temples were noted for his outstanding Taoist and Buddhist figures (Wu, 1997: 73; Xiao, 2002: 29). His religious paintings had strong impact on the common people. His depictions of Hell in the Xiangji Monastery and in the Guizong temple of Lo Shan were so terrifyingly real that many people like butchers and fishmongers who saw his paintings ceased their butchering activities and changed their occupations, cultivating a moral life and following vegetarian diets, causing fish and meat markets to plummet (Chen, 1987: 209; Wu, 1997: 74; Fong, 2004: 264).

A form of self-expression of feelings and sentiments

Chinese painting developed into another direction at the post-Tang period. Song Dynasty, the next era after Tang, is a significant period in the history of Chinese painting as painting is being regarded as an independent as well as a superior form of art. For example, an imperial academy of painting, which was much larger than its predecessors in terms of scale, was established within the government structure. Artists or painters associated with the academy were well paid and ranked as high officials (Zhang 2002: 92). Since then, painting was not just for didactic or decorative purposes but also developed as an essential discipline of Chinese art.

Painting was then pervasively used as a medium for self-expression by the Song literati and painters. It became a form of art to represent literati's own feelings and sentiments and that resemblance in shape and form was generally not the main concern of painters. As in a poem by the great Song scholar and poet Su Shi（蘇軾, 1036 – 1101）, "if anyone discusses painting in terms of formal likeness, his understanding [of painting] is nearly that of a child" (Bush 1971: 26).[①] When Su was challenged why he painted the bamboos with vermillion as there was no real bamboo in such colour. Su simply responded that "were there any bamboo in black",[②] as he referred to those bamboo paintings commonly in ink. Su's painting of bamboo was, however, initiated from his own feelings, a representation of self-expression of sentiments at that particular moment through the special form of art, without any concern about resemblance issues, or any thought of ornamental purposes. In fact, some of Su's bamboo paintings in ink were drawn from the bottom edge of paper up to the top seam with no indication of any bamboo nodes.

Another outstanding painter at the same period, Mi Fu（米芾, 1051 – 1107）, who was also a professional calligrapher, is renowned of his special and unique representation of art. Mi used horizontal dots blended by right proportion of water and ink, known as the "eggplant dots style"（落茄法; *luoqie fa*）, to form mountains through "dotting by brushes" in his landscape paintings (Zhang 2002: 109). Mi emphasized more on the audacity of moving brushes with ink instead of caring about mimetic representations. In fact, the

---

[①] Original text in Chinese: "論畫以形似，見與兒童鄰。"
[②] Original text in Chinese: "竹又那有黑色", see《畫繼》卷三《軒冕才賢》。

fusion of calligraphy and painting can be well illustrated by Mi's symbolic expression of nature and subject matters. The painting of coral imbedded in the surviving scroll *Coral Tree*（珊瑚帖；*Shanhu tie*）is a typical example of his free style calligraphic technique of painting（Fong 1984：91）.

In the Southern Song Dynasty, Yang Wujiu（楊無咎，1097 - 1171）was perhaps the pioneer in placing lyrics in paintings. In his *Four Variations of Plum Flower*（currently held in the Palace Museum of Beijing）, Yang depicted the appearances of the four life stages of plum flowers（Zhang 2002：127）, namely, "flower budding"（含苞）, "budding to bloom"（待放）, "full blossoming"（盛開）and "flower withering"（凋謝）. A lyric was annexed to each stage of plum flower painting to express his personal feelings and emotions through the different representations of plum flower blooming.

Later in the Jin（金）state（1115 - 1234）, Wang Tingyun（王庭筠，1151 - 1202）made use of ink to represent the *Secluded Bamboo and Withered Tree*（幽竹枯槎圖）（currently held in Osaka Municipal Museum of Art in Japan）with his free manipulation of brush strokes（Cahill 1977：94）. At the end of the handscroll, Wang wrote a colophon in free script style calligraphy saying that he hated the vulgarity of the world and preferred to conceal in Mount Huanghua to enjoy the secludedness and tranquility that he could occasionally and leisurely pick up a brush to draw pictures of tall bamboo and withered tree just for the sake of self-expressing.① In this script,

---

① Original text in Chinese："黃華山真隱，一行涉世，便覺俗狀可憎。偶拈禿筆，寫枯木修竹，自料理耳。"

Wang explicitly stated that he painted only to express his own emotions and feelings.

Chinese painting's development since the Song Dynasty

During the Song Dynasty, in view of the flourishing development of culture in the Tang Dynasty, China was embraced with archaic thoughts of preceding eras. In one of his inscriptions, Su Shi highly praised several academic and artistic masters whose achievements were considered significant in standard at that period. He concluded that "high standard of poems was achieved by Du Fu （杜甫，712 - 770）, essay writing by Han Yu （韓愈，768 - 824）, calligraphy by Yan Zhenqing （顏真卿，709 - 785）and painting by Wu Daozi （吳道子，active ca. 710 - 760）". [1] Moreover, the paintings of Wang Wei （王維，699 - 759）in the Tang Dynasty were particularly favoured by Su Shi, Mi Fu and many other Song scholars. Such favouritism was in fact an early sign of later integration of poetry, calligraphy and painting permeated among the literati.

Besides, the Song literati were generally in favour of adopting the way of painting by those archaic masters upholding that paintings should carry elements beyond mere representation of subject matters, such as calligraphy, poem, lyric, literary works, in order to fully express the painters' personal feelings and emotions. According to Sullivan （1999）, Chinese painting, poetry and calligraphy are "the three perfections" that poetry and painting were

---

[1] Original text in Chinese："君子之於學，百工之於藝，詩至杜子美，文至韓退之，書至顏魯公，畫至吳道子，而古今之變，天下之事畢矣。"（東坡題跋）

scholars' occupations which helped to express their moods and feelings (1999: 23), and their sentiments would be elegantly expressed if their handwritings were accomplished (1999: 27). Until the Yuan Dynasty, such concept of orthodoxy on traditional painting began to take shape and the mainstream of literati painting was paradigmatically defined (Bush, 1971).

Painting in the Yuan Dynasty was well developed by Zhao Mengfu (趙孟頫, 1254 - 1322) and Qian Xuan (錢選, ca. 1235 - before 1307). Zhao and Qian were great painters and erudite scholars, and were also experts in poetry and lyric. They were certainly nostalgic of the old monarchy (the Tang regime) and therefore attempted to revive the traditional and archaic styles of painting by advocating the techniques of the great masters of Tang and the Five Dynasties.

With their advocation and dedication, the Four Great Masters of Yuan, namely, Huang Gongwang (黃公望, 1269 - 1354), Wang Meng (王蒙, ca. 1308 - 1385), Ni Zan (倪瓚, 1301 - 1374) and Wu Zhen (吳鎮, 1280 - 1354), then arose. Since then, the term "tradition Chinese painting" was well established without much alteration until date. Among the Four Masters, Huang Gongwang was recognized as the next master after Zhao Mengfu (Cahill 1976: 89). In fact, Huang followed the school of Dong Yuan (董源, active late 10th C., d. 962) of the Five Dynasties and Juran (巨然, active ca. 960 - 985) of the Song Dynasty (Ju was Dong's disciple). Huang used hemp-fibre strokes as Dong to represent the landscape of southern bank of Yangtze River through an additive and repetitive process with texture strokes. His paintings showed a style of simplicity and naïveté releasing a flavour of leisure but with rightness.

The second great master Wang Meng （王蒙）, the youngest among the four, was the grandson, on his mother's side, of Zhao Mengfu. Wang had probably received instruction in painting about the archaic styles of Tang masters from his grandfather at his early age as Zhao died when Wang was only fourteen (Cahill 1976: 120). Wang later broadly adopted painting techniques from various schools and his paintings therefore demonstrated his distinctive individuality style with diversity in the way of representing the phenomenon of nature such as mountains, rocks, waters and trees, a style with an effect of profusion displaying remarkable richness in complexity and variety.

The third great master Ni Zan admitted that his painting was a self-expression of feelings. Ni did not look for resemblance in his painting but represented subject matters just with a few free probably illogical strokes mainly for self entertainment purposes. ① Though nothing is recorded regarding about how Ni learned to paint, his painting style could still be traced to the masters of the Five Dynasties such as Jing Hao （荆浩, ca. 855 – 915）, Guan Tong （關仝, early 10th C）, Dong Yuan and Li Cheng （李成, 919 – 967）, but in a much simplified form with particular emphasis of "plainness and blandness" (Cahill 1976: 119).

The last of the Four Great Masters of Yuan is Wu Zhen （吳鎮, 1280 – 1354）. Although Wu was in a profession of fortune-telling,

---

① Original text in Chinese："逸筆草草，不求形似，所以自娛。"

his landscape paintings demonstrated a remarkable fluency and strength in the movements of brush to form lines and strokes. Wu's drawings of plum and bamboo were also able to represent such essence of style.

The Four Great Masters of the Yuan Dynasty were all outstanding at learning and adapting the archaic styles of their predecessors to form their own individual styles. Their paintings were mainly for expression of own emotions and mind, and were full of poetic feeling and literary sense. Thus, the definition of orthodox traditional Chinese painting was then developed and established by the time of the four Yuan masters.

In the Ming Dynasty, Dong Qichang (董其昌, 1555 - 1636) advocated the theories of "Northern and Southern Schools", and he highly praised of the literati painting tradition while belittling the academicians and professionals, thus making painting a privilege of the literati. (Cahill, 1977: 149)

The view of painting in the Qing Dynasty did not make a big difference from that of the Yuan and Ming Dynasties. Since the Six Masters of the Early Qing Dynasty had too much esteem for the Four Masters of Yuan and regarded them as the highest standard of painting, replicating what their forerunners were doing, especially in imitating the brushstrokes of the four Yuan Masters. Yet, other essential elements of painting recognized after the Yuan Dynasty had not been changed.

Since the period of the Republic of China, the definition of traditional painting had some modification from that in the Qing Dynasty. The Four Great Masters of Yuan were no longer being treated as the only school to follow. Great painters beginning from Dong Yuan, Juran, Li Cheng, Guo Xi (郭熙, ca. 1001 - ca. 1090), the four masters of the Yuan Dynasty, Shen Zhou (沈周, 1427 - 1509), Tang Yin (唐寅, 1470 - 1523), Xu Wei (徐渭, 1521 - 1593) of the Ming Dynasty, the four monks of the late Ming period, namely, Bada Shanren (八大山人, 1620 - 1705), Shitao (石濤, 1642 - 1718), Kuncan (髡殘, 1612 - 1673), Hongren (弘仁, 1610 - 1664), and Chen Hongshou (陳洪綬, 1598 - 1652) and so on, were all having different outstanding followers and admirers. Moreover, due to the Western influence in advocating creativity, besides learning from archaic masters, adhering to the nature and following the mind, the importance of establishing personal style are also emphasized.

A Representation of the Contemporary Traditional Chinese Painting

As discussed above, the Chinese veneration to traditions can be well reflected in the presentation of art by those great artists in and before the Qing Dynasty. Traditionally, one of the most important missions of the artists is not about innovation but emulation, imitating mimetically the works of precedent masters. Such imitation is not considered as plagiarism but as a base necessary to build on for innovation. In fact, great masterpieces are usually expressed with a combination of traditions and innovations.

In the period of Republic China, traditional Chinese painting had its own development, yet the major principle of replicating precedents artists remained unchanged. Masters like Qi Baishi（齊白石，1864 – 1957）, Huang Binhong（黃賓虹，1865 – 1955）, Pu Xinyu（溥心畬，1896 – 1963）, Wu Hufan（吳湖帆，1894 – 1967）and Yu Feian（于非闇，1889 – 1959）still followed more or less the way of masters in the Qing Dynasty. Although such tradition was challenged by those painters who adapted Western painting techniques like Xu Beihong（徐悲鴻，1895 – 1953）, Liu Haisu（劉海粟，1896 – 1994）, Lin Fengmian（林風眠，1900 – 1991）and Ding Yanyong（丁衍庸，1902 – 1978）, and those who accepted Japanese influence like Fu Baoshi（傅抱石，1904 – 1965）, Gao Jianfu（高劍父，1879 – 1965）and Gao Qifeng（高奇峰，1889 – 1933）, yet the latter group of painters characterized with strong sense of external influences did not receive similar acceptance as those traditional painters.

Up till the contemporary period, the traditional style of painting coming down from the Song and Yuen Dynasties was further criticized by painters who belong to the "new school of water and ink", for instance, Lü Shoukun（呂壽琨，1919 – 1975）and Wu Guanzhong（吳冠中，1919 – 2010）. However, traditional painting style is still able to keep its dominant position in the way of Chinese painting. This is mainly due to the fact that quite a large number of contemporary painters still paint with traditional techniques according to traditional theories.

Among the works of contemporary artists, Professor Jao Tsing-i's painting has been identified as a representation of literati or scholar's painting（Wan, 2006）. Like many great masters, Jao believes that it is rewarding by learning from the archaic masters. According to his own word, ability is derived from learning, and transformation leads to greatness. Even at his older age, he never stops learning the painting style of predecessors. Jao builds up his painting knowledge and skill through incessantly emulating masterpieces of great painters. Although Jao follows the style of archaic masters, but he has never been confined by them. In fact, he develops his unique characteristic from the founding tradition of archaic masters — a condition which is typically reflected in the works of contemporary traditional Chinese painters. The followings are further evidences presenting Jao as an outstanding example of traditional Chinese painter in the contemporary period.

In the twelve volumes of *Collected Art Works of Jao Tsung-I*, the first volume is a collection of Jao's emulation of archaic masterpieces. Among the 128 pieces of work, Jao replicated the works of over 60 masters from early the Northern Wei regime of the Northern and Southern Dynasty to the Late Qing Dynasty, including paintings of the Tang Dynasty from the unearthed artifacts of Dunhuang and mural of Yongle Palace of the Ming Dynasty. Topics widely cover landscapes, flowers and birds, portraits and animals. All these indicate that Jao has properly studied the origins of different schools. According to Jao, he has copied the *Autumn Clearing over a Fishing Lodge* (漁莊秋霽圖; *yuzhuang qiuji tu*) of Ni Zan for over twenty times. At least four replications of *A Pure and Remote View of Streams and Mountains* (溪山清遠圖; *xishan qingyuan tu*) of Xia Gui (夏珪, active early 13th c.) can be found. Also, Jao puts a lot of effort to study the *Dwelling in the Fuchun*

A Representation of the Contemporary Traditional Chinese Painting: The Art of Jao Tsung-i

Mountains（富春山居圖；*fuchun shanju tu*）of Huang Gongwang （黃公望） and has frequently made emulations of it. He has also studied thoroughly the painting theories of the Four Monks of the Late Ming Dynasty, and applies these theories into his painting. In this way, he masters not only the form but also the essence of the Four Monks.

Contemporary traditional Chinese painting also emphasizes on other artistic elements beyond the painting itself. Jao strongly advocates the unity of poetry, calligraphy and painting, and insists that these three should be co-existent within a piece of painting. He always attempts to integrate calligraphic techniques to represent the subject matters of painting. When he imitated Zhao Mengfu's *Rock, Bamboo, and Old Tree*（古木竹石卷；*gu mu zhu shi juan*）, Jao responded to Zhao's inscription by a poem saying that painting and calligraphy were one since the early days. [1] Jao's poem symbolizes the strong support of Zhao's view or his adherence to the theory of traditional Chinese painting.

Also, when Jao copied the scroll of Zhang Dafeng（張大風, d. 1662, a great master of the late Ming Dynasty）*Tree, Rock, and Figure*（樹石人物卷；*shu shi ren wu juan*）, he used the free style script calligraphic technique to represent the old trees. In fact, Jao's calligraphic technique is widely recognized as comparable to that of Zhang Dafeng in both form and spirit.

While Jao made copies of the flower and bird of Bada Shanren,

---

[1] Original text in Chinese: 石門作石籀爲松，會得人天感遂通，書畫向來一鼻孔，此中關紐古今同。

he used the round brushstrokes as Bada. He had well studied Bada's learning of Zen Buddhism and has thorough understanding of the inner world of Bada, enabling him to grasp the essences of Bada's work.

As Jao emulated the horse of Jin Nong (金農, 1687 - 1764), he used similar calligraphic style with free and reluctant movements of brush. Jin Nong had a special style of calligraphy that generated from the official script of Han Dynasty. Since Jao had deep learning in the painting style on the Han Tombstones and therefore he can mobilize the reluctant but thick stroke similar to that of Jin Nong, capturing Jin's preference and taste in his painting.

In the fourth volume of *Collected Art Works of Jao Tsung-I*, there is a set of ten paintings known as "Poetic Landscape". In these paintings, he utilized strokes that generated from calligraphy and created a poetic sense. In the suffix of the album, he wrote down the following: "Before Western painting came to China, most of the painters were also masters of calligraphy and poetry. In my view, these three cannot be separated; they should be regarded as three in one (三位一體)"[1]. His declaration advocates that painting should not be just painting but a combination of other elements.

Jao also did a lot of works in *Zen* painting. *Zen* painting is found in the period of Ming and Qing Dynasties and Jao revived this special type of painting based on his study of *Zen* and also *Zen* paintings of the Song and Yuan Dynasties. In *Zen* painting, technique itself is not the dominant element, it is the message in it and the way it carries

---

[1] Original text in Chinese: 西畫未入華以前，畫人無不兼擅詩與書法，未容割裂。余見宜以三者俱爲至美，是謂三位一體。See 《三位一體册》, p. 164 of *Poetic Landscape*, Vol. 4 of *Collected Art Work of Jao Tsung-i*.

the message that determines the quality of the work. As Jao created the *Zen* painting, the Buddhist allegorical word or gesture was represented through his brushstroke to convey the didactic message to the viewer. Buddhist teaching was able to integrate with the representation of the painting, so that viewer can see the *Zen* message beyond the painting. Jao demonstrated his capability of expressing the *Zen* spirit through his brush strokes and the use of ink. The set of "Landscape of Mount Tian Zhu" in Volume 8 of *Collected Art Works of Jao Tsung-I* provides a good example of his *Zen* painting.

In Jao's landscape paintings, there are reflections of emotion, accounts of event, memories of friends, and records of travels. In fact, poetries and lyrics that recorded his traveling contained all these elements and he diverted the poems into his paintings with perfect harmony.

In his *Night View of Ankor Wat* (吴哥窟夜色), *Cambodia*, Jao made the following inscription, "In 1963 when I returned from India via Burma, I visited Cambodia with Professor Vandermeersch. At that time, Ankor Wat was surrounded by long grasses. We then went up to the Bayon Temple. Bats were flying around. Hundreds of solemn statues of Buddha were seen. At that time, I wrote down in a poem saying 'faces were so real that the temple was like the generals while trees were soldiers'. When I recalled right now, I still have a lingering fear."[①] By looking at the painting, one could realize the

---

① Original text in Chinese: 一九六三年自的度東返，經緬甸，與汪德邁同訪真臘。時安哥窟已掬爲茂草，夜登巴雍宮，蝙蝠群飛，莊嚴神像，千百可覩，當時有"面面莊嚴孰化成，廟如老將樹如兵"之句。至今追寫，猶有餘悸。See《吴哥窟夜色》, p. 35 of *Landscape of the World*, Vol. 2 of *Collected Art Work of Jao Tsung-i*.

bleakness and sparseness of Ankor Wat at that time with a feeling of devastation due to the elapse of time. Through the inscription, Jao expressed not only his painting of the past history of Ankor Wat, but also acknowledged the friendship of the one that visited the place with him.

In his painting *Cloudy Wuxia Gorge* (巫峽陰晴), he wrote, "Travelled the Small Three Gorges after the Mid-Autumn Festival in 1995, the boat passed through Wushan, a mood of dreary and desolate was obvious. What was depicted in the poem of Du Fu was true. As the rain just stopped, the scene differed so tremendously. I drew this painting after I came back, and I tried to change the verse of Su Shi as follows: It is neither stormy nor shiny, the viewer needs not to be so sensitive."[1] To Jao, Wushan was not only just a single mountain, but a place that is full of poetic spirit and romantic legends of the past.

The above are just some of the representations of Jao Tsung-i presenting him as one of the masters of contemporary traditional Chinese painting. Actually, similar examples can be found easily in the twelve volumes of *Collected Art Works of Jao Tsung-I* and the other works which are not included in this collection. Jao's paintings reflect that he is not just a master of various topics of Chinese painting; his paintings contain elements of music, calligraphy, poetry, and sentiments such as friendship, past memories, and

---

[1] Original text in Chinese: 甲戌中秋後溯遊小三峽, 舟經巫山, 蕭森之氣逼人, 少陵秋興句, 信不誣也。宿雨乍歇, 咫尺間陰晴頓異, 歸來憶寫, 成此短幅, 戲改坡老詞句, "既非風雨亦非晴", 覽者得毋哂其多事。See《巫峽陰晴》, p. 58 of *Landscape of China*, Vol. 3 of *Collected Art Work of Jao Tsung-i*.

memories of past history. All these undoubtedly make him a representative artist of traditional Chinese painting.

Conclusion

As revealed in the above discussion, Chinese painting has been developing in an ever-changing manner throughout the history of China. In different periods of time, Chinese painting can roughly be summed up to four purposes, i. e., recording, decoration, education and self-expression, and the change of these purposes affects the shift of the mainstream. From the Song and Yuan Dynasties onward, despite the periodical transfer of internal sovereignty and impacts of external influences, the mainstream of Chinese painting is still able to keep its traditional essence through learning from the past with emulation of great masters as a base for innovation. In addition, the essence of traditional Chinese painting is expressed through the artists' perception of life, their ideas and sentiments of the outside world adding beauty to the inner world of their paintings. And painting contains other essence of art such as calligraphy, music, poetry and even philosophy. In this respect, Professor Jao's works of painting explicitly demonstrate his strong veneration to traditions with emphasis on the importance of learning from the past great masters to develop his own painting style. Additionally, Jao's representation of art exhibits not only his mastery of different painting techniques and skills of different schools, his knowledge and studies in Taoism, Buddhism,

Confucianism and his approach on life, but also his emphasis on that painting should contain other elements such as rhythm of music, poetic atmosphere and calligraphic stroke and movement apart from painting techniques (Jao, 2003). It is such implicit but distinctive inner quality of painting content that makes Professor Jao a representative and outstanding contemporary traditional Chinese painters.

References:

Bai, Genxing（拜根興）and Fan Yingfeng（樊英峰）. (2004). *Yongtai Gongzhu Yu Yongtai Gongzhu Mu*（《永泰公主與永泰公主墓》）. Xi'an shi: San qin Publishing.

Barnhart, Richard M. (et al.) (1997). *Three Thousand Years of Chinese Painting*. New Haven: Yale University Press; Beijing: Foreign Languages Press.

Bush, Susan. (1971). *The Chinese Literati on Painting*. Cambridge, Massachusetts, and London: Harvard University Press.

Cahill, James. (1977). *Chinese Painting*. Geneva: Skira; London: Macmillan.

Cahill, James. (translated by Li Yu 李渝) (1984). *Chinese Painting*（《中國繪畫史》）. Taibei: Lion Art Publishing.

Chen, Chiyu. (2003). "Enlightenment and artistic Function of Chinese Figure Painting," *Journal of Southeast University (Philosophy and Social Science)*, 5 (5), pp. 66-72.

Chen, Gaohua（陳高華）. (ed.) (1987). *Sui Tang Hua Jia Shi Liao*（《隋唐畫家史料》）. Beijing: Cultural Relics Press.

Cheng, François. (1994). *Empty and Full: The Language of Chinese Painting*. Boston & London: Shambhala.

Cohn, William. (1950). *Chinese Painting*. (2nd rev. ed.). London: Phaidon Press.

Ferguson, John C. (1927). *Chinese Painting*. Chicago: The University of Chicago Press.

Fong, Wen C. (1984). *Images of the Mind*, Princeton: Princeton University Press.

Fong, Wen C. (2003). "Why Chinese Painting is History," *The Art Bulletin*, 85 (2), pp. 258-280.

Falkenhausen, Lothar von. (2001). "The Use and Significance of Ritual Bronzes in the Lingnan Region during the Eastern Zhou Period," *Journal of East Archaeology*, 3 (1-2), pp. 193-236.

Ferguson, John C. (1927). *Chinese Painting*. Chicago: The University of Chicago Press.

Fraser, Sarah E. (2000). "Formulas of Creativity: Artist's Sketches and Techniques of Copying at Dunhuang," *Artibus Asiae*, 59 (3/4), pp. 189-224.

Hough, Joshua. (2007a). "Brief History of Chinese History." Available at http://www.art-virtue.com/painting/history/index.htm [accessed on 20 March 2007].

Hough, Joshua. (2007b). "Brief History of Chinese History — Wei & Jin Dynasties." Available at http://www.art-virtue.com/painting/history/wei-jin/index.htm [accessed on 21 March 2007].

Jin, Weinuo (金維諾). (1997). "Mushi Bihua Zai Meishushi Shang De Zhongyao Diawei (《墓室壁畫在美術史上的重要地位》)," *Art Research* (《美術研究》), No. 2, pp. 38-42.

Jao, Tsung-i. (2003). *Collected Works of Jao Tsung-I* (《饒宗頤二十世紀學術文集》). Taipei: Xin Wen Feng Publishing.

Lai, T. C. (1992). *Chinese Painting*. Hong Kong; New York: Oxford University Press.

Liao, Ping. (2002). *Traditional Painting*. Beijing: Foreign Languages

Press.

Shaw, Miranda. (1988). "Buddhist and Taoist Influences on Chinese Landscape Painting," *Journal of the History of Ideas*, 49 (2), pp. 183–206.

Shih, Hsio-yen. (1993). "Readings and Re-Readings of Narrative in Dunhuang Murals," *Artibus Asiae*, 53 (1/2), pp. 59–88.

Shu, Shijun (舒士俊). (2002). *Tan Xun Zhongguo Hua de Ao Mi*(《探尋中國畫的奧秘》). Shanghai: Shanghai Pictorial Publishing.

Song, L. L., Zhang, Z. C. and Zhang, J. (2006). "The Culture Connotations of Clothing in Cliff-paintings (《中國原始巖畫中服飾表現的文化內涵》)," *Journal of Xian University of Engineering Science and Technology*, 20 (1), pp. 67–70.

Sullivan, Michael. (1999). *The Three Perfections: Chinese Painting, Poetry and Calligraphy*. New York: George Braziller.

Swann, Peter C. (1967). *Chinese Painting*. (3rd American ed.). New York: Universe Books.

Tang, Waihung. (ed.) (2006). *Collected Art Works of Jao Tsung-I*. Hong Kong: Jao Tsung-I Petite Ecole, The University of Hong Kong.

Wan, Qingli. (2006). "Xuantang Xiansheng yu Xuezhe Hua (《選堂先生與學者畫》)," *Collected Art Works of Jao Tsung-I*. Vol. III, pp. 163–164. Hong Kong: Jao Tsung-I Petite Ecole, The University of Hong Kong.

Wang Yan (王彥). (2004). "Cong Wu Shi Ci Han Hua Xiang Shi Kan Han Dai Guan Shi (《從武氏祠漢畫像石看漢代冠飾》)," *Decoration* (《飾》), Vol. 1 (2004), pp. 33–36.

Wikipedia, the free encyclopedia (2006a). "Chinese Painting." Available at http://en.wikipedia.org/wiki/Chinese_painting [accessed on 29 March 2006].

Wikipedia, the free encyclopedia (2006b). "Yangshao Culture". Available at http://en.wikipedia.org/wiki/Yangshao_culture [accessed on 23 March 2006].

Wikipedia, the free encyclopedia (2006c). "Longshan Culture". Available at http://en.wikipedia.org/wiki/Chinese_painting [accessed on 23 March 2006].

Wu, Hung (巫鴻). (2006). *Wuliang Ci: Zhongguo Gudai Huaxiang Yishu de Sixiang Xing* (《武梁祠：中國古代畫像藝術的思想性》). Beijing: Joint Publishing.

Wu, Hung. (1997). "The Origins of Chinese Painting," in Richard M. Barnhart et al. *Three Thousand Years of Chinese Painting*, pp. 15–85. New Haven: Yale University Press; Beijing: Foreign Languages Press.

Xiao, Xiaoming. (ed.) (2002). *Traditional Painting*. Beijing: Foreign Languages Press.

Yang, X., Nie, C. Z., Lang, S. J., Barnhart, R. M, Cahill, J. & Wu, H. (1997). *Three Thousand Years of Chinese Painting*. New Haven: Yale University Press; Beijing: Foreign Languages Press.

Ye, Mende (葉夢得). (1985). *Bi Shu Lu Hua* (《避暑錄話》). Beijing: Zhonghua Book Company.

Yu, Jianhua. (1964). *Xuanhe Hua Pu* (《宣和畫譜》). Beijing: People's Fine Arts Publishing.

Yu, Jianhua. (1998). *History of Chinese Painting* (《中國繪畫史》). Beijing: Commercial Press.

Zhang, Anzhi. (translated by Dun J. Li.) (2002). *A History of Chinese Painting*. Beijing: Foreign Languages Press.

Zhang, Bangji (張邦基). (1987). *Mo Zhuang Man Lu* (《墨莊漫錄》) (10 volumes). Shanghai: Shanghai Classics Publishing.

Zhang, Mingqia (張銘洽). (ed.) (2002). *Zhanghuai Taizi Mu Bi Hua* (《章懷太子墓壁畫》). Beijing: Cultural Relics Publishing.

Zhang, Yanyuan (張彥遠). (1963). *Lidai Minghua Ji* (《歷代名畫記》) (completed 847). in *Huashi Zong Shu*, (ed.) Yu Anlan. Shanghai: People's Fine Arts Publishing.

Zhang, Yanyuan（張彥遠）.（Zhou Xiaowei *jiao dian*）.（2001）. *Lidai Minghua Ji*（《歷代名畫記》）. Shenyang：Liaoning Education Press.

（原文初次發表於2006年12月"學藝兼修・漢學大師——饒宗頤教授九十華誕國際學術研討會"，收錄於饒宗頤主編《華學》第九、十合輯，上海：上海古籍出版社，2008年。）

別 開 天 地

——對饒宗頤教授近年繪畫創作的一些看法

鄧偉雄

　　在中國近代繪畫史上，能夠開創自己風格的大師，大致可以分成兩類。一類是早標風格型，而另一類則是大器晚成型。

　　在早標風格這一型中，最明顯的例子就是張大千。張大千在25歲的時候，在上海舉辦了一次展覽，從此就揚名海上。而這時候他的繪畫，不論是山水、人物還是花鳥、走獸，都已經有了自己的秀麗風格。而這種風格，是形成於他25歲以前。到了他接近70歲，這個風格雖然是不斷地趨向成熟，但是在他因眼疾變法之前，只是不斷地完美化。

　　另外一個例子，則是嶺南畫派的第二代趙少昂老師。他在十餘歲時開始追隨高奇峰習畫，幾年工夫，就在高奇峰的基礎上，建立了自己的面目。而這個面目，一直維持到他的晚年，其中的變化只是在於構圖上更加巧妙，而筆墨色彩更加老辣而已。

　　另一類所謂大器晚成，是指不少大師都是在晚年變法，而且達至一個新而高的境界。

吳昌碩雖然是在 40 歲左右開始書畫創作，但是他真正發揮他的金石花卉繪畫，融合了石鼓文的書法線條入徐青藤、八大山人及石濤的筆墨之中，是在他 60 歲以後的事情。所以他在 70 歲及 80 歲時的作品，筆墨成熟，而氣魄上，有超越明代陳白陽、徐青藤的地方，使他成爲了近代海上畫派的開創者之一。

　齊白石老人本來是從《芥子園畫譜》入手，畫的是較工細的人物及山水。但他亦是在晚年變法。他在 50 歲左右，有個"五出五歸"的遊歷，天下的名山大川，使他的眼界與胸襟大開。同時，亦使他在八大山人及金冬心處，變化出簡樸造形，運用三公山碑方折之筆，寫出比吳昌碩更爲簡拙的畫意。他的花鳥、水族、人物，在他的晚年都有超出八大山人及金冬心處，因爲他不僅有從金石碑刻吸取的筆墨，更有着他從小練習出來的寫生基礎。所以張大千居士認爲，齊白石晚年的金石畫法，是比吳昌碩更進一步，因爲他更樸、更拙。

　黃賓虹老人早年畫筆工細，後來潛心於晚明遺民的筆法，上追宋、元山水的韻味，他的積墨山水也是到 70 歲以後纔真正達到爐火純青的階段。而他以強勁的中鋒筆法，來寫明遺民神氣的山水，可以說是把晚明山水的氣格，大大推前一步。

　張大千居士的大潑墨潑色山水畫法，可以說是超越前代，而爲後來學者所法。這個潑墨潑色方法，大大發展了宋、元時代的潑墨方式，加入了現代的繪畫意識，這個重大的改變，也是張大千在晚年纔發展開來。雖然張大千這個發展，有一部分是因爲眼疾的原因，不得不作此變化。但是，他這一種氣籠萬象的魄力，卻是從他數十年專意寫畫中，慢慢累積出來，到了晚年，纔水到渠成而已。

　幾位大師大概都在 70 歲前後開始變法，而隨年齡增長，功力加深。

　饒宗頤教授也是在 70 歲前後畫風轉變，不論山水人物及花鳥，都突破古人的規範，縱筆自如，寫胸中所思所蘊與眼中所見，有"無入而不自得"之慨。不過，饒教授與上述幾位大師不同的地方，在於他的開創性，一直未有停下來。到了他現今 90 高齡，創作力依然驚人。在近兩年中，他開發出來的新路線，實在使人爲之讚嘆不已。

饒教授長期對敦煌學及敦煌藝術的研究，都反映在他的敦煌繪畫上。早在 60 年代開始，他在巴黎國家圖書館研究伯希和從敦煌帶到法國的卷軸資料，從而開始他對敦煌白畫的研究。他在《敦煌白畫》的弁言上指出："唐代水墨畫流傳極鮮，敦煌石窟所出卷子，其中頗多白描畫樣，無意經營，亦有佳品，唐人粉本可窺一斑，巴黎國家圖書館伯希和藏品中，圖繪材料不一而足，極少數曾經印行，今之研究，大半取資於是。参以倫敦大英博物院目睹之畫軸暨經卷中之畫樣，撰爲斯篇。"[①]

他基於對敦煌白畫的研究，進而臨摹及使用白畫線條來創作。他是利用了敦煌白畫來上溯隋唐白描畫稿的筆法，這一種筆法，用筆堅勁，可爲"筆下有金剛杵"。他就用這一種線條，來臨摹唐人的白描畫，更進一步用這一種線條，來繪寫佛像、走獸與花鳥，開創出一種與北宋李公麟及元代趙孟頫發展開來的秀麗婉美的白描線條大不相同的畫法。這方面的成就，張大千居士讚爲近代白描畫所未有。

到了 21 年紀，他在敦煌風格的繪畫上，又有了新的方向。他有意識地希望把敦煌壁畫及敦煌白畫的畫法合而爲一，也就是説，他希望把敦煌壁畫的畫意用更活潑而堅勁的線條寫出來。他這一新的路向去寫敦煌畫樣，不求其形似，而神韻直追北魏、三唐。這與過去張大千、吳作人、關山月及敦煌研究院諸家所臨仿的敦煌壁畫，

---

① 饒宗頤：《敦煌白畫》，巴黎：遠東學院，1978 年，第 3 頁。

風格大大不同，可以説爲敦煌繪畫開了一個新的路向。像今次故宫展出的"北魏山樹瑞獸"，就是他繪寫敦煌畫意方向的一個最好例子。

也因爲他對敦煌情有獨鍾，使他對中國西北地區的山水，不論是獨特的山川形勢、四時風光，及流沙殘壘，都有很深的體會與感受。他在 2006 年大力提倡中國山水畫西北宗説，他不單止撰文，討論這一山水畫之新方向（論文在《敦煌研究》中刊出），更用他獨特的筆法與墨法，去爲西北地區之山水寫照，作爲山水畫西北宗的實踐。他對西北宗山水的界域有這一個看法："余認爲西北宗宜以隴坻爲界，華及西戎之'分水嶺也'。大抵自隴首以西，即爲大西北。這一帶本西戎地區，民族極爲複雜，其文化混合情形光怪陸離，多種文化層交叠的地帶，而山川形勝，與隴東亦大不同。"①

而對於西北宗畫法，他亦提出了"新三遠"的初想，他認爲"西北諸土，山徑久經風化，形成層岩叠石，山勢如劍如戟。一種剛強勁之氣，使人望之森然生畏。而樹木榛莽，昂然挺立，不撓不屈，久歷風沙，别呈一種光怪陸離之奇詭景象。因岡巒起伏，地勢高不平，故極易從高處俯瞰三度空間。固應别作新'三遠'之構圖處理之：曠遠——渺無人煙；寫遠——莽莽萬重；荒遠——大漠荒涼。"②

饒宗頤的西北宗山水，用筆堅勁而老辣，用縱横使轉的焦墨線條，去寫出西北石多於土，草木乾燥，廢城殘壘的獨特情景。他所創作的高昌殘壘、月牙泉、西夏舊域、龜茲大峽谷等，使人一望而知是描繪西北風光，與傳統寫江南水遠山柔的境象，截然兩樣。

他這一個山水畫的新方向，用他題 2005 年自繪《西夏舊域圖》的其中一段最足説明："山石久經風化，斷層累累，而脈絡經緯，如

---

① 饒宗頤：《中國西北宗山水畫説》，《敦煌研究》總第 100 期，蘭州：甘肅人民出版社，2006 年，第 11 頁。
② 同上，第 11—12 頁。

別開天地

陰陽之割昏曉，大輅椎輪仍在……"。①

所以，他認爲必須另創一種皴法，用來描繪西北山水，"叠經試寫，以爲可用亂柴、雜斧劈及長披麻皴，定其輪廓山勢，然後施以潑墨運色，以定陰陽。用筆宜焦乾重拙，皴法純以氣行。②"③

他更認爲，西北的形勢是"風沙歲月，鑄齒大地，使其形貌別有蒼茫蕭索之感。荒城殘壘，險崖高壑，自成氣勢。是當親歷其所，深自體會，然後形諸筆墨，方能兼得其神其貌"。④ 所以，欲繪寫西北山水者，身歷其地是一個必須的條件。

故而，他的西北宗山水繪畫，不單有別於自元以來所描繪江南山水，就是與從北宋到明清描寫北方石多於泥的山水，也自不同。

近代中國花鳥畫家，没有一個不寫荷花，吳昌碩、齊白石、潘天壽、吳湖帆、于非闇、張大千等都是其中佼佼者，尤其是張大千，他的荷花氣魄宏大，遠超前人。近年來，饒教授亦多作荷花，不論在技法或氣韻上，都有超出上述諸家者。澳門藝術博物館陳浩星館長云："先生所畫芙蕖，或如磐石，或如嬋娟，博雅直節，縱横百出。藉没骨、白描、雙鈎、金碧、淺絳、潑墨、減筆諸法，效白陽、青藤、南田、新羅、復堂、缶廬、白石之筆，洋洋大觀，具備各體，何異示佛陀三十二相、八十種好，現法界常、樂、我、静之四德。使覽者吉祥，則先生之意既善且美矣！"⑤這一段話，可以概括饒教授寫荷花的技法與用意。在近一兩年來，他寫荷花在技法上仍然不斷有所突破，舉例而言，他用蒼勁線條去寫敦煌荷花畫樣。又獨創了

---

① 饒宗頤題 2005 年自繪西夏舊域圖，圖片刊於《饒宗頤藝術創作匯集》第三册《神州氣象·中國山水》，香港：香港大學饒宗頤學術館，第 132 頁。
② 饒宗頤題 2005 年龜兹大峽谷圖，圖片刊於《饒宗頤藝術創作匯集》第三册《神州氣象·中國山水》，第 131 頁。
③ 饒宗頤：《中國西北宗山水畫説》，《敦煌研究》總第 100 期，蘭州：甘肅人民出版社，2006 年，第 12 頁。
④ 同上，第 12 頁。
⑤ 陳浩星：《普荷天地——饒宗頤九十華誕荷花特集》，澳門：澳門藝術博物館，2006 年，引言。

257

一種乾筆擦染的方法，來爲荷瓣設色，這一種寫敦煌壁畫上的荷花畫樣，是以前臨寫敦煌繪畫的人所未有。

他寫的荷花，着重在氣魄上宏肆遠大，不論大幅小件，都具磅礴氣勢，實與重山叠水之山水畫作氣韻相同。像今次捐贈故宮的"荷花六連屏"，花葉的穿插，重重疊疊，就有荷塘萬頃之勢。這一種氣勢的追求，可以説是饒教授近年在花卉畫上的新趨向。

上述種種，只是饒宗頤教授在繪畫上近年種種創意中的幾個重要方向。其他如在繪寫海外山水方面，因山勢而自創皴法，是他不受中國傳統皴法所束縛。又如他在重新追求宋、元禪畫的清靜境界，在在都可以看到他發自心源的創意。

在這些方面，可以見到饒教授的繪畫理念，是着重於有所突破，而不以緊守已定成法，或已爲人接受的成法爲滿足。而他在 90 多歲高齡，一直能夠保持在繪畫上的探求，不斷地有所開創，在在都是"新天下之耳目"。

（原文初次發表於 2008 年 10 月北京故宫"陶鑄古今——饒宗頤學術藝術研討會"，收録於王素主編《陶鑄古今——饒宗頤學術藝術展覽暨研討會紀實》，北京：故宫出版社，2012 年。）

饒宗頤教授彩筆下的金銀世界

黄兆漢

一

2009 年 8 月爲了配合饒宗頤教授在澳洲塔斯曼尼亞博物美術館（Tasmanian Museum and Art Gallery）舉行一個名爲"心通造化"的大型書畫展覽，我寫過一篇文章——《饒宗頤教授在中國繪畫藝術上的貢獻》（載鄧偉雄博士主編，澳洲塔斯曼尼亞博物美術館、香港大學饒宗頤學術館出版《心通造化：一個學者畫家眼中的寰宇景象》），裏面談到饒教授在繪畫藝術上的六大貢獻和四大成就，其中一項成就是"金銀二色的妙用"。文章説：

用金色或銀色作畫是中國畫的老傳統，本來就不是稀奇的事。但，何以我們要特别注意饒教授運用這兩種色彩呢？原因是，饒教授大量地、豪放地、全面地（指各畫類）運用它們。

上世紀 90 年代之前，饒教授較少用這兩種色彩，但之後，他便越來越愛用它們，到近這幾年他用金銀兩色竟達到了熱愛的地步，無論人物畫、山水畫、花鳥畫、雜畫，都很多時用到它們。……金銀兩色的活用、妙用顯示出饒教授繪畫技巧的大成，也同時顯示了饒教授的舒暢、愉快、樂觀的心境！饒教授在他的作品上使用金銀二色的技巧，不獨突破了傳統，而且甚具個人風格，太可愛了。這又是一個創新！（頁 33—34）

後來有機會拜讀鄧偉雄博士的博士學位論文《饒宗頤畫論及畫作與文學學術之關係》一文（香港大學，2010 年），知道饒教授自己也察覺和相當注意到金銀二彩在他的畫作中的特色和重要性，他說：

我雖然現在到了這一個年紀，但我依然不斷思考及不斷試驗著新的書畫技法，及追求新的書畫意境。……又像我寫荷花，我有時使用勾金、潑金、潑彩，甚至用金銀色彩混在水墨來表達我心中的荷花。我嘗試把山水畫的宏大結構，甚至乾濕濃淡不同的線條來寫荷花，就是希望能夠打破成法，但又不違"物理"地去寫這一種花中君子。（頁 224）

實際上，饒教授"使用勾金、潑金、潑彩，甚至用金銀色彩混雜在水墨來表達"他心中的題材，何止荷花，其他的花卉，如牡丹、菊花、梅花，及其餘畫種，如人物畫、山水畫和雜畫都用到這些方法！為了探討饒教授運用金銀二彩的技法及其發展過程和特徵，評價饒教授在繪畫技法上的成就和貢獻，我雖然孤陋寡聞，卻決定撰寫這篇文章，就教於大方之家。同時，亦以此文去補充我前文（指《饒宗頤教授在中國繪畫藝術上的貢獻》一文）談到這方面時的淺略。

二

　　饒教授在過去幾十年中寫過數以千計的畫，我無可能，亦實際上，無緣全部看過。不過，從上世紀 60 年代起我一直不斷地注意他在繪畫上的發展，尤其是 90 年代以後他在這方面的發展，我無時無刻不關注，不止盡量觀賞他的作品，更寫過幾篇文章，企圖深入討論他的作品。我發覺到，饒教授的藝術特徵越來越明顯，他的藝術風格越來越個性化，越來越獨特鮮明。其中一點特徵就是本文打算討論的"金銀二彩"的運用，這也是造成饒教授的畫風個性強烈和獨特鮮明的其中一個主要原因。

　　因為 90 年代以後，饒教授十分愛用金銀二彩，作品上多呈現光輝燦爛的畫面；更有些時候，金銀二彩甚至作為主調，涵蓋其他色彩，這樣，圖畫便頓然變成"金銀世界"了！

　　在過去的 20 多年中，我看過饒教授著金銀二色的作品不可謂少，總不會少過一百幅，但憑著記憶來作學術上的研究是不準確的、不踏實的，更有時會自欺欺人的，因此，我設法盡量搜集饒教授的畫集，作一個系統的整理和研究。幸而，我搜集到接近 40 種，除了最重要的一種——《饒宗頤藝術創作匯集》（2006 年出版）十二冊之外，後來出版的重要畫集，如《普荷天地》（2006）、《長流不息》（2007）、《陶鑄古今》（2008）、《心通造化》（2009）、《丹青不老》（2009）、《我與敦煌》（2009）、《香港大學饒宗頤學術館藏品圖錄Ⅰ》（2010）、《莫高餘馥》（2010）、《意會中西》（2011）、《通會境界》（2011）、《饒宗頤佛教美術展》（2012）、《藝聚西泠》（2012）等我都掌握到了。其餘的十幾種當然也有不少參考價值，只不過沒有上面提到的那麼重要而已。

爲了要將論文寫得令自己滿意，至少寫來有根有據，我踏實地做了一項繁瑣的準備工作。我首先將饒教授運用金銀二彩的畫作分成四大類：人物畫、花鳥畫、山水畫和雜畫（所謂"雜畫"主要是指那些動物畫和畫簡器具的禪畫），然後編製四個表。每個表按照年份，從 1980 年開始，直至 2013 年，從接近四十本畫集裏，抽取其中有運用金銀二彩者，以出現的頁次或圖片編號標明於表中。實際的做法是，表的左欄是編年，表頂一欄是畫集的編號，從 1 開始到 38。年份與畫集編號的對角線位置便是作品出現的頁次或圖片編號。表製好後，逐年翻看各畫集的有關作品，間中寫下簡單的筆記，指出該畫的特色或有關資料。這幾個表雖然花了我不少時間，卻是十分有幫助的。可以說，沒有這幾個表，這篇文章是沒法子寫成的，至少對饒教授金銀二彩運用或技法的發展是不能寫得確切的，不能令我心安理得的。對我這篇文章來說，這四個表是不可或缺的。

　實際上，從饒教授的作品中，金銀二彩的運用可遠溯至上世紀 70 年代，不過，只有極少數的人物畫，所以並不是每個表都有作品列出來。

三

　在利用這四個表去追蹤饒教授運用金銀二彩技巧之發展的時候，我遇到一些障礙或困難，其中最棘手的無疑是原畫的題識上根本沒有標明畫作的日期（指年份），而其日期只是畫集的編者（主要是鄧偉雄博士）指出或考訂出來的。當然，現時饒教授還健在，編者自然可以向饒教授詢問原作的年代甚至確實日期。如果編者是鄧博士的話，這個問題至易解決，或根本不成問題，因為鄧博士貼身追隨饒教授 40 年，在創作時間上有任何問題的話，一問饒教授即可迎刃而解。但我總覺得，那些未標出日期或年代的作品，就算經過編者指出，很多時候都仍會給人一種"霧裏看花"的感覺，不夠切實。至少，雖然現在不成問題，日後也可能成問題。

這些原作上並未標明日期而是編者指出來的以人物畫最多，山水畫次之，花鳥畫又次之。在年代上，上世紀80年代佔大多數，90年代亦有不少，直至這個世紀第一個十年也有這類作品。至於上世紀70年代的少數作品也有屬於此類的。現在隨著年代先後姑且舉些例子說明。如編者指出作於70年代的《摹五代貫休〈阿資達羅漢〉》，羅漢的袈裟勾金，石座也勾金，但畫中並未標明日期。不過，在70年代中也有一幅標明作於1977年的名為《觀音大士像》的作品，其中大士的頭飾、項鏈、耳飾和手鐲都是勾金的。這是否真的標志著饒教授的繪畫，尤其是人物畫，早在70年代已經開始用金彩呢？這是值得我們關注和深思的。這一點後文還要討論。又如指出畫於1980年的《金墨觀音》，原無年份；畫於1985年的《孔雀明王》，原無年份；畫於1986年的《觀音》，原無年份；畫於1984年的《梵土雪鴻》（八小張），其中一張有小量金彩的，也原無年份。

至於90年代和最近這十年的作品我們也可舉出一些例子。如指出畫於1990年的《雲麓觀音》，觀音的頭飾略為勾金，原無年份；畫於1991年的《摹宋賈師古〈觀音〉》，人物部分勾金，原無年份；畫於1992年的《大悲光佛》，部分勾金，原無年份；畫於2000年的《摹唐人麻布菩薩》，人物整個勾金，原無年份；畫於2003年的《敦煌樹下獅子》，獅子全部勾金，原無年份；畫於2004年的《峇厘島悉檀廟》，畫中廟塔勾金，原無年份；畫於2005年的《峇厘島神廟》，所有建築物俱勾金，也原無年份。這些原畫並無標出年份而編者指出其創作年份的作品，自然都是編者考究出來，有根有據的，不是憑空編造出來的。我之所以要舉出這些例子，只不過要說明一個事實：要研究饒教授在繪畫上運用金銀二彩的發展，是有一定困難的。

　　這個困難，不僅出現於我們這個階段，就算在編纂饒教授的畫集的階段時，其編者亦遇到，甚至可以說，首先遇到。其理由可能是，由於有些作品的創作年代久遠，他們無法考究出（就算詢問原作者——饒教授）其確實年份，而只能根據其風格、技巧或憑著饒教授的記憶而推斷它們的創作年代，如70年代、80年代或90年代。這一類作品在畫集中是屢見不鮮的。如一幅名爲《天王畫樣》的敦煌壁畫風格的作品，天王之頭飾、光環及法器俱勾金，原來並沒有注明創作年份或甚至年代，而編者卻注明這是"20世紀80年代"之作；又如《白描觀音》，其光環及部分衣服勾金，原無年份，只是編者說是"90年代"的作品；又如《疏松觀音》，頭飾及衣紋都在原有的墨彩上勾金，原無年份，而編者卻指出作於"90年代"；又如《日破浪花出》的一幅山水畫，石紋用金彩皴擦，原無年份，而編者說是"90年代"之作；又如印尼寫生的一幅《樹屋寫生》，畫中古塔在原彩上勾金，亦未注明創作年份，編者卻認爲是"90年代"所作；又如名爲《奇石》一幅，在石身的原色彩上再以金彩皴擦，本無年份，編者說是"90年代"之作。

　　又有一部分運用金彩的繪畫，本是多年前舊作，而饒教授後來檢出，略爲點染或題識的。這類作品要特別留意，因爲我們不清楚運用金彩部分是原有的抑或是後來檢出時加上去的。這情況是可以左右我們瞭解饒教授運用金彩的技巧發展的。這裏我可以舉出一些例子，如《龍鳳仕女》一圖，仕女和鳳鳥都在原墨彩上勾金，題識上清楚地記載創作年代及補題年份："八十年代摹本，戊子選堂補題。""戊子"即2008年。踏入21世紀，饒教授極愛用金彩，而於上世紀80年代，饒教授對金彩運用的喜愛還未達到這個程度；而且在原墨彩上勾金，給我的一種感覺是：可能是後來加上去的，而不是原有的。如果我的感覺或推想是對的話，那麽，勾金部分是成於

2008年而不是原來創作的80年代！又如《摹明永樂宮壁畫〈天宮〉》一幅，亦有這種情況。其題識説："右録法京藏道書。憶辛酉秋深，余旅遊山西一足月，盤桓於鹽池及永樂宮，旬越中條山。是圖取自宮中壁畫。荏苒近卅載，重覽舊作，如夢寐中事，漫識數言於後。九十叟選堂。""辛酉"即1981年，應該是寫此畫的一年。而"近卅載"之後，已進入21世紀，大概就是畫集的編者指出的"2002年"，亦即是作畫的20多年之後。那麼，我們是否可以懷疑饒教授在"重覽舊作"和"漫識數言於後"的同時，興致勃勃地加上一些金彩呢？因爲到了21世紀，饒教授很多作品上都喜愛用金彩的。況且，另外一個現象——在原來的墨色線條上再勾金，多多少少亦令我有這樣一個推想。又如《心經十八羅漢畫册》，題識説："九十年代繪寫十八應真，丙戌閏七月檢出，虔書波羅密多心經全文於梨俱室，選堂。""丙戌"即是2006年。全册十八應真之中有十四應真是部分勾金的，或衣紋、或法器、或飾物、或念珠。雖然我無法證實其勾金部分是2006年"檢出"時後加的，但我卻懷疑原本是"90年代"的原畫沒有的，而是後來（不一定是2006年）加上去的。

我的懷疑極有可能不是懷疑，而是實況。讓我舉出一兩個例子去證明。有一幅名爲《鹿本生》或《敦煌鹿本生》的敦煌風格佛畫，它有兩個版本：一個出現於1993年10月出版的《饒宗頤書畫》（廣州：嶺南美術出版社），一個出現於2009年1月出版的《我與敦煌——饒宗頤敦煌學藝集》（深圳：海天出版社）。細細比較之下，發覺在前一本畫集裏的《鹿本生》沒有半點金彩，但在後一本畫集裏（畫題已由《鹿本生》改爲《敦煌鹿本生》），無論蓮花座、衣紋，甚至一對小鹿部分已勾金。不單止上述部分已加上金彩，就算其他部分，如巖石、光環亦有稍加點染的痕迹。引致這個情況的可能性是：爲了《敦煌與我》這個畫展，饒教授在選畫、審畫的時候，企圖使作品更趨完美、畫面更熱鬧和進一步接近敦煌壁畫的作風，故加上金彩和重新點染一部分畫面。原畫是作於 1992 年的，而加金彩再點染卻是十幾二十年後的事。故此，這幅畫給我們一個很清晰的啟示：畫面上的金彩是可以後來加上的，無論是多少年的後來。

　　前文提過的《天王畫樣》也有這種情況。這幅畫亦有兩個版本：一個是前文所及的有金彩的版本，一個是無金彩的版本。無金彩的版本見於 1993 年嶺南美術出版社出版的《饒宗頤書畫》；有金彩的見於 2008 年北京紫禁城出版社出版的《陶鑄古今：饒宗頤書畫集》，於此，畫集編者指出是"20 世紀 80 年代"舊作（此點前文已及）。我們不清楚這幅《畫樣》是何時加上金彩的（包括寶塔法器、頭飾和部分光環），但可確定的是，1993 年《饒宗頤書畫》出版的時候，這些部分仍未有金彩。後來（2008 年或之前，1993 年之後）可能饒教授認爲有加上金彩的需要，所以便在這些部位勾金了。而且，光環部分線條也有若干變動。當然，加上金彩和改動一下光環的線條是能夠使到畫面更有氣氛和趨向完美的。不過，從 1993 年到 2008 年，期間相隔十多年，饒教授的畫風、技巧——尤其是運用金彩的技巧，已有很大的變化和發展，而究竟這一回"加金彩"是落在哪個年份呢？這點是令我很感困惑的。

　　總的來説，上文談到的四種情況（一、有金彩的原作並無年份，而其創作年份是編者考究出來的；二、有金彩，作品的年代純是編者推斷的；三、原是舊作，後經作者"重覽舊作"和補加題識，或略爲點染時可能加上金彩的；四、原作無金彩，可證實金彩是作者後來有意識加上去的。）都或多或少造成我們研究饒宗頤教授運用金銀二彩的障礙。不過，饒教授的作品數以千計，相對地説，這四類的作品數量還不算多，否則真的會造成一種"混亂"——研究資料上的混亂，而令到我們的研究舉步維艱，至少很難探索饒教授金銀二彩運用的發展過程。但只要我關注它們，顧及它們，它們的存在往往可作爲一種參考，甚至具有高度的參考價值，而有助於我們認識饒教授運用金銀二彩的變化莫測的技法。

四

在認識清楚和排除了上面所談到的障礙之後，我們現在可以探討和追蹤饒教授運用金銀二彩的發展過程了。事實上，所謂"障礙"只不過是兩點，即第三點和第四點，而第一、二兩點我們只有信賴畫集的編者了。他們的研究和推斷是值得我們信賴的。饒教授的金銀二彩的運用，我認爲可以分作三個階段或時期。第一個階段是80年代和80年代之前的一段時期（1970—1990年），可稱爲"初期"或"試驗期"；第二個階段是90年代（1991—2000），可稱爲"中期"或"成長期"；第三個階段是21世紀開始至今（2001—2013），可稱爲"後期"或"成熟期"。當然，這樣劃分只是大致上而已，期與期之間的界限並不是這麼硬性的。每一時期的風格自有其不同的特色，如"初期"只用金彩，仍未用銀彩，而金彩只限於勾金，又往往只在其他色彩上（主要是墨彩上）重勾，故勾金的地方普遍地顯現著金彩加其他色彩的情況。這一點最容易在人物畫上見到。至於山水畫及花鳥畫，勾金的情況較少見。到了第二階段——"中期"，在人物畫方面，勾金已不限於衣紋、面相，畫的任何部分皆可以勾金。在山水畫方面，山石已不止勾金，有時更以金彩作爲皴擦。花鳥畫的金彩已明顯地增加，而荷花與觀音已開始互相配合——即荷花與觀音同時出現在畫面上。發展到了第三階段——"後期"，金銀二彩的運用可謂空前地大量增加，變化而多樣，無論人物畫、山水畫、花鳥畫，甚至雜畫，都顯現出金銀繽紛的世界，可謂到了大成的地步，達至前無古人的境界。

其實，由"初期"的"試驗期"到"中期"的"成長期"，再到

"後期"的"成熟期",其發展的實際情況是顯而易見的。最觸目的是,金銀二彩(尤其是前者)迅步地增加,急速地多樣化,全面地與其他色彩混雜使用。另外一個特徵是,金銀二彩的運用越來越豪放,不獨橫放傑出,而且"從心所欲"。到了最近幾年,二彩的運用可謂無往不利了,無論人物畫、山水畫、花鳥畫或雜畫都能夠開創出一個滿目繽紛的"金銀世界"!

從運用金銀二彩的角度去看,"後期"的作品自然最有代表性,而值得研究討論的地方亦多,尤其是其間佛畫、荷花畫、西北宗山水畫、敦煌畫樣畫、禪畫等等都值得我們大書特書。不過,在我們仍未進一步討論之前,大抵我們此際最感興趣的是,饒教授為何如此愛用金銀二彩?

我推想大概有幾個原因。一是晚年喜好的改變。以前,即饒教授六七十歲之前,他愛用淨墨寫畫,至多是略為加些花青、赭石一類的色彩,而大紅大綠的作品則絕少見到。後來,各種色彩慢慢地增加了,畫面越來越熱鬧了。到了饒教授八九十歲之時,一般色彩已不能滿足他的愛好或需求,故開始用金彩,稍後更用銀彩。90歲之後,金銀二彩的運用,可謂與日俱增,差不多達到"無金銀不歡"的程度。我相信——堅決地相信,這是與饒教授的年齡增長有關的。一般人到了晚年都喜愛一些尖新色彩,如大紅大綠,金碧輝煌的色彩。它們可以給他們帶來心境上的歡樂。這正如年紀大了的人們喜歡聽一些"吉語",如"福如東海"、"壽比南山"、"龍馬精神"、"身壯力健"一樣。這是人的常情,本來就很自然的。誰到了八九十歲還喜歡聽到那些不吉利的說話,看見那些灰暗陰沉的色調?這些東西不是令人很不開心很不舒服和很頹喪嗎?饒教授雖然是個大學問家大藝術家,但從人的角度看,他仍然是個人——一個具有人之常情的人,他到了晚年而喜愛金色銀彩,進而愛用金銀二彩去創作他的畫作不是很自然、很合理嗎?金銀二彩是歡樂的色彩,而且高貴大方，雅俗共賞，更具有剛健堅強持久的特質，誰人會不欣賞呢？只要我們看到饒教授運用金銀二彩的作品，或者，換句話說，只要饒教授的這一類作品擺在我們的眼前，我們的精神一定即時爲之一振，心境即時開朗，歡樂即時到來！誰可以抗拒那金光燦爛的畫面？誰可以不被那"金銀世界"所迷著？這是藝術的魅力，這是饒教授的金銀二彩所散發出來的神奇魅力。

第二個原因可能是受到敦煌藝術的影響。敦煌的塑像和壁畫，雖然年代久遠，幾經災難，但從其殘存的作品來看，很多時都用到金銀二彩（尤其是前者）。再遠古的不去探究了，就隋代以後的作品來說，已經使用金彩。例如第302窟的《佛說法圖》，南壁前方部分畫著佛、菩薩、飛天等像，佛和菩薩的肉身雖然變黑色，但是仍然可以見到光環呈現金色，因爲光環多用金箔造成，故能持久。又如第402窟的二菩薩壁畫，二者的光環、胸飾、瓔珞、腕釧、寶珠等，都施以金彩。到了唐代，金彩的運用至多，例如第57窟的《佛說法圖》，無論中央的佛像或兩旁的脅持菩薩，其光環、衣服、飾物等都有不少部分施金彩的，其中尤以右脅持菩薩至爲明顯。又如第328窟的菩薩半身像，菩薩肉身是施以白粉後再加彩色的，故金色奕奕。就算他的裙飾亦有部分施金彩的，故格外高貴靜穆。饒教授是敦煌學的著名學者，又是敦煌白畫研究最有成就和貢獻的學人，曾屢次親身到敦煌石窟觀摩研究，有關敦煌的著作等身，我相信他極可能受到敦煌藝術（無論塑像或壁畫）使用金銀二彩的影響，然後在他自己的畫作上加以變化發揮。這一點可能他自己都沒有察覺到，但我認爲在他的潛意識中敦煌藝術的金銀二彩的運用是深深地潛藏著的。

敦煌藝術是佛教藝術，是宗教藝術，可見宗教藝術對饒教授的繪畫藝術具有頗大的影響。說到宗教藝術，我不期然地聯想到民間宗教藝術。鄧偉雄博士的《饒宗頤畫論及畫作與文學學術之關係》

一文有這樣的一段記載：

> 據饒教授記憶，他念小學的時候，學校旁邊有一所畫神像的店鋪，他上學前及放學後時常在店鋪旁邊看裏面的畫師畫神像。看得多了，也可能店鋪的人知道他是有錢人家子弟，爲了拉攏以後生意，所以就叫他到店鋪裏面看他們畫畫，也叫他跟著描繪神像。就這樣，饒教授開始寫人物畫。我們可以推斷饒教授幼年因爲閱讀《封神榜》一類章回小說，於是對這些神仙人物發生興趣。而因緣際會，他又有機會學習寫神像。（頁6）

民間宗教藝術，尤其是神像一類的藝術，往往喜歡用熱鬧的顏色（包括金銀二色），說不定饒教授幼小時看得多了，深深地印入腦海中，後來到了晚年卻自自然然，不經不覺地再度浮現出來，通過他的神奇畫筆，以另一種形式展現在他的畫作上。我不清楚我的推想是否正確，不過，幼小時候的經歷、印象對後來的所作所爲很多時都頗有深遠影響的。

第三個原因則頗爲特殊，是因爲饒教授要創立"西北宗"山水畫之故。饒教授曾經在《敦煌研究》2006年第六期中寫過一篇題爲《中國西北宗山水畫說》一文，主張中國山水畫除南北兩大宗之外，應該有西北宗，因爲中國西北方的山水是與南北兩方不同的。他說：

> 西北諸土，山徑久經風化，形成層巖疊石，山勢如劍如戟。一種剛強堅勁之氣，使人望之森然生畏。而樹木榛莽，昂然挺立，不撓不屈，久歷風沙，別呈一種光怪陸離之奇詭景象。

既然如此，饒教授如何去描畫西北方的山水呢？或說，以甚麼技法去表現西北方如此奇特的山水呢？饒教授說：

可用亂柴、雜斧劈及長披麻皴，定其輪廓山勢，然後施以潑墨運色，以定陰陽。用筆宜焦乾重拙，皴當純以氣行。間亦試用茅龍管，或取一筆皴，以重墨雄渾之筆取勢，或以金銀和色，勾勒輪廓，尚有可觀。

於此，我們注意到一句關鍵性的話：「或以金銀和色，勾勒輪廓。」可見金銀二彩在繪畫西北宗山水的重要性了。問題是，爲何要用金銀二彩呢？我相信有以下的原因：金銀二彩具有剛健、銳利、峻爽、明朗的特性，與西北山水的性質極度調和吻合，所以是十分適合用來描繪西北山水的。饒教授特別提出金銀二彩，可見其獨具慧眼。至於西北宗山水畫的實例，我們暫且不舉，而留到後文再去談論。

另外一個原因（即第四個原因）是，饒教授爲了突破前賢時彥的成果，創新風格和技巧而運用金銀二彩。本文開始之時，我們不是引用過饒教授一段談到他「追求新的書畫意境」的文字嗎？他說：

我寫荷花，我有時使用勾金、潑金、潑彩，甚至用金銀色彩混雜在水墨。

他就是要利用金銀二彩去創新——新技巧、新風格。實際上，饒教授何止以運用金銀二彩去創新畫荷花，其他花卉亦如是。又何止花卉，其他畫種，如山水畫（尤其是西北宗的山水畫，此點前文已及）、人物畫、走獸畫都使用金銀二彩去創出新風格。

我認爲饒教授在繪畫藝術上，到了後期，能夠破舊立新，金銀二彩爲他提供了很大的幫助。前人雖然也使用過金銀二彩，但從質和量去衡量，都絕對比不上饒教授。或者，我們可以這麼說，因爲運用金銀二彩的質和量都比不上饒教授，所以他們的創新成就不能與饒教授相提並論。我的說法可能誇張了一點，但金銀二彩的運用，到了饒教授而大大超越了其他畫家已得到的成果，是毫無疑問的。

五

　　饒教授對金銀二彩的運用雖然如上文所說可分爲三期，但以第三期——"成熟期"最爲成功，最有代表性，所以我現在主要談論這一時期的作品，而且是重點式地去談。我打算分開七點去談論：一、荷花及其他花卉，二、西北宗山水與金碧山水，三、觀音像和佛像，四、敦煌畫樣畫，五、禪畫，六、布畫（畫在西洋畫布上的畫），七、書法繪畫。每一點略舉例子去說明饒教授在運用金銀二彩的突出精到之處。

　　首先說荷花畫。饒教授的荷花從上世紀 90 年代開始便使用金彩，但初時只是在紅色的荷花上略爲勾金——順著荷花的線條或紋理勾金。其後使用金彩逐漸增加，到了最近幾年達到了畫面上"無處不金"的地步。其間發展過程是頗爲複雜的。最初只是荷花勾金，到荷莖點金，蘆葦草用金寫；再發展到用金和/或銀二彩勾荷花，金彩混雜水墨寫荷葉；然後是翠綠色的荷葉上加金彩或銀彩，再後一點是墨彩荷葉上加金彩或銀彩，更有在金彩荷葉上加銀彩，竟或全幅畫先用水墨寫，然後用金彩或銀彩在水墨上再抹一次。到了最近階段，在荷花畫上金銀二彩的運用可謂變化無端，如彩龍遊空，不可名狀，真真正正到了一個不可思議的神奇境界。現在舉幾個例子稍作說明。例如寫於 2001 年的《十色荷花》，裏面畫上十一朵荷花，有紅、朱、紫、綠、黃、白、藍等等十種顏色，而每一朵都是勾金的，且背向不同。襯以不同大小、不同形狀、不同色調的荷葉和長短不一的荷莖，再加上疏密有致的蘆葦，這幅大畫（六聯屏）可謂氣象萬千，極爲壯觀。第二幅我要介紹的是 2009 年的《金墨荷花卷》。這幅畫首先以水墨寫，然後以極豪放的筆法在水墨上掃上金彩，無論荷葉和荷莖都如此，只有數朵荷花純用金勾，或稍帶有紅色。因爲在水墨上掃金，所以金彩的筆觸顯而易見，而其美妙之處正在於此。只見畫面上的金彩縱橫塗抹，大氣磅礴，筆力極爲驚人。我們可拿另外一幅荷花——《野塘金碧》（1999 年）和這幅比較一下。《野塘》一幅是以純金彩畫在黑底色紙上的，當然，以畫論畫，這幅畫也是佳作，不過，因爲色調單純（只有金色），在"厚度"上講，便比不上《金墨荷花卷》了。或者，可以這樣説，《野塘》荷花比不上《金墨荷花》那麼渾厚，那麼耐看，那麼有趣味。接著我要介紹一幅題爲《金荷銀葉》（2005 年）的荷花畫。這幅畫用的紙是朱黃色的，荷花以金勾，荷葉、荷莖都用銀彩寫，再襯以金色蘆葦，十分別致，頗爲可愛。另外一幅作風與此相若而不盡相同的是《紅箋金荷》（2011 年）。在灑金的紅箋上以金彩畫花、畫莖、畫蘆草，又以水墨畫荷葉和花莖，兼且以金彩題識，又是另一番韻致。有一幅我不能不介紹的是《歷遍三千》（2006 年）的六聯屏。這雖然是幅大畫，但十分雅致閒靜。全畫的色彩是頗爲淡逸的。本來荷葉的綠色（不同色度的綠色）已經夠淡雅了，再加上薄薄的金彩或銀彩，更顯高貴優雅。至於荷花的色彩也很清淡，淺淺的黃色，再勾以金彩，真是嬌美得很，可愛極了。

欲罷不能，我還要介紹一幅題爲《金花銀葉敦煌荷樣卷》（2010 年）的畫。正如畫題所言，裏面的十數朵荷花、花莖是以金彩寫的，是敦煌畫樣；而荷葉、葉莖是用銀彩畫的。蘆葦亦是以銀彩畫的，題識則用金彩。如果畫紙的底色是白色的話，這幅畫可能無甚麼可觀之處，但可幸的是，所用的紙是磁青紙，是深青色的。金銀二彩在深青色的紙襯托起來，突出得很，更見荷花亭亭玉立之風韻。饒教授的題識説："以金花銀葉法寫敦煌盛唐芙蕖畫樣，自覺成一新蹊徑。"所言甚是。質之前人，真的是從來沒有如此寫荷花的。

　　饒教授受敦煌藝術影響很深，其金銀二彩的運用也在一定程度上受敦煌藝術影響。從剛纔介紹的過《敦煌荷樣卷》可見一斑。以後我們還要對這方面有更多的談論。

　　荷花畫是饒教授在花鳥畫類中最傑出的一種，本來可談論的很多，以上只就其金銀二彩運用方面大概言之而已，於此暫告一段落了，以後有機會當另撰一文，專論饒教授的荷花畫。

　　其他花卉，如牡丹、菊花、紅梅等等，饒教授也往往用金彩去寫。牡丹，他喜畫紅花、玉葉（如翡翠玉色的綠葉）、金枝；菊花，他愛勾金；紅梅，也喜歡勾金。更可愛的是枇杷果，果實純以金點，如金彈丸一般。有時葫蘆瓜也用金去寫，一樣名貴可愛。我總感覺到，到了最近幾年，饒教授對金銀二彩（尤其是前者）是越來越愛用了。

　　第二點我們要談饒教授的西北宗山水及金碧山水。2006年饒教授正式提出西北宗山水畫的創立。實際上，前此一年，即2005年，他已有這樣的構思和創作，如《西夏舊域》和《月牙泉》兩幅（俱作於2005年）便是很好的例子。前畫的山石便以金彩皴擦，而頗能表現出西北地方山水的特色。饒教授的題識說："余倡山水畫，宜建西北宗。自隴坻以西，山石久經風化，斷層壘壘，而脈絡經緯，如陰陽之割昏曉，大輅椎輪仍在。宜別創一皴法，庶幾能盡其神理。"現在饒教授所新創的皴法除用水墨之外，便是金彩，可見金彩在西北宗山水之重要性，亦可見只有通過水墨和金彩才可以"盡其神理"。《月牙泉》一幅寫敦煌石窟附近的月牙泉風光。饒教授以金彩數筆抹出如一灣新月的泉水，精簡瀟灑之至。同年（2005年），饒教授又寫了《榆林金秋》一畫，畫中大量用金彩，山巒和樹木都用金彩去寫，以顯示三危山的深秋氣象，真能使人感覺到西北地方深秋的肅殺和乾燥的天氣。2006年畫的《莫高北窟》，我認爲是西北宗山水畫的傑作。這幅畫以金彩混雜水墨去寫，筆墨縱橫豪邁，無法中有法，頗似宋詞中辛稼軒的作風，甚能表現該處荒涼邊遠的氣氛。另一幅《西北宗畫法石卷》(2008年)畫：這幅畫寫了幾塊石頭，而其中兩塊是以金彩混雜水墨去寫的，因為只有這樣纔可以表現出西北地方的石塊形理。

西北宗山水畫其實有兩個特徵：一是"新皴法"(上文已略及)；二是"新三遠"構圖法，即"曠遠"(渺無人煙)、"寫遠"(莽莽萬重)和"荒遠"(大漠荒涼)。饒教授在繪畫這樣構圖的西北宗山水畫時，往往都會運用到金彩，多少是另一回事。例如他在2008年畫的《大寺佛塔殘迹》、《日月山朝陽》和《火焰山下高昌故壘》都曾用上少許金彩。

當然，金彩的運用不單止於西北宗山水，其他山水畫饒教授很多時都用到金彩的。例如曾經於2009年在澳洲塔斯曼尼亞博物美術館展出的《福海壽山》畫聯(2009年)便用上金彩。《福海》一畫中如擎天一柱的翠綠色山峰便是以金彩皴擦的，而《壽山》一畫不獨山石用金彩寫，樹幹也用金彩寫。兩幅畫給人的印象是：名貴高雅，望之令人心曠神怡。在題識中饒教授說："選堂寫金碧山水畫聯。"在中國繪畫史上，我們知道"金碧山水"始於唐代的李思訓父子，但當時的金彩似乎只用於勾勒山石的輪廓，或作少許渲染，而未見以金彩皴擦的，就算唐以後的"金碧山水"亦未見到這種情況；就算在名聞中外的繪畫大師張大千的作品中也沒有見過如此運用金彩的。所以，我認為這是饒教授的新創畫法，因而名之曰"新派金碧山水"。近十幾年來，饒教授有不少"新派金碧山水"的創作，例如《山高水長》(2009年)、《天臺石樑飛瀑》(2008年)、《雨中武夷山》(2011年)及一些畫在西洋畫布上的小幅，如《黃山迎客松》(2007年)等等都是。說到"金碧"，我要舉一幅很特別的"金碧"畫——《疏桐秀石》，因為它是以"金碧法寫倪迂桐石"(題識語)的。倪瓚寫桐石只限於水墨，而此時饒教授借倪畫的形（指樹石）而以金彩去寫，所以特別，亦所以饒教授有以上的題識。我相信，饒教授以"金寫倪"，真是妙想天開了！而更妙的是，亦一樣獲致倪畫一般高雅的效果。

提到以金彩皴擦的畫，雖然它們嚴格上不屬於"新派金碧山水"，我不能不提及以下這幾幅：《四山佳處四屏》第三幅（2005年）、《小函錦系瀧》（2005年）和《金墨白山雪景卷》（2006年）。《四山佳處》的一幅，"以金朱雜墨寫楓谷龍湫"（題識語），大量運用金彩，而且助以朱色，皴點交雜，金光燦爛，非常醒目。《小函錦系瀧》一幅不獨運用金雜墨以斧劈、披麻兩種皴法寫山石，而且各種樹木的枝幹和樹葉亦以金寫，可謂金輝滿眼，但又全不覺俗氣。最後一幅的《白山雪景》，先以水墨寫，然後於若干處稍染青色或綠色，最後則以金彩疏密有致地大筆皴擦，豪邁無匹，前所未見。

另外，大抵我們也應提及的是饒教授的"金筆山水"。雖然我不特別喜愛這類畫，但畢竟有它的特色。這類金筆山水大都畫在磁青紙或黑底色紙上，而且多寫"雲林筆意"，風格閑靜優雅，有另類可愛之處。兼且，無論畫或題識都純用金彩，甚具潔淨之美。

六

第三點談饒教授的佛畫——尤其是觀音像和佛像。饒教授畫佛畫已有頗長久的歷史，現時我看到的最早是上世紀70年代的作品。從運用金彩的角度去觀察，初時只是人物小部分勾金，後來勾金的部分逐漸增加，到了90年代差不多整個人物也勾金了，例如1996年的《金描觀音》和1997年的《金描觀音》就是這個情況。前者取法唐吳道子，而後者是自我創作，故更為可貴。這幅畫以金彩勾畫整個觀音像，從頭到腳，沒有一處不用金彩。觀音腳踏紅蓮，而紅蓮亦勾金；不獨紅蓮勾金，其綠色的蓮心亦勾金。全幅畫只有觀音手上的柳枝不勾金而已。這幅畫曾在澳洲塔斯曼尼亞博物美術館展出過（時爲 2009 年），當時給我很深刻的印象，我亦曾向物主高佩璇博士說出此畫的特色和價值所在。

踏入 21 世紀，饒教授寫觀音時亦多勾金，不過往往只是衣紋飾物勾金，而面相仍然以水墨去寫。例如 2002 年寫的《紫竹觀音》便是如此。此一時期更值得注意的是，觀音的配景大大增加，如山石、流水、瀑布、荷花、修竹等等都不時出現，而這些配景，又多運用金彩去寫。現在稍舉些例子去證實。如 2003 年的《水月觀音》，除觀音的衣紋、頭飾勾金外，巖石是在墨綠色的底子上運用金彩以粗筆皴擦；又如 2004 年的另一幅《水月觀音》，情況與上述相同。最妙的是 2004 年的《雲水觀音》，觀音的衣紋和頭飾用金彩混朱色的線條勾出，巖石卻在翠綠色的底子上用金筆從右向左猛力狂掃，可說是極豪邁的一種皴法。蘇東坡詩云："當其下筆風雨快，筆所未到氣已吞。"現在饒教授的情況是"當其潑金風雨快，筆所未到氣已吞"！2008 年的《思維菩薩》（其實亦是觀音）甚具特色，不可不提。人物除頭髮用青色外，面相、手腳、衣紋和頭飾全用金勾，配景是筆法簡單健樸的巖石、流水和枯藤。因爲觀音是取法敦煌盛唐畫樣，所以特別古拙可愛。

又因爲在這十多年中，饒教授畫觀音多與荷花結合，畫中不同的線條形態，不同的色彩體面，往往產生意想不到的美妙效果，只不過觀音的畫法因運用金彩的幅度不大而被荷花所掩蓋，故我們於此暫不作進一步的討論了。

至於佛像，純用金勾的不多見，只是衣紋或飾物勾金的則不少，而以上世紀 90 年代最多，如 1992 年的《紅衣古佛》、1995 年的《古木壽佛》便是。這裏我特別挑選 2003 年的《紅葉壽佛》一談。這幅畫甚爲別致，壽佛是棲隱在樹幹洞中的。樹畫得相當古拙質樸，上層襯以紅葉，背景是花青色的雲霞。樹洞中的壽佛穿紅衣，而紅衣的衣紋則勾金，所以特別觸目。雖然施以金彩的部分不多，但因爲"施得其法"，故頗能突出壽佛的形狀。

另一幅不是佛畫，而是道畫，但我也順便在此一談，因爲它運用金彩運用得十分精到。這幅畫名《巖棲老子》（2006年）。畫中的老子除鬚、眉、眼珠、少許頭髮用墨之外，面部輪廓、衣紋都用金寫，而線條簡潔生動，力透紙背。巖石是以金彩混雜水墨去寫，雄健渾厚，氣勢迫人。饒教授是以禪畫的筆法去寫道畫，從畫的技法來看，它真是不辨禪、道了。我認爲這幅畫是饒教授的最佳道畫。而此畫之所以能夠達到這麼高的藝術境界，似乎與金彩的妙用是分不開的。

第四點我們要談的是饒教授寫敦煌畫樣的畫。本來，饒教授的不少畫作便是從敦煌畫樣衍生和發展出來的，人物畫如是，山水畫如是，甚至花鳥畫亦如是。此際我們要談的主要是翎毛和走獸畫，或簡單地說"鳥獸畫"。因爲前幾種畫類我們在上文已談過，所以在這一節裏我們不再花筆墨了。在鳥畫方面，饒教授寫敦煌畫樣的真的不少，單就2006年出版的《饒宗頤藝術創作匯集》卷七的《敦煌書畫》册，就有鶴、鴿、鳳、孔雀多種。而《我與敦煌》一書（2009年出版）也收入多幅鳥畫，如《前程萬里》（2008年）、《又逐落花回》（2008年）、《敦煌孔雀明王》（90年代）、《和樂安寧》（2008年）、《碧梧鳳鳥》（2008年）等等。畫中分別畫有雙飛鳥、雙雀、孔雀（出現兩幅中）和鳳鳥。《莫高餘馥》（2010年出版）亦收錄不少鳥畫，而鳥的種類也是多樣的，如孔雀、鳳鳥、鸚鵡、鴿、鶴、神鳥、飛鳥、雙雀等等。這些鳥畫大多數是以金彩去寫，或金彩混雜其他顏色去寫，它們的造型簡單古拙，裝飾性十分濃厚。我覺得在衆鳥之中，孔雀和鳳鳥寫得最爲神形俱備，從金彩之中透露出它們本有的高貴品質和與衆不同的神態。這當然又是拜金彩所賜。鳥畫之構成除鳥之外，自然有其他元素（即是畫中之配景），而這些元素多是形象色彩簡樸的花卉（如荷花）或其他草木。它們都是從敦煌畫樣變化出來的。總之，全幅畫都是敦煌壁畫的東西，故可説爲敦煌藝術的再造。這種寫敦煌畫樣的畫又是饒教授的創新。"舊材料新綜合"已是創新，現在饒教授所做的何止於此？他更添上他自己的取捨和筆墨，透發出強烈的個人風格。這是"饒體"的敦煌畫樣，或可稱爲"饒體敦煌畫"或"饒家樣敦煌畫"。未知我的説法對否？讀者以爲如何？

比鳥畫更爲可愛的是饒教授寫敦煌畫樣的走獸畫。饒教授以金彩寫過不少"敦煌走獸"，如牛、羊、馬、虎、象、獅等等，都甚具特色，十分可愛。現在我只舉四幅爲例。第一幅是1998年寫的《敦煌牛》。牛的輪廓先以赭石畫出，然後再勾金，故有多處顯示金赭交雜的情況。牛的造形簡單，但雄健有力，生動傳神。配景是不同色彩的山巒，頂上有樹木，樹身和樹枝部分用金寫，筆法相當瀟灑。而"金牛"卻立在山巒之頂，望向東邊，似是觀看日出的神態。天空染花青色，增加了天空的質感。題識説："此取之敦煌壁畫，以白畫筆法爲之，聊存西洲舊本之梗概。"可見此畫中之牛，是以白畫筆法的敦煌畫樣，換句話説，牛形是取之敦煌壁畫，而畫法則是白畫筆法。第二幅是2003年的《金描獅子》。此畫不獨獅子全用金寫，題識也以金寫，所以整幅畫，除兩個印章外，都是金彩，真可謂金光燦爛了。獅子線條極美，筆筆從書法中的篆書來，造形亦極具裝飾性，絶不同於一般畫中獅子的造形，更不同於嶺南畫派的寫實作風。第三幅是《五牛圖卷》（2004年）。裏面的五隻牛都是取自敦煌壁畫的，而第三隻牛整個身體是用金彩勾畫的，真正可謂"金牛"了！牛的形態是臥在地上，而牛頭回望，眼睜開，口微張，神形畢肖，生動無匹。第四幅是題爲《神牛》（2008年）的敦煌畫樣。構成此圖有兩個元素，除神牛外，便是一株古木。牛是坐的，從圖片上看，似乎先以朱色勾畫，然後再勾金，故有小部分微微透出朱色。牛旁邊是古木，是以金彩混雜水墨去寫的。神牛自然可愛，但古木更可愛。它的畫法十分值得我們欣賞和研究。這株古木是以書法入畫的好例子，它筆筆是畫，亦同時筆筆是書法。它不是畫出來的，而是如書法一般"寫"出來的。非在書法方面有深厚功力是絕不能寫出如此豪放雄勁的線條的。

至於馬方面，饒教授當然以金彩寫過不少，不過有一匹"敦煌馬"，似乎饒教授並沒有嘗試過用金寫。這匹馬便是饒教授屢次以水墨寫過的"巴黎伯希和列號三九五一畫樣"的白描馬。我真盼望有一天饒教授有機會以金彩寫這匹馬，看看透過金彩這匹馬又會現出甚麼模樣，顯出甚麼神韻。

七

第五點我要稍爲介紹的是饒教授運用金彩繪畫的禪畫。禪畫的歷史很早，相信最遲唐代禪宗佛教產生後不久便出現了，五代、兩宋繼續發展，而時代越後風格越明顯，到了明代，禪畫可能已成爲一個流派，因爲當時如董其昌、陳繼儒等人的文人畫家已認爲畫可通禪，或畫和禪可以相通了。禪畫在形式上的最大特徵是"簡單"，不過，簡單不一定是禪畫，最重要的是它要有禪意——禪的意境，否則，無論多簡單也不是禪畫。又有些人誤以爲禪畫一定要用水墨寫，一用色彩便不是禪畫了，因爲以爲色彩入俗。這是不對的，我認爲只要它含有禪意或令人感覺有禪意，不論是簡是繁，用墨或用色，它都是禪畫。禪家說"色即是空"，何嘗用色去寫便不是禪畫呢？金彩是色的一種，用它去寫亦自然可以寫出禪畫的，關鍵在它能否寫出禪意，能否透出禪的意境而已。

　　饒教授的禪畫產生得很早，在《饒宗頤藝術創作匯集》卷八《禪意書畫》册裏最早的一幅是作於 1964 年的，是"以漸江之山，補叔明之樹"的一幅禪畫。之後，歷年都有禪畫的創作，雖然多是水墨畫，但顏色畫也不少，而且間中也有用金彩的，如 1995 年的《洞中達摩》，文紋便是用金寫的；又如 2005 年的《黃花翠竹》畫聯，黃花（即菊花）便以金勾；又如 2006 年的《雲在青天水在瓶》的一幅山水畫，山石是以金彩作皴擦的。此畫無論構圖、用筆、用墨、用色（包括用金）都十分精妙，藝術境界甚高，是一幅極佳的禪畫。

　　現在我特別要介紹三套禪畫：第一套是《金墨繪禪門四事四屏》(2005 年)，第二套是《竹掃　鋤頭　蘆葦　茶壺四屏》(2005 年)，第三套是《禪偈四屏》(2010 年)，因爲它們都是用金或金混其他顏色去寫的。第一套分別以金彩混雜水墨寫缽頭、青竹杖、茶碗和枯枝，筆法簡潔雄勁，力度萬鈞，是不可多得之佳作。第二套，如畫題指出一般，畫的次序是：竹掃、鋤頭、蘆葦（加乳缽）、茶壺（兼茶杯）。頭二幅純以金彩混雜水墨去寫，第三幅金彩混雜墨綠，第四幅金彩混雜赭石。所以從色彩的多樣和變化方面去看，這一套是稍勝前套的。不過我認爲若從"筆墨"方面去著眼，前一套則更好。各有優勝處，至於觀賞者意屬那一套則全在乎他個人的喜好而已。第三套畫面上畫四件東西：水瓶、游魚、荷花、茶壺和杯（實際上是五件），全是以金彩寫的。最妙的是畫荷花的一幅，一枝荷花，差不多從畫頂畫到畫腳，線條極美。這三套禪畫都有題識，全是禪偈，它們大大增強了畫中的禪意。這三套禪畫，不單止是繪畫藝術的精彩展現，更是繪畫、書法、文學、歷史、哲學、宗教的高度結合。

　　接著我要稍爲介紹第六點：西洋畫布上的繪畫。本來，這樣分作一點獨立地去介紹是有點不倫不類的，因爲既不是從畫類去分，又不是從畫的內容或性質去分，但，我的理由只有一個：饒教授畫在西洋畫布上的畫很多時是用上金彩甚至銀彩的。況且，因爲畫在異於一般或傳統的素材上而增加了我另外分作一類的信心。這一類的作品畫幅通常不大，多數是 50×60 釐米的大小，很有西洋畫的形制特色，掛在牆上，不獨舒服，而且很具裝飾性。這類畫，饒教授最愛畫荷花，其次是山水。當然別的花卉，如櫻桃、芭蕉等都畫過，可是不多見。在荷花畫裏，很多時只有一兩片荷葉，一朵荷花已能將花中之君子的高潔品格表露無遺。而最重要的是，站在我們的立場上講，絕大多時候，荷花都勾金或純以金彩去寫。就《莫高餘馥》一書（2010 年出版）便收錄了幾幅：《一花一世界》（2009 年）、《青蓮能結佛因緣》（2009 年）、《金花銀葉荷樣》（2010 年）、《惠風開靜荷》（2010 年）。其中我最欣賞的是《青蓮能結佛因緣》一幅，畫中以深翠綠色寫荷葉，分置左右兩旁，而左旁更用黑色寫兩片幼葉，又用金彩寫幾條蘆葦草，其中一條從左邊一直伸向右邊。中間近左處寫荷花一支，用金混紅去寫，荷心與荷莖俱用翠綠色寫。這幅畫無論用筆、用彩、用墨、構圖都屬上品，我認爲是這類畫中的典範之作。另外，《心通造化：一個學者畫家眼中的寰宇景象》一書（2009 年）也收錄了兩幅這類的荷花作品：《亭亭淨植》（2005 年）和《荷花》（2008 年）。前者以墨寫荷葉，以金勾荷花，又以金寫題識，靜穆之中顯出高貴之感。後者以不同色度的翠綠寫荷葉兩片，佔了全畫差不多百分之九十位置，而左邊寫荷花蕾一個，聳立葉後。花是深紅色的，而在上面瀟灑地畫上幾條金彩花紋，十分醒目。又在畫中央綠葉上寫題識：「仙露明珠不能擬其光華。戊子選堂。」綠上加金，可愛之至！

花卉之外，這類畫以山水爲多。例如畫於 2009 年的《羊城八景》就是。這套畫每一幅都用上金彩，多少不一。《越秀松濤》一幅幾株松樹的樹幹用金寫，題識亦用金寫；《珠江秋泛》六株秋樹的樹幹用金寫；《蘿崗香雪》三株樹木和題識用金寫；《東湖春曉》之柳樹用翠綠而稍混金彩；《鵝潭夜月》之樹木和山巒稍以金混綠色寫；《白雲旭日》諸樹幹和題識都用金寫；《荔灣煙雨》沙岸以金混赭石橫抹，題識用金寫；《西樵飛瀑》，主要用深淺不同的青綠寫，但山巖有若干處稍微以金彩點染。可見，饒教授在作這類畫時是多麼愛用金彩了。而金彩，不獨使觀者眼睛爲之發亮，更能使他們內心暢快。

這類的山水畫，有一幅我特別欣賞的是名爲《白山川流》的一幅。它全不用墨，大致上來説，畫中只有三種顏色：赭、藍（近紫）和金黃。其中金黃的幅度頗大，幾乎佔了全畫的一半，而這一片"金黃"真的是由金彩加黃色而成的。它令我聯想到英國水彩畫大師端納（Turner，J. M. W. 1775—1850）的精彩作品。饒教授又喜歡利用畫布寫敦煌山水畫樣。如 2006 年的《盛唐山水溪流畫》，2009 年的《鼓棹圖》，2010 年的《巖壑飛泉》便是好例子。畫中的山石、草木甚至小舟都是用金彩寫的。

我覺得這類畫——在西洋畫布上作的畫有它們的特色：形簡意厚，悅目抒情，加上裝飾性強，面積較小，所以很多人都喜歡。很多時我覺得它們比那些長張鉅幅更耐人尋味，更加可愛。它們就好比唐詩中的五七言絕句，雋永無窮，百讀不厭。它們之所以達到此般境界，其中一個因素毫無疑問是用金彩而得其法！

最後一點我要談的是饒教授的用金彩或銀彩寫的書法和"書法繪畫"，後者亦當然因爲它與金銀二彩有關。饒教授是當今的大書法家，各體書法皆精，這一點我無須多説了。於此我也不打算介紹饒教授在書法上的成就和其特別的風格，只是想稍爲談談他用金銀二彩去寫書法這一點。90 年代之前饒教授較少以金銀二彩作書法，就現存的作品看，二彩比較，仍以金彩寫的較多。但踏入 21 世紀，或説近十多年來，金銀兩種書法相應地增加，不過，仍以金彩的爲多，可能是由於金色較爲悅目，而銀色接近白色，較淡素，不太爲人所好。

金銀二彩的作品饒教授往往寫在磁青紙上或黑底色的紙上或水墨畫的荷葉之上，因此字體至爲凸出。但有時也會寫在一般畫紙上或略帶有顏色的紙上的。我記得饒教授於 2009 年在澳洲塔斯曼尼亞博物美術館曾經展出過一套書法四屏，是分別用墨、朱、石綠和赭石來寫的。而赭色的一幅卻是以赭混雜金來寫，故赭中透金，閃閃生輝，特別可愛。實際上，饒教授在一般畫紙上以金寫的書法都往往混雜某種色彩，因而令到金彩更加豐富奪目。例如 2001 年的《龍飛雲天外》一聯便是以金混墨寫的，2008 年的《大慈念一切》是以金混朱寫的，效果都十分理想。又如 2010 年的《圓滿法界月》一聯亦是以金混墨寫的，不過，與前一聯比較，此聯只是以少許金彩混雜大量墨汁去寫，所以得出來的效果是不同的，前者較爲輕清，後者則較爲厚重，韻味是兩樣的，但同樣令人愛不釋手。我個人就比較喜歡後者多一點，這全是個人的好惡問題，與書法本身無關。

現在最後一談的是饒教授的"書法繪畫"。所謂"書法繪畫"是有意將書法中的字體形象加以特殊變化，以達到圖畫一般，簡言之，就是"圖畫化"或"繪畫化"的書法。說它是"書法繪畫"可，說它是"繪畫書法"亦無不可。在上世紀饒教授的書法作品中，我沒有見過這類作品，只是踏入 21 世紀饒教授纔開始創作這類書法繪畫。而且，有一點我特別注意到的是，它們都寫或畫在西洋畫布上！以純墨或其他彩色寫的自然不少，雜合多種顏色寫的亦有，而以金混墨，或金混其他顏色，如紅、綠等等也頗多。《心通造化》一書便收錄有十幅，其中有金彩的便佔七幅：《鑄奇字》（2008 年）、《康寧長樂》（2009 年）、《日月增輝》（2009 年）、《仁則壽》（2009 年）、《長樂延年》（2009 年）、《長宜子孫》（2009 年）及《大吉祥宜牛犢》（2009 年）。其中《日月增輝》一幅最爲色彩繽紛，除金彩之外，又混雜紅色和少許藍色和赭色。"日"、"輝"兩字是金混紅，"月"字金混少許淡藍，"增"字金混赭，故爲十分熱鬧的一幅書法繪畫。另外一幅，我認爲最佳的，是《仁則壽》一幅。這幅是以金彩混雜水墨寫的，運筆豪勁潑辣，力透"布背"；而且字的造形好，三字的布置更好。我又多舉幾幅爲例：《日日新》(2009年)、《無量壽》(2009年)和《達觀》(2009年)。這三幅同見於2009出版的《丹青不老》(廣州：廣東美術館出版)。第一幅是金、墨、赭混雜，而金彩少；第二幅也是金、墨、赭三色混雜，而金彩較多，兩者比較，風格是不一樣的。第三幅色彩混雜較爲複雜，主調是暗青綠色，而又帶有赭色和少許金色。三幅之中，以最後一幅最有韻味，而書法又特別優勝，是以草書寫的。這一類"書法繪畫"的作品近幾年來頗多，又可從其他畫册見到，不過，於此不作進一步介紹了。它們總是給人一種新穎奇特的感覺：原來死板的文字都可以變成這麼多姿多彩的繪畫的！

八

經過以上七節文字從各方面談論饒教授運用金銀二彩的問題，似乎現時對饒教授這種絕藝已有了初步的認識。七節之中自然以後面幾節較爲重要，即是談論他運用二彩的發展過程和他愛用二彩的原因的第四節和談論各畫類和不同性質內容的作品的技巧的第五、六和七三節，尤其是後三節直接進入問題中心。雖然不夠深入，至少已觸及到應該討論的要點。此刻，但願其他學者和後來的學者對饒教授在繪畫和書法藝術上金銀二彩的運用技巧作進一步和更全面的研究。我相信一定會有可觀的收穫的。我現時的研究只不過是這方面的起點而已。

所喜的是，在饒教授的彩筆下，已在藝術上創造了一個色彩繽紛的"金銀世界"。他自己身心舒暢地遨遊於這個世界，也讓欣賞他的作品的人們同時進入這個世界，與他一起翱翔，一起歡笑。饒教授的作品永恆地發出光和熱，我們在此充滿光和熱的"金銀世界"裏得到希望，得到溫暖。孔子説："詩可以群。"我認爲繪畫亦可以群，書法亦可以群，因爲我們已進入了饒教授所創造的"金銀世界"——藝術上的"金銀世界"，我們自然已達到"群"的美好境界了！不是可喜可賀之事嗎？

（原文初次發表於 2013 年 12 月"第二屆饒宗頤與華學暨香港大學饒宗頤學術館成立十周年慶典國際學術研討會"。）

饒宗頤教授與香港敦煌吐魯番研究中心

羅 慧

一、前　　言

　　饒宗頤教授是公認的國學大師及國際知名漢學家，他在敦煌學研究方面，尤爲世人稱道。早自上世紀五、六十年代，即以《敦煌本〈老子想爾注〉校箋》掀起歐洲研究道教的熱潮。而先生眼光恢弘，並未以此爲限，爾後數十年的敦煌研究中，在文學、歷史、語言、宗教、書法、音樂、藝術等各領域，均廣有涉略及建樹，深獲學界尊崇。80年代之後，更以一人之力創立"香港敦煌吐魯番研究中心"，身體力行促進港臺、海外學術界與內地敦煌學者的交流合作，並發起主持多項大型研究項目，對中文乃至國際敦煌學界的貢獻，皆謂甚偉。目前，學界對於饒教授的敦煌學成就，已有較深認識，無論是綜合貢獻，還是不同專題研究方面，均有專文論述，惟對饒教授創立之"香港敦煌吐魯番研究中心",往往順帶提過;而在有關論述中,亦多有互相抵觸的説法。筆者在收集資料時發現,這主要應是饒教授及該中心埋頭研究,不求名利的低調踏實學風,以致鮮有宣傳、説明文獻流傳造成的;亦與該中心獨特的發展脈絡不無關係。本文因此僅嘗試從有限的材料中,梳理與香港敦煌吐魯番研究中心有關的文獻及事件,並藉此拋磚引玉,希望學界有緣之前輩,能多提供線索及材料,盡量還原這一頗具傳奇色彩的研究中心當年之歷史面貌。

二、饒宗頤教授與香港敦煌吐魯番研究中心之創辦

1978年,饒教授自香港中文大學榮休,先後被聘爲香港中文大學中國文化研究所名譽高級研究員(1979年)、香港中文大學中國文化研究所、藝術系榮譽講座教授(1982年)等。自榮休之後,除了個人的研究外,他更特別留意加強與内地學界的交流合作,致力推動國内學術研究的發展。饒宗頤教授與内地敦煌學界之交流合作亦始於此時。1980年,饒教授進行了一次全國性的學術考察,爲期三個月之久,其時亦是他第一次踏足敦煌。[①] 1983年8月,中國敦煌吐魯番學學會成立大會在蘭州、敦煌兩地舉行,大會即推舉饒宗頤教授爲學會顧問(顧問共二十七名,包括李一氓、常書鴻、姜亮夫、任繼愈、夏鼐等著名學者)。[②] 也就是説,在中國敦煌學研究蓬勃興起之初,饒教授即投身其中,對中國當代敦煌學的奠基作出卓越貢

---

① 曾憲通:《選堂訪古留影與饒學管窺》,廣州:花城出版社,2013年,頁3—6。
② 段文杰:《創刊弁言》,《敦煌研究》創刊號(總第3期,1983年12月),頁1。

獻；並在國門剛剛打開之際，利用自己在香港中文大學的研究工作之便利，以及個人的魅力及影響，扮演了對外交流平臺的重要角色。香港敦煌吐魯番研究中心，即是在這種背景下成立，並一直由饒教授一人獨立負責主要工作；從某種意義上，亦可以説，這個中心，一開始就是饒教授在敦煌學各方面努力的機構化延伸。

一、創辦時間

現知香港敦煌吐魯番研究中心創立於香港中文大學，但具體成立於何年，則有多種説法。1994年，敦煌研究院慶祝成立五十周年，並在1995年出版紀念特刊，其中刊有榮新江教授《香港敦煌吐魯番研究中心與敦煌學研究》一文。據該文，由饒宗頤教授主持的香港吐魯番研究中心成立於1993年8月，設在香港中文大學新亞書院誠明館内。[①] 該文發表時間與此相距不久，且榮新江教授曾於1992—1993年間從饒教授遊學於香港，[②] 所述應較準確。而查證當年的香港中文大學《新亞校訊》，亦有公告云新亞書院將在當年8月15日成立"敦煌研究中心"，以"支持饒宗頤教授研究工作"。[③] 即此應爲香港吐魯番研究中心之官方成立日期。

然而，中心真正開始運作的時間應早於此。據饒教授多次回憶，該中心成立於1992年：

> 我因得到香港中華文化促進中心與香港中文大學新亞書院梁秉中院長的支持，一九九二年在新亞書院設立"敦煌吐魯番研究中心"一機構。近十年來，不斷延攬内地年輕一輩學人蒞

[①] 榮新江：《香港敦煌吐魯番研究中心與敦煌學研究》，《敦煌研究》紀念敦煌研究院成立五十周年特刊（總第42期，1995年），頁85—86。
[②] 榮新江：《敦煌：饒宗頤先生學與藝的交匯點》，《慶賀饒宗頤先生95華誕敦煌學國際學術研討會論文集》，北京：中華書局，2012年，頁22。
[③] 《新亞校訊》第295期（1993年8月2日）。

港參加工作，出版著作甚多。①

一九八七年得到香港中華文化促進中心協助，與中文大學合作舉辦敦煌學國際研討會。一九九二年八月，該中心幫助我在香港開展敦煌學研究計劃，在中文大學的新亞書院成立"敦煌吐魯番研究中心"，延攬内地學人蒞港從事專題研究，由我主持出版研究叢刊，主編專門雜誌。②

以上之1992年説，固有誤記的可能；然據香港中華文化促進中心網站，該中心自1992年起，即"協助名譽會長、香港中文大學榮譽講座教授饒宗頤先生"，在香港開展"敦煌吐魯番專題研究計劃"，③ 與之亦可互證。

此外，亦有多種迹象表明，香港敦煌吐魯番研究中心于香港中文大學新亞書院正式成立之前多年，即已實際存在並運作。其中最有力的證據乃是饒宗頤教授主編之《香港敦煌吐魯番中心叢刊》第一種，饒教授編《敦煌琵琶譜》之出版時間乃是1990年，早於中心實際成立三年；而據饒教授自序，此書初完稿於1988年除夕，時即計劃"謹以此書作爲敦煌研究叢刊之一"。④ 這説明，中心甚至早在80年代末即可能已經實際存在。筆者曾就敦煌吐魯番研究中心成立年份詢問著名藏學家、中央民族大學藏學研究院名譽院長王堯教授，據他回憶，亦是在80年代末，就曾受饒教授邀請，在香港中文大學的敦煌吐魯番研究中心做訪問學者，饒教授更爲他出版一本有關古西藏占卜的專著（該書因涉及"封建迷信"成份，在當時的大陸學

---

① 饒宗頤：《港臺地區敦煌學研究的回顧與展望》，《饒宗頤二十世紀學術文集》卷八，臺北：新文豐出版公司，2003年，頁285—287。
② 饒宗頤：《我與敦煌學》，《饒宗頤二十世紀學術文集》卷八，臺北：新文豐出版公司，2003年，頁291。
③ http://www.hkipcc.org.hk/dunhuang/index.shtml
④ 饒宗頤：《序言》，《敦煌琵琶譜》，臺北：新文豐出版公司，1990年，頁2。

界不便出版）。據查，王堯教授提到的專著，應即爲其與陳實合著之《吐蕃時期的占卜研究——敦煌藏文寫卷譯釋》一書，於 1987 年作爲《香港中文大學中國文化研究所專刊》第九種由香港中文大學出版社出版。此亦爲佐證之一。

綜上所述，筆者以爲，香港敦煌吐魯番研究中心乃應由饒教授設想並草創於 1987—1988 年間，於 90 年代以前進入正式工作狀態，官方成立日期爲 1993 年 8 月 15 日。

二、運作模式

如前所述，香港敦煌吐魯番研究中心長期乃由饒教授一人負責主要工作，因而早期運作模式，難以了解具體情況，應以饒教授個人的學術研究、參與及組織學術交流活動爲主。之後，饒教授爭取到香港中文大學新亞書院及中華文化促進中心的支持，邀請大量內地學者的參與，全面在港開展敦煌學方面的學術研究、出版及交流活動。中心正式成立之公告中清晰定義了自身的性質和目標：

> 本院將於八月十五日成立"敦煌研究中心"，以支持饒宗頤教授研究工作，試辦期三年。研究中心之藏書由饒教授選定及添購，饒教授可按需要，運用向外籌集之資源，邀請外地學者來港，從事研究工作或聘請全職或兼職之研究助理或研究員，協助研究工作。一切有關學術研究、出版及交流活動，亦由饒教授自行計劃安排。敦煌研究中心之辦公室設於本院誠明館二樓 118 室。①

饒宗頤教授與新亞書院之深厚淵源可追溯至書院創始之初，直

---

① 《新亞校訊》第 295 期（1993 年 8 月 2 日）。

至 70 年代新亞併入新成立的香港中文大學，饒教授亦爲書院最早的院務委員之一；① 2003 年之後，改任榮譽院務委員。② 新亞書院亦自錢穆時代即有重視中國傳統文化的傳統。因此，上至院長，下至一般員工，特別是中心創立時的院長梁秉中教授，都大力支持饒教授的工作。上述公告中雖有"試辦期三年"之説，但實質上至 2006 年，中心一直在新亞書院保持平穩運作。而公告中提到中心藏書，實乃饒教授將個人私藏之敦煌吐魯番研究方面的學術著作，搬入中心上址專門存放，方便來訪學者查閲。③ 中心的功能則包括學術研究、出版及交流活動，特別是邀請外地學者來港訪學。這些皆在饒教授的自主計劃安排下進行，但所需經費，可能由於學院自身資源問題，則需"向外籌集"，即多需饒教授自行籌措，學院無法更多幫補。雖有規定中心可聘請研究助理，但在這種情況下，饒教授時有身爲"無兵司令"無法徹底大展拳腳的感慨，④ 亦是很容易理解。與此同時，饒教授在中國文化研究所的助手亦常參與中心的協助工作。

至於饒教授在中心的職銜，此處並未提及。但 1995 年饒教授獲嶺南學院（今香港嶺南大學）頒授人文學榮譽博士銜，2000 年獲國家文物局和甘肅省人民政府頒發"敦煌文物保護研究特殊貢獻獎"，及獲中華人民共和國香港特別行政區政府最高榮譽"大紫荆勳章"時，《新亞校訊》均發表慶賀公告，三文皆稱饒教授爲"敦煌吐魯番研究中心主任"。⑤

---

① 《多情六十年：新亞書院的過去、現在與未來》，香港：香港中文大學新亞書院，2009 年。
② 《新亞校訊》第 426 期（2003 年 7 月 2 日）。
③ 鄭會欣：《饒公與敦煌吐魯番學研究》，《華學》第九、十合輯，上海：上海古籍出版社，2008 年，頁 813—817。
④ 鄭煒明：《記饒宗頤先生九五華誕研討會——兼略述饒氏敦煌學成就》，《明報月刊》2010 年 10 月號（總 538 期），頁 63—66。
⑤ 《新亞校訊》第 335 期（1995 年 12 月 1 日）、第 387 期（2000 年 4 月 1 日）、第 390 期（2000 年 7 月 3 日）。

三、經費來源及其他支持

中心進行日常工作，特別是出版、外地學者訪港所需的經費資源，多來自香港中華文化促進中心及其他個人的贊助。其中香港中華文化促進中心出力至大。這是一個成立於 1985 年，以在本港開展各類文化活動，促進中華文化發展及交流工作的非營利團體，在自身資源有限的情況下，作了相當多有意義的工作。[1] 香港文化界名人，多曾不同程度地活躍其間。饒宗頤教授是其名譽會長之一，而梁秉中教授亦長期服務於其理事會。因此，香港中華文化促進中心早在 80 年代即支持饒宗頤教授進行敦煌學研究項目，並與香港中文大學中國文化研究所合辦了 1987 年國際敦煌吐魯番學術會議。[2] 而在 1992 年之後，儘管面臨着經費嚴重緊縮的情況，[3] 仍毅然開展"敦煌吐魯番專題研究計劃"，資助饒宗頤教授邀請國內學者來港訪學，出版多種有關專著、期刊，甚至協助辦理外地學者們的來港手續等。[4] 同時，亦邀請受訪學者在該中心舉辦敦煌學方面的公共講座，並與敦煌研究院合作，面向公衆推出敦煌文化考察團，極大增強了廣大香港市民對敦煌文化研究的興趣。[5]

除了香港中華文化促進中心外，泰國著名銀行家、泰國華僑崇聖大學創辦人、華僑報德善堂董事長鄭午樓博士之支持和贊助亦值得一記。這位潮籍華僑富商是饒教授的老朋友，他不但促成泰國華僑崇聖大學中國文化研究院成爲香港敦煌吐魯番研究中心的合作夥

---

[1] 盧瑋鑾、熊志琴：《雙程路——古兆申訪談錄》，香港：牛津大學出版社，2010 年，頁 249—263。

[2] 《香港中華文化促進中心》，香港：香港中華文化促進中心，1989 年，頁 28。

[3] 盧瑋鑾、熊志琴：《雙程路——古兆申訪談錄》，頁 249—263。

[4] 據李均明先生，他爲編寫《居延漢簡編年——居延編》訪港時的訪港手續，即由香港中華文化促進中心經理幫助辦理。李均明：《居延漢簡編年——居延編》後記，臺北：新文豐出版公司，2004 年，頁 287。

[5] 據該中心年報及每月節目表，1991—2002 年間，幾乎每年都有敦煌學主題的公共演講，饒教授多出任演講主持人。而 1991 年的首兩次敦煌文化考察團，更獲時敦煌研究院院長段文傑先生接見，可見與一般旅行團截然不同。另參《香港中華文化促進中心十周年特刊》，香港：香港中華文化促進中心，1995 年。

伴，更聯手臺灣出版家高本釗先生，支持饒教授主編出版《香港敦煌吐魯番研究中心叢刊》及《補資治通鑑史料長編稿系列》兩套大型叢書（臺灣新文豐出版公司出版），亦支持饒教授等主編的《敦煌吐魯番研究》的創刊。

　　由上不難看出，香港敦煌吐魯番研究中心，實始自饒宗頤教授參與敦煌學研究，乃至全面推動中國敦煌學的發展之宏偉心願，因而以一人之力將各方支持結繫在一起，不問名利默默耕耘，直至中心正式創立，已在征途頗有時日，亦已頗有成果。香港敦煌吐魯番研究中心，因此亦可視爲饒教授80年代後在敦煌學研究的豐碑；也就是説，自80年代末起，饒教授所有敦煌學之成就，即便未有特別注明，亦可視爲香港敦煌吐魯番研究中心的成就。

三、香港中文大學時期香港敦煌吐魯番研究中心之成就

　　饒教授主張作古文需取法韓愈，"先立其大，養足一腔子氣"，他的治學作風亦一以貫之，在精確深入掌握文獻、史料的基礎上，以縱橫交錯的氣勢擅場。他曾自言，治學中一向視敦煌經卷文物爲歷史研究的補充資料，而喜運用"貫通的文化史方法"，指出這些史料在歷史某一問題上關鍵性的意義。[①] 更倡導 "廣義的敦煌學"，從研究地域、歷史時期、研究對象及素材、乃至學術課題等全方位地拓展，以期全面深入瞭解敦煌及周邊地區的歷史、地理，曾經出現

[①] 饒宗頤：《我與敦煌學》，《饒宗頤二十世紀學術文集》卷八，臺北：新文豐出版公司，2003年，頁291。

過的民族及其文化承傳演變等。① 香港敦煌吐魯番研究中心雖一直只有一間辦公室的大小，其主要成績，仍因其主事者所立下的大願，而具雄渾貫通之氣概。中心在出版大型叢書、學術刊物，組織交流活動方面，都卓有成就，現試簡述如下：

一、出版專著

香港敦煌吐魯番研究中心最爲人稱道的即是饒教授主編的《香港敦煌吐魯番研究中心叢刊》及《補資治通鑑史料長編稿系列》這兩部大型叢刊的出版；此外，饒教授亦有其他敦煌學方面的專著面世。

1.《香港敦煌吐魯番研究中心叢刊》（1990 年—2006 年）

如前所述，《香港敦煌吐魯番研究中心叢刊》乃饒教授 80 年代開始籌劃主編的大型叢書，十數年間，饒教授邀請不同學者來中心進行不同課題的敦煌學研究，其研究成果結集成十一種專著出版，即：

（1）饒宗頤編：《敦煌琵琶譜》（1990）

（2）饒宗頤編：《敦煌琵琶譜論文集》（1991）

（3）饒宗頤主編，姜伯勤、項楚、榮新江合著：《敦煌邈真讚校錄並研究》（1994）

（4）榮新江編著：《英國圖書館藏敦煌漢文非佛教文獻殘卷目錄（S. 6981—13624)》（1994）

（5）張涌泉著：《敦煌俗字研究導論》（1996）

（6）黃征著：《敦煌語文叢說》（1997）

（7）楊銘著：《吐蕃統治敦煌研究》（1997）

———
① 饒宗頤：《敦煌學應擴大研究範圍》，《敦煌吐魯番研究》第九卷，北京：中華書局，2006 年，頁 1—5。

(8) 饒宗頤主編:《敦煌文藪》(1999)

(9) 趙和平著:《敦煌本〈甘棠集〉研究》(2000)

(10) 陳明著:《敦煌出土胡語醫典〈耆婆書〉研究》(2005)

(11) 郝春文著:《中古時期社邑研究》(2006)

值得一提的是,這套叢書中不但體現了國内學者的個人參與,亦有國際學界參與其間,譬如英國知名漢學家、民族音樂學家畢鏗(Laurence Picken)爲《敦煌琵琶譜論文集》作序;[1]《英國圖書館藏敦煌漢文非佛教文獻殘卷目録(S. 6981-13624)》之研究項目曾得到"王寬誠英國學術院獎學金"(British Academy K. C. Wong Fellowships)資助等。[2] 到了後期,亦開始出現中國國家教育部的支持和參與,如《敦煌出土胡語醫典〈耆婆書〉研究》爲中國博士後科學基金資助項目;《中古時期社邑研究》享受上海市重點學科建設項目資助等。

2.《補資治通鑑史料長編稿系列》(1995年—2004年)

這套叢書由泰國華僑崇圣大學中華文化研究院和香港敦煌吐魯番研究中心合作創立,由香港敦煌吐魯番研究中心主力完成。同時,饒宗頤教授作爲泰國華僑崇圣大學中華文化研究院院長和香港敦煌吐魯番研究中心主任,亦視這個系列爲其晚年研究工作的重中之重。[3] 他有感於近代學風過於强調史料,而在當下新資料出土頻密的情況下,人多趨於新事物而不做基礎整理研究工作、多"重迹象而輕義理"的浮躁學風,希望依照司馬光《資治通鑑》之例,作此

---

[1] 陳應時:《論饒宗頤的敦煌樂譜研究》,《華學》第九、十合輯,上海:上海古籍出版社,2008年,頁805—812。

[2] 榮新江編著:《自序》,《英國圖書館藏敦煌漢文非佛教文獻殘卷目録(S. 6981-13624)》,臺北:新文豐出版公司,1994年,頁21—23。

[3] 饒宗頤:《研究天地一覘》,見陳方正等編:《與中大一同成長——香港中文大學與中國文化研究所圖史 1949—1997》,香港:中國文化研究所,2000年,頁240—242:"對中國浩瀚的文字和歷史文獻,做出一點認真的奠基工作。這二樁事正是晚年的我在學術領域中懸揭的兩個鵠的。"

《出土史料繫年長編》,① 用編年方法,把新出土的零散史料加以編年,使其如"散錢之就串"。② 據饒教授回憶,該計劃從 1988 年開始,"在條件萬分不充足的情況下,艱辛奮鬥,急起直追,賴國內年青學人熱情協力"而有成,期望能出版至十册。③ 至今,出版共計八種,即:

(1) 饒宗頤、李均明著:《敦煌漢簡編年考證》(1995)

(2) 饒宗頤、李均明著:《新莽簡輯證》(1995)

(3) 王素著:《吐魯番出土高昌文獻編年》(1997)

(4) 王素、李方著:《魏晉南北朝敦煌文獻編年》(1997)

(5) 王輝著:《秦出土文獻編年》(2000)

(6) 劉昭瑞著:《漢魏石刻文字繫年》(2001)

(7) 陳國燦著:《吐魯番出土唐代文獻編年》(2002)

(8) 李均明著:《居延漢簡編年——居延編》(2004)

另據饒教授在《我與敦煌學》一文中自述,計劃中尚有胡平生之《樓蘭文書編年》,姜伯勤之《唐代敦煌宗教文獻編年》及榮新江、余欣之《晚唐五代宋敦煌史事編年》。④ 而據余欣,他曾於 2001 年間於港進行《沙洲歸義軍朝野繫年錄》編纂工作。上述這些皆至今尚未出版。⑤

縱觀已出版的八種,饒教授不僅親自參與其中部分專書的撰寫,還認真與其他作者切磋討論,並爲每部書撰序,指出研究重點、顯著成績及需要注意的問題,顯示出饒教授高屋建瓴的學術領導力。

---

① 饒宗頤:《史與禮——補資治通鑑史料長編稿系列總序》,饒宗頤、李均明著:《敦煌漢簡編年考證》,臺北:新文豐出版公司,1995 年,頁 9—10。
② 饒宗頤:《我與敦煌學》,《饒宗頤二十世紀學術文集》卷八,臺北:新文豐出版公司,2003 年,頁 291。
③ 饒宗頤:《研究天地一覷》,見陳方正等編:《與中大一同成長——香港中文大學與中國文化研究所圖史 1949—1997》,頁 240—242。
④ 饒宗頤:《我與敦煌學》,《饒宗頤二十世紀學術文集》卷八,頁 291。
⑤ 余欣:《厭劾妖祥:絲路遺物所見人形方術研究》,《慶賀饒宗頤先生 95 華誕敦煌學國際學術研討會論文集》,北京:中華書局,2012 年,頁 869。

參之以總序中力陳"史必以禮爲其紀綱",針砭時弊一針見血,此系列在學界大獲成功,亦因此創立了史學研究的一種典範。

3. 其他

在這段時期內,饒教授在主持中心工作之餘亦筆耕不輟,發表敦煌學著作,如1993年由廣東人民出版社出版《法藏敦煌書苑精華》八冊、1996年由臺北新文豐出版有限公司出版《敦煌曲續論》等重要學術著作。

二、編輯期刊

1.《九州學刊》敦煌學專號(1992—1995年)

《九州學刊》是香港中華文化促進中心邀請多位美籍華裔著名學者義務編輯之學術季刊,1986年創刊,刊登有關漢學、人文科學、社會科學及中西文化各方面的研究論文。該刊由臺北九州學刊雜誌社出版,在香港、臺灣兩地公開發行,並由北京友誼出版公司選取適合國內發表的文章,匯集出版,在大陸發行。該刊對溝通海內外華人學術界的思想與觀點,起着十分積極的作用。[1]

1992年起,饒教授於刊內創辦及主編《敦煌學專號》,共三期,分別於1992年4月(第四卷第四期)、1993年6月(第五卷第四期)及1995年3月(第六卷第四期)出版。每期分"專論"、"書評"及"論壇"三個部分,收錄饒宗頤、姜伯勤、榮新江等著名敦煌學學者論文數十篇。

2.《敦煌吐魯番研究》(1996年至今)

該刊創刊於1996年,起初由香港中華文化促進中心、中國敦煌吐魯番學會、北京大學中國中古史研究中心及泰國華僑崇聖大學中國文化研究院合辦,季羨林教授、饒宗頤教授和周一良教授聯合主

---

[1] 《香港中華文化促進中心》,香港:香港中華文化促進中心,1989年,頁28。

編，約每年出版一卷，每卷刊載約 30 萬字，以敦煌、吐魯番及相關地區的出土文獻研究爲主，內容包括歷史、地理、美術、考古、語言、文學、宗教、政治、法律、經濟、社會各方面的傳統學術問題。後自第五卷（2000 年）起，泰國華僑崇聖大學中國文化研究院退出，而逐步加入上海師範大學敦煌吐魯番學研究所、香港大學饒宗頤學術館、北京大學東方學研究院等。經過多年努力，該學報獲敦煌及吐魯番學界高度評價，至今仍在出版。

(三) 學術文化交流活動

1. 訪問學者

如前所述，饒教授十分注重與國內外學者的交流合作，自 1992 年開始，即與中華文化促進中心合作"敦煌吐魯番專題研究計劃"，每年均有一至二位內地學者因此計劃受邀來港，進行有關研究及學術交流。據筆者粗略查得，有證可查的訪問學者名單如下（依照時間循序）：

(1) 王堯：1988 年（筆者訪問記錄）
(2) 姜伯勤、項楚：1991 年夏秋[1]
(3) 榮新江：1992 年冬
(4) 王堯：1993 年 9—11 月[2]
(5) 李均明：1994 年 12 月 2 日始[3]
(6) 王素：1995 年 7—10 月[4]

---

[1] 饒宗頤：《跋》，饒宗頤主編，姜伯勤、項楚、榮新江合著：《敦煌邈真讚校錄並研究》，臺北：新文豐出版公司，1994 年，頁 379—380。《香港中華文化促進中心一九九一年年報》，頁 5。
[2] 香港大學饒宗頤學術館藏有王堯教授簽贈本之《敦煌吐蕃文書論文集》，王堯、陳踐著，四川民族出版社 1988 年 4 月第 1 版，題有"香港中文大學新亞書院敦煌吐魯番研究中心惠存。王堯。1993・9—11 訪問期間"。
[3] 《新亞校訊》第 304 期（1994 年 1 月 3 日）。
[4] 王素：《前言》，饒宗頤主編，王素著：《吐魯番出土高昌文獻編年》，臺北：新文豐出版公司，2002 年，頁 1—3。

(7) 陳國燦：1997—1998 年間三個月①

(8) 王輝：1998 年 4—6 月②

(9) 趙和平：1998 年 10—12 月③

(10) 陳明：1999 年 6—9 月④

(11) 劉昭瑞：2000 年或以前⑤

(12) 李均明：2000 年⑥

(13) 余欣：2001 年⑦

(14) 陳應時：2002 年⑧

(15) 郝春文：2003 年 9—12 月⑨

此外，據饒教授 90 年代中國文化研究所的助手鄭會欣博士稱，這段時間內的來訪學者尚另有胡平生等數名。⑩ 這些學者中既有已成名的頂尖學者，亦有極富天分的後起之秀，這一計劃極好地促進了香港和內地學者的學術聯繫，極大推動了兩地的合作和學術發展。

2. 研討會及展覽

早在 1987 年，饒教授即已促成香港中華文化促進中心與香港中

---

① 陳國燦：《前言》，饒宗頤主編，劉昭瑞著：《吐魯番出土唐代文獻編年》，臺北：新文豐出版公司，2002 年，頁 1—4。
② 王輝：《後記》，饒宗頤主編，王輝著：《秦出土文獻編年》，臺北：新文豐出版公司，2000 年，頁 337。
③ 趙和平：《後記》，《敦煌本〈甘棠集〉研究》，臺北：新文豐出版公司，2000 年，頁 223—224。
④ 陳明：《後記》，《敦煌出土胡語醫典〈耆婆書〉研究》，臺北：新文豐出版公司，2005 年，頁 749—750。
⑤ 劉昭瑞：《後記》，饒宗頤主編，劉昭瑞著：《漢魏石刻文字繫年》，臺北：新文豐出版公司，2001 年，頁 261。
⑥ 李均明：《後記》，饒宗頤主編，李均明著：《居延漢簡編年——居延編》，臺北：新文豐出版公司，2004 年，頁 287。
⑦ 余欣：《厭劾妖祥：絲路遺物所見人形方術研究》，《慶賀饒宗頤先生 95 華誕敦煌學國際學術研討會論文集》，北京：中華書局，2012 年，頁 869。
⑧ http://www.hkipcc.org.hk/dunhuang/index.shtml
⑨ 郝春文：《引言》，《中古時期社邑研究》，臺北：新文豐出版公司，2006 年，頁 4。
⑩ 見鄭會欣：《饒公與敦煌吐魯番學研究》，《華學》第九、十合輯，上海：上海古籍出版社，2008 年，頁 813—817。據該文，此段時間來訪學者尚有陳煒湛、鄧文寬、劉釗、陳偉武等，惟其中多人並非專攻、或從未從事敦煌學研究，因而不能確定這些學者是否均應香港敦煌吐魯番研究中心邀請前來，待考。

文大學中國文化研究所合辦有"國際敦煌吐魯番學術會議",同期,在香港中文大學文物館舉辦有中國文化研究所與上海博物館合辦之"敦煌吐魯番文物展覽"[1]。這爲香港的學界首次提供了一個與内地敦煌學界交流的平臺,亦爲香港普通民衆提供了一個了解敦煌、了解敦煌學的寶貴機會。

1993年夏,第34屆亞洲與北非研究國際學術會議在香港召開,敦煌學被列爲會議重要課題,來自國内外數十名學者雲集香江。饒教授本擬將論文在《九州學刊》發表,後因故改爲將其中大部分收入其主編的《敦煌文藪》。[2]

2000年夏,正值敦煌藏經洞發現百年之際,敦煌研究院、香港大學中文系、中國文化研究院、香港中華文化促進中心、商務印書館(香港)有限公司在香港聯合主辦"'紀念敦煌藏經洞發現一百周年'敦煌學國際學術研討會",約五十名學者參加了會議。饒教授從中出力甚多,更親自出任大會主席並作主題演講。[3] 會後,與會學者又同往敦煌,參加由國家文物局、敦煌研究院和甘肅人民政府聯合舉辦之"2000年敦煌學國際學術討論會"。在會議開幕當晚,饒教授又喜獲國家文物局及甘肅省人民政府頒發"敦煌文物保護研究特殊貢獻獎",[4] 是爲學界一盛事佳話。

---

[1] 陳方正等編:《與中大一同成長——香港中文大學與中國文化研究所圖史 1949—1997》,頁299。
[2] 饒宗頤:《編後記》,饒宗頤主編:《敦煌文藪》下册,臺北:新文豐出版公司,1999年,頁219—220。
[3] 鄭炳林、沙武田:《2000年紀念敦煌藏經洞發現一百周年敦煌學國際學術研討會(香港)綜述》,《敦煌研究》2001年第2期。
[4] 王振澤:《饒宗頤先生學術年曆簡編》,香港:藝苑出版社,2001年,頁166—167。

四、香港敦煌吐魯番研究中心與香港大學饒宗頤學術館

2003年，饒宗頤教授把他個人數十年來因勤於學術研究而積累的藏書，包括非常珍貴的古籍善本和其他書籍，還有一批書畫作品，贈送給香港大學，化私爲公，藉此回饋香港。在已故的香港麗新集團主席林百欣先生、饒宗頤學術館之友及衆多熱心人士的鼎力支持下，香港大學順利成立饒宗頤學術館，並於2003年11月8日開幕。十年來，以饒宗頤教授"學藝雙攜"精神爲榜樣，港大饒館逐步發展爲以學術研究爲首要任務，以推動海內外中華文化研究與交流爲目標，以藝術收藏、展覽與交流爲特色，兼具傳統藏書樓功能的綜合性學術機構。

2007年9月，香港敦煌吐魯番研究中心遷至香港大學饒宗頤學術館。原新亞書院舊址之藏書，因本屬饒教授個人私藏，亦在饒教授授意下，一併搬至新址，編入香港大學饒宗頤學術館"選堂文庫"，此即是今日香港大學饒宗頤學術館所有關於敦煌吐魯番學方面的藏書之來源。由於香港大學饒宗頤學術館的性質之一是一個可供研究型讀者使用的小型圖書館，"選堂文庫"之藏書亦可在港大圖書館網站中查到，一般讀者亦可來館查閱書籍，這批藏書的受益者較之以往無疑是大大增多了。

同時，中心很快開始運作，繼續在饒教授領導下開展敦煌學研究。六年來，在極其有限的資源和人員支持下，仍取得了可觀的成就。試取其中重要者，簡述如下：

一、學術出版

早在創立初期，中心尚未遷入前，港大饒館即已參與支持《敦

煌吐魯番研究》的編輯出版工作。2005 年出版之第八卷《慶祝饒宗頤先生米壽專號》即由中國敦煌吐魯番學會、香港中華文化促進中心、香港大學饒宗頤學術館、北京大學東方學研究院合辦。因周一良先生已在 2001 年辭世，該刊繼續由季羨林、饒宗頤二位教授主編，直至 2009 年季先生亦去世，目前該刊由饒宗頤教授一人領銜主編。至今，已編輯出版至第十三卷。在此期間，每卷具體出版年份見下表：

書　名	著者/編者	出版社	出版年份	備　註
《敦煌吐魯番研究》第八卷	季羨林、饒宗頤主編	北京：中華書局	2005 年 4 月	慶祝饒教授米壽專號
《敦煌吐魯番研究》第九卷	季羨林饒宗頤主編	北京：中華書局	2006 年 5 月	創刊十周年紀念專號
《敦煌吐魯番研究》第十卷	季羨林饒宗頤主編	上海：上海古籍出版社	2007 年 9 月	
《敦煌吐魯番研究》第十一卷	季羨林饒宗頤主編	上海：上海古籍出版社	2009 年 9 月	
《敦煌吐魯番研究》第十二卷	饒宗頤主編	上海：上海古籍出版社	2011 年 7 月	季羨林教授紀念專號
《敦煌吐魯番研究》第十三卷	饒宗頤主編	上海：上海古籍出版社	2013 年 8 月	慶祝敦煌吐魯番學會成立三十周年專號

此外，港大饒館作爲獨立的學術出版機構，建館十年來亦出版有大量中國傳統文化研究各個方面的精品著作，其中由 2008 年開始出版的《香港大學饒宗頤學術館學術論文/報告系列》，至今出版有三十七種，最爲學界稱道，亦有涉及敦煌學的專著。[1] 另外，還參與主編有敦煌學會議論文集一種（詳見下節）。

---

[1] 即第三十種，馮培紅著：《歸義軍官吏的選任與遷轉——唐五代藩鎮選官制度之個案》，香港：香港大學饒宗頤學術館，2011 年。

二、學術研討會

2010年8月8—11日,爲慶祝對敦煌學貢獻良多的饒宗頤教授九十五歲華誕,中央文史研究館、敦煌研究院、香港大學饒宗頤學術館在敦煌研究院聯合主辦有大型的"慶賀饒宗頤先生95華誕敦煌學國際研討會"。這是一次非常成功的研討會,內容共分爲九大塊,依次爲:"論饒宗頤"、"敦煌石窟考古藝術"、"其他地區考古藝術"、"敦煌歷史文獻"、"歷史地理"、"敦煌宗教文獻"、"敦煌文學語言"、"敦煌文化藝術"和"敦煌學史"。應邀出席的,有來自國內和法國、日本、澳大利亞等國家和地區的學者,總數超過120位。他們絕大部分都提交了可代表自己最新階段性研究成果的高素質學術論文,以此來向德高望重的饒先生致敬,精彩紛呈,其中不乏新題目、新資料、新方法和新觀點,不少都符合饒教授在2006年所提出的"廣義敦煌學"主張。港大饒館研究人員亦爲大會積極提交了多篇論文,其中不少是來自從事學術研究未久的年輕學者,這顯示了今日香港大學饒宗頤學術館的年輕活力的新氣象。[1]

會議論文後由三家主辦機構合力編輯,中央文史研究館館長袁行霈、敦煌研究院院長樊錦詩、香港大學饒宗頤學術館館長李焯芬三位教授領銜主編,結集爲《慶賀饒宗頤先生95華誕敦煌學國際研討會論文集》,於2012年底由中華書局出版。該書厚達千餘頁,亦可從中一窺當時之盛況。

而在研討會同期還舉行有"莫高餘馥——饒宗頤敦煌書畫藝術特展",展出饒教授70年代至今敦煌風格的書法及繪畫一百五十餘幅,以及學術研究著述一百五十三部,充分展現了饒教授"學藝雙攜"的治學特點。更有假莫高窟九層樓外的露天廣場舉行的大型晚

---

[1] 鄭煒明:《記饒宗頤先生九五華誕研討會——兼略述饒氏敦煌學成就》,《明報月刊》2010年10月號(總538期),頁63—66。

宴，五百多位中外學者及嘉賓歡聚一堂，爲饒教授祝壽。如此隆重盛會特爲一學者舉行，可謂罕見，亦可見饒教授對中華文化的重要意義。[①]

三、學術講座

香港大學饒宗頤學術館一直致力推廣中華傳統文化，每年均舉辦不同主題的學術講座，其中亦包括敦煌學，例如 2009 年春，港大饒館與香港中華文化促進中心合辦有由榮新江教授主講的兩場講座，即"粟特地區考古發現所見中國文化的影響"、"新獲吐魯番出土文獻的整理及其學術價值"，分別在香港大學與香港中華文化促進中心舉行。

而自 2013 年起，則正式啓動"香港敦煌吐魯番研究中心系列講座"，首場講座與香港敦煌之友合辦，2013 年 3 月 15 日在香港大學舉行，由敦煌研究院院長樊錦詩教授主講，題目爲"從敦煌文物看中西貿易及文化交流"。而就在講座的前一天，樊院長才被授予香港大學名譽社會科學博士學位。講座當日，有二百餘名聽衆排隊入場，氣氛十分熱烈，爲該系列講座創造了一個極好的開始。緊接着，4 月 17 日，在香港大學主辦該系列第二場講座，由南京林業大學教授、博士生導師邵曉峰主講，題爲"從敦煌壁畫看中國家具的千年之變"，亦取得了相當成功。

與此同時，饒教授以九十餘歲高齡，在港大饒館的大力協助下，在敦煌學方面的成就亦登上"學藝交融"的新高峰。2006 年，饒教授更在香港大學饒宗頤學術館同仁的協助下，先後發表有《敦煌學

[①] 李焯芬：《丹青不老——選堂先生九五華誕紀事》，《明報月刊》2010 年 9 月號，頁 22—23。

應擴大研究範圍》、《中國西北宗山水畫說》兩篇言簡意賅、又極具分量和影響力的論文。前者發表於《敦煌吐魯番研究》第九卷，倡導"廣義的敦煌學研究"，在該刊創刊十周年之際，提出了新世紀敦煌學研究的全新視野和展望。[1] 後者則發表於《敦煌研究》總100期，首度正式提出中國山水畫應有"西北宗"，從探討古人論畫之心得入手，在繼承古人傳統的基礎上創新，建議了具體的新畫法，以更爲生動地描繪西北獨特的自然風光及中外交融的獨特文化景觀。[2]

在此二文的基礎上，饒教授以近九十之高齡，繼續攀登學術與藝術的高峰。他甚至將《補資治通鑑史料長編稿系列》的視野拓展出敦煌之外：2009年起，領銜主編有香港迪志文化出版有限公司贊助之"'迪志'電子版文淵閣四庫全書學術研究系列計劃"之"增補資治通鑑長編研究計劃"。此新計劃雖是以《四庫全書》而非敦煌文獻爲材料，卻由敦煌研究延伸而來，頗值一記。

同時，饒教授亦身體力行地實踐"西北宗"的山水畫理論，取得了輝煌的成就。2009年起，他在香港大學饒宗頤學術館藝術部的協助下，陸續舉辦有多場以敦煌爲主題的獨立書畫展覽。包括：2009年初由香港大學饒宗頤學術館與深圳市文化局及香港藝術發展局合辦，於深圳美術館舉行的"我與敦煌——饒宗頤教授敦煌學藝展"，同時公開出版有紀念圖集《我與敦煌——饒宗頤敦煌學藝集》；[3] 2010年則除前文所述8月在敦煌舉辦的祝壽展覽外，尚有在11月由敦煌研究院、香港大學饒宗頤學術館及香港大學美術博物館合辦，於香港大學美術博物館舉行的"莫高餘馥——饒宗頤敦煌書

---

[1] 饒宗頤述、鄭煒明博士整理：《敦煌學應擴大研究範圍》，《敦煌吐魯番研究》第九卷，北京：中華書局，2006年5月，頁1—5。
[2] 饒宗頤：《中國西北宗山水畫說》，《敦煌研究》2006年第6期（總100期，2006年12月），頁10—12。
[3] 孔曉冰、鄧偉雄編：《我與敦煌——饒宗頤敦煌學藝集》，深圳：海天出版社，2009年。

畫藝術香港特展"。

　　2010年，在港大饒館的主持下，由香港大學饒宗頤學術館、饒宗頤基金有限公司、香港國際創價學會出版饒教授1978年初版於法國遠東學院的《燉煌白畫》(Peintures monochromes de Dunhuang)一書的中文部分重印本之餘，更首次出版該書之英文譯本（The Line Drawing of Dunhuang，杜英華譯）及日文譯本（香港國際創價學會譯），惠澤國際學林。這亦顯示了饒教授旺盛的學術生命力，雖已人生近百，仍能開闢新的篇章。

五、結　語

　　饒教授曾多此提到，21世紀我們國家將進入一個"文藝復興"的時代。他自己一直主張多利用上世紀新出土的古籍文獻，梳理文化史上重點問題的來龍去脈，以重新塑造新世紀的新經典、新經學。[1] 因此他特別重視敦煌學研究，提倡"廣義的敦煌學"，於上世紀80年代起又參與並促成了文革之後國內敦煌學研究之復興，香港敦煌吐魯番研究中心，即為此而設。80年代末該中心草創於香港中文大學中國文化研究所，於90年代以前進入正式工作狀態，後則得到香港中文大學新亞書院支持，於1993年8月15日，正式設址於新亞書院誠名館，此亦即其官方成立日期。雖可能並無正式任命，但饒教授一直都是這個中心的"主任"，亦長期是這中心唯一的正式成員，連中心的書籍，亦都是饒教授個人藏書。儘管在這樣有限的條件下，饒教授從未放棄，積極向外尋求支持，在香港中文大學中

---

[1] 饒宗頤：《新經學的提出——預期的文藝復興工作》，《饒宗頤二十世紀學術文集》卷四，頁7—12。

國文化研究所、新亞書院，香港中華文化促進中心乃至其他社會有心人士的大力支持下，邀請了大批內地學者來港訪問研究，因而出版有兩套對學界影響至深的大型叢書，開創了敦煌吐魯番學界最重要的刊物之一；而這些學者從中受益頗多，現在亦皆是敦煌學界的領軍人物。饒教授更大力在香港推動敦煌學的發展和影響，舉辦有一些影響深遠的高規格學術研討會；並借着內地學者訪問之便，在港舉辦有多場公共講座和展覽，廣受市民好評。而他在如此繁重的活動中，仍還身體力行進行敦煌學在內的多項學術研究，成果累累，堪稱奇迹。

2007年起，香港敦煌吐魯番研究中心因香港中文大學政策有所改變，在饒教授的授意之下，遷至香港大學饒宗頤學術館，繼續以往在學術研究、出版方面的工作，更爲國際間的學術交流，提供更方便的平臺。港大饒館的研究人員，均有不同程度地參與敦煌學研究，並協助中心的國際研討會、講座等各類活動，影響不俗。至此，結束了香港敦煌吐魯番研究中心長期"一人部隊"的境況，而建立起一支在饒教授指導下的年輕研究團隊，繼續爲實現中華文化之復興而努力。因此，我們有理由相信，香港敦煌吐魯番研究中心在不久的將來，一定能取得更好的成績。

（原刊於《華南師範大學學報（社會科學版）》2014年第3期。）

香港大學饒宗頤學術館饒宗頤教授資料庫暨饒學研究中心藏"《江南春集》檔案"初探

羅慧 孫沁

一、緒　言

　　香港大學饒宗頤學術館饒宗頤教授資料庫暨研究中心，原名"饒宗頤教授資料庫"，由鄭煒明博士於 2005 年倡議，2006 年 1 月創立並開始運作，旨在收集、整理及保存饒宗頤教授個人在教學、研究、生活，以及在學藝交流等方面的文獻資料及文物，藉以推廣學術研究，並讓更多人認識饒教授篳路藍縷的學術和藝術兩方面的貢獻與成就。多年來，在有關文物徵集、資料整理和深入研究的過程中，研究成果與文物收藏均日益豐富，現有藏品逾千件，包括饒教授各類著作的不同版本、筆記、手稿、書信、獎章、證書、照片、剪報、音像資料及其他相關的文物。此外，還有其他學者研究饒教授的資料等等。現階段，資料庫藏品已初步完成編目，主力轉向對藏品中大量手稿、書信的整理研究工作。在資料庫的收藏中，此類藏品，無疑是最具學術和研究價值的。譬如 2012 年出版之《戴密微教授與饒宗頤教授往來書信集》（鄭煒明等主編），即根據館藏"戴密微教授檔案"選編而成，是爲饒學研究之大事。除此之外，新近發現建立之"《江南春集》檔案"，亦是在饒學研究乃至古典文學、乃至文學史研究方面頗有意義的，值十年館慶之際，僅藉此機會，向學界初步公布這一學術材料，並聊以獻賀。

二、資料簡述

《江南春集》乃饒宗頤教授 80 年代與友人遊覽浙東時所作的一組紀遊詩，《選堂詩詞集》（臺北：新文豐出版公司，1983 年）、《清暉集》（深圳：海天出版社，1999 年出版及 2011 年修訂版）均有收錄。而本文所述檔案資料在發現時，全部存放在一個 5.5 × 10.5（cm）大小的信封內，共 48 份。大部分爲手稿，共有 31 張，乃詩作的草稿或抄定。其他則爲信件 1 份，手書行程計劃 1 份，寫有李白《夢遊天姥吟留別》詩句草稿的信封 1 份，剪報 2 份，景點導覽手册 2 份，名片 7 張，論文 1 份，記事便條 2 份。經辨認，手稿與《江南春集》中所錄相吻合，而其他材料亦顯示與饒教授這次浙東之行有關，故以此集爲檔案命名。

現取檔案資料中最爲重要者簡述如下：

1. 手稿

如前述，手稿是檔案的主要組成部分，《江南春集》今存的詩作中，幾乎都能找到相應的稿本，多爲饒教授手書，有些還不只一稿，多有刪改修訂的痕迹，字迹從淩亂到工整皆有之，與今存本亦偶有

香港大學饒宗頤學術館饒宗頤教授資料庫暨饒學研究中心藏"《江南春集》檔案"初探

出入,從中修訂的痕迹中,可窺饒教授創作的思路,故十分珍貴。但是值得注意的是,有幾張手稿的字迹與大部分手稿上的並不一致,或是由同行之人抄錄。如《雁蕩即事》的手稿中,在"媧皇煉得態何奇,虎視龍飛各合宜"句的旁邊,有"饒作"二字,許是饒宗頤教授即興賦詩時,同遊之人爲之抄錄。抄錄者究竟何人,有待進一步的確認。

另外,這些手稿還有一個非常突出的特點,即幾乎全采用酒店附贈的信箋或意見書書寫上。如第一首《西郊賓館喜誦鏻翁催花詩》,即是寫在蘇州飯店的意見書上(圖1),又如《天台遣興》是寫在天台賓館的信箋上(圖2),而《登天一閣》則是寫在寧波華僑飯店的信箋上(圖3)等等。足見饒宗頤教授應是在途中即興賦詩,故而隨手取用入住酒店提供的紙張。

圖1

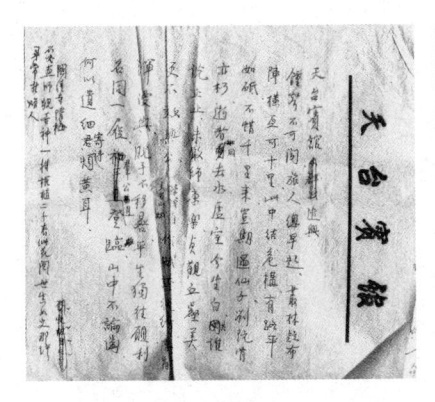

圖2 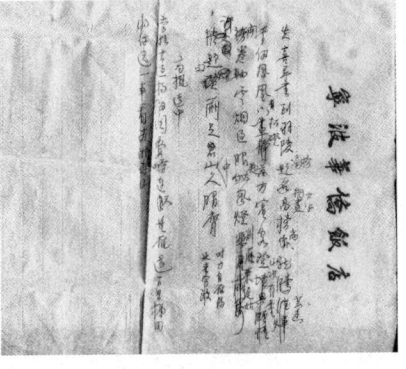   圖3

2. 行程表

該行程表乃饒教授手書,簡明列出了整個旅程的時間和目的地,是這些資料中最爲重要的一項。根據行程表上記載,3月7日星期三，7點前到達機場，乘坐的是國泰航空 CX300 航班飛往上海，3月8日前往蘇州鄧尉看梅花，3月9日再返回上海，3月10日前往杭州，3月11日過紹興、上虞、嵊縣、新昌、天台，夜宿天台山賓館，3月12日上午遊覽完天台山國清寺後，即前往溫嶺，夜宿雁蕩招待所，3月15日沿來時路，到達寧波，3月17日到杭州，然後在3月18日返回香港。共12天11夜的旅程。背面爲手繪簡單路線圖（圖4）。

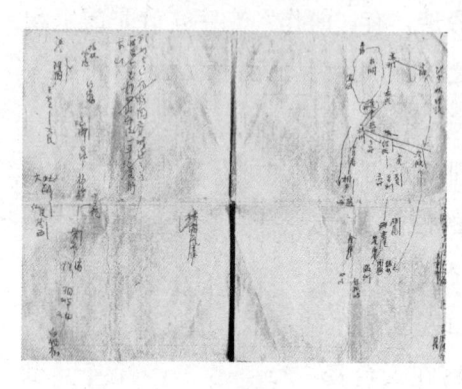

圖4

然後比對《江南春集》，發現第一首詩就是《西郊賓館喜頌鍔翁催花之什》。西郊賓館位於上海，而《江南春集》的序中亦提及"梁鍔齋有鄧尉、超山賞梅之約"，[1] 與行程表上所記載飛往上海之地點吻合，又與之後行程表上記載前往蘇州看梅花之事情吻合。可以確定，這張行程表應該是饒宗頤教授《江南春集》裏里所説的浙東遊之行程。

3. 信件

再看資料裏這一封唯一的信件，由落款得知，這封信是楊勇先生所寫（圖5）。楊勇先生在信中極力推崇"浙江故迹，真是美不勝收，山水秀麗，更是江南第一"，並推薦了一條

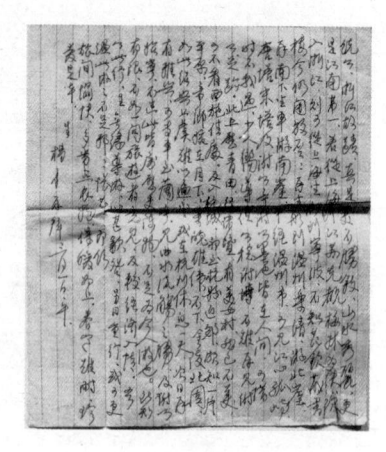

圖5

---

[1] 饒宗頤：《選堂詩詞集》，臺北：新文豐出版有限公司，1993年，第287頁。

香港大學饒宗頤學術館饒宗頤教授資料庫暨饒學研究中心藏"《江南春集》檔案"初探

遊覽線路。建議"從上海到江蘇先觀梅林爲快，次入浙江"，可以"從上海坐船到寧波"看天一閣藏書，"再坐船到溫州樂清，游北崖，再南下坐車游南崖"，之後可以北上青田，經過諸暨看西施故里，再去杭州。途中若有雅興，經過紹興、上虞的時候還可以去看一下蘭亭。

楊勇先生在信中寫了如此詳細的一條導遊路線，只因"此行，生無緣導遊"，而他在信末又提及"多帶點衣物，保暖爲上，春寒難耐，珍愛是本"，結合饒宗頤教授《江南春集》前序"1985年春"這一點，可見這封信應是在饒宗頤教授前往浙東遊覽前，寫來爲饒宗頤教授介紹浙東的。再比照之前資料中的行程表，可以看出這行程基本是參考了楊勇先生的建議，然後在建議的基礎上，結合了當時當地的實際情況所安排的路線。

4. 剪報

資料里有兩張剪報，第一張是關於鄧尉梅花的介紹（圖6），另一張則是名爲《江南紀事詩》的剪報合集（圖7）。

圖6 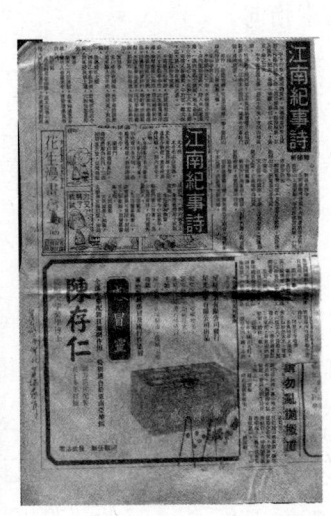　　　　　　圖7

根據《江南春集》的序中所言，遊覽浙東的起因是有賞梅之邀，根據第一張剪報的時間"夏曆甲子年二月廿五日"來看，那麼這份剪報或是賞梅之邀的起因，或是有了賞梅之邀後的有心收藏，有待進一步的探索。

而第二份剪報的《江南紀事詩》，應爲兩至三份報紙剪拼而成，作者署名爲韓穗軒。在序言里寫道："甲子仲春，應梁鍈齋約，與饒選堂、陳秉昌諸君子作蘇杭訪梅之游"，可見韓穗軒爲饒宗頤教授浙東行的同遊之人，同時，還有一位陳秉昌先生亦有同行。

5. 名片

名片共有 7 張，除去 4 張爲旅行社職員的名片外，另外 3 張名片分別爲天一閣邱嗣斌所長、學者京戶慈光（Jiko Kyodo）和一位名爲"馬元浩"的名片。這三個人中，除了邱嗣斌所長的名片應是在訪問天一閣時得到，另外兩個人的身份則非常值得探究。因爲，饒宗頤教授的這次浙東遊，至今已過去近 30 年，若要仔細追溯當年的遊覽往事，或是完整還原當時情景，這些名片也許是非常好的一個線索指向。

三、《江南春集》檔案所涉史事初辨

1. 浙東遊成行的時間

饒教授《江南春集》自序曰："一九八五年春，梁鍈齋有鄧尉、超山賞梅之約，程十髮復爲安排浙東之游，遂遍歷會稽、天台、雁蕩諸勝，得詩一卷，聊紀行蹤云。"從這個小序中可以看到，饒宗頤教授的浙東遊應於 1985 年春成行。

然而 1985 年 2 月的《明報月刊》第二十卷第二期里有饒宗頤教授所發表的名爲《浙東遊草》的一輯詩作，其中的內容與《江南春

香港大學饒宗頤學術館饒宗頤教授資料庫暨饒學研究中心藏"《江南春集》檔案"初探

集》大部分相同，只是略少了幾首。如果浙東遊是在1985年3月成行，那《明報月刊》上的詩作就未免有時光穿越之感。

於是筆者試著從剪報中韓穗軒的"甲子仲春"開始推斷時間，發現甲子年應該是1984年而非1985年。而饒教授《江南春集》中提到的友人梁鍔齋，有《聽曉山房續集》，中有名爲《江南行》的組詩，也有"甲子二月"①這一小注。結合之前饒宗頤教授的那張行程表，上有"3月7日星期三"一條，浙東遊成行時間又應在1985年前後。而符合甲子年、3月7日同時是星期三這一點的年份，只有1984年。此外，1985年1月26日，饒教授有作《與謝和耐教授書》，見諸《固庵文錄》，亦有言及"去年春，漫遊浙東，至天台雁蕩，途中有詩懷念戴老（注：戴密微教授 Prof. Paul Demiéville），用謝靈運廬陵王墓下作原韻"。②因此筆者確認，浙東遊的成行確切時間爲1984年3月，《江南春集》的1985年應當是收錄入集時之誤記。

2. 浙東遊同行之人

（1）根據饒宗頤教授《江南春集》序中所言，"梁鍔齋有鄧尉、超山賞梅之約，程十髮復爲安排浙東之游"，③可見，賞梅的邀請是由梁鍔齋提出，並邀請了在上海的畫家程十髮同行。又據韓穗軒先生發表在報紙上的《江南紀事詩》序言里有："甲子仲春，應梁鍔齋約，與饒選堂、陳秉昌諸君子作蘇杭訪梅之游"初步可以判斷，與饒宗頤教授浙東同遊之人應有梁耀明（鍔齋）、程十髮、韓穗軒和陳秉昌：

梁耀明（1902—2002），號鍔齋。廣東順德人。14歲起從事工商業，中歲定居香港，好文酒會，參加愉社、昌社，又爲鴻社及錦山文社發起人。喜旅遊，遊蹤所至，必有詩文，並常於其長洲別墅

---

① 梁耀明：《聽曉山房續集》，自印本，1993年，第4頁。
② 饒宗頤：《固庵文錄》，臺北：新文豐出版有限公司，1989年，第336—337頁。
③ 饒宗頤：《選堂詩詞集》，臺北：新文豐出版有限公司，1993年第287頁。

"聽曉山房"招待詩侶雅集。爲人慷慨，樂善好施，嘗於故鄉順德容奇倡導重建容山中學。著有《聽曉山房集》。①

韓穗軒（1907—1992），字宋齋，齋名心遠樓。廣東番禺人。戰後居香港，先後於東華醫院、報業公會及中華巴士公司董理文書。1950年嘗與李研山、胡毅生、馮康侯、呂燦銘等創庚寅書畫社，組聯合展覽，頗負時譽。工書，又善倚聲。曾主編《華僑日報·藝文版》多年，以精審見稱。著有《廣東明儒理學概念》，詩詞著有《心遠樓詞話》、《心遠樓詩集》、《心遠樓詞集》及《瀛寰紀事詩》。②

陳秉昌（1921—1999），廣東順德人。50年代初師從馮康侯習篆刻，爲廣雅書學社中堅社員。工詩詞、書法、篆刻。從事教育，居港後任教崇文英文書院，後於恒生銀行任中文秘書。曾於孔聖堂、學海書樓及法住學會講授國學，並於香港大學及香港中文大學校外課程部講授篆刻藝術。參加碩果社、春秋詩社及愉社。遺作由後人輯入《陳秉昌詩書篆刻》。③

香港大學饒宗頤學術館的選堂文庫藏有梁耀明《聽曉山房集》、《聽曉山房續集》及韓穗軒先生《瀛寰紀事詩》的題簽本。陳秉昌先生的《陳秉昌詩書篆刻》裏亦有爲饒宗頤教授刻的印章等，從題簽與裏面內容中可以看出，這三位先生與饒宗頤教授之間的往來應該是比較密切的。另外，在陳秉昌先生的詩作《宿靈峰旅社》裏有"笑與山妻清夜坐，焚膏促膝到天明"，④可見，陳秉昌夫人應有隨行。

（2）程十髮先生的同行暫沒有找到詩、畫等可以作爲直接佐證的實物，但是他卻不止在饒宗頤教授的序言中被提及，其他同行人

---

① 鄒穎文：《香港古典詩文集經眼錄》，香港：中華書局，2011年，第120頁。
② 同上，第280頁。
③ 同上，第158頁。
④ 陳秉昌：《陳秉昌詩書篆刻》，陳正誠出版，2001年，第22頁。

香港大學饒宗頤學術館饒宗頤教授資料庫暨饒學研究中心藏"《江南春集》檔案"初探

的詩作中亦可見到程十髮先生的身影。如梁鍥齋先生的《鄧尉探梅和選翁元玉》里有一句"座上況有丹青師"[1]有小注"謂程、饒兩大師",[2] 及韓穗軒先生的《催花詩和選堂韻》里有"同行幸識程畫師"。[3] 程十髮（1921—2007）先生長期任上海畫院院長,是一位成就斐然、中外盛譽的藝術家,所以在詩中稱其爲"丹青師"、"畫師"。以及,因饒宗頤教授曾在浙東之行時訪過天一閣,而在這疊資料里除了有一張天一閣當時館長邱嗣斌的名片外,亦有一册導覽手册。手册上有手寫"林士民"、"許孟光"兩個名字。筆者根據這個線索詢問了天一閣的工作人員得知,許孟光是寧波市文物考古研究所所長級調研員和研究員,而林士民先生則是寧波文物考古研究所原所長,與天一閣也非常有淵源。這兩人當年應該曾有接待過饒宗頤教授一行人。筆者在一個偶然的機會下,通過天一閣工作人員的幫助,尋訪到了當年曾經接待過饒宗頤先生一行人的林士民先生。時隔已久,根據林先生回憶,當時饒宗頤教授一行人中,他印象最深的除了饒宗頤教授外,便是程十髮先生。而他們一行人是由寧波市文化局接待,並在天一閣留下了訪客簽名及合照。照片應是當時與饒宗頤教授同行之人所拍攝,天一閣惜無留存。

3. 遊覽順序及佐證

已經基本確認了這次浙東遊的參與人,筆者亦找到他們各自結集的詩作。由於饒宗頤教授、梁鍥齋先生和韓穗軒先生都曾另有將詩作發表於雜誌報紙上,爲了避免印刷或是版本上的差異,最終筆者決定以正式出版或結集的饒宗頤教授的《選堂詩詞集》中的《江南春集》、梁鍥齋先生的《聽曉山房續集》、韓穗軒先生的《瀛寰紀事詩》和陳秉昌先生的《陳秉昌詩書篆刻》來作遊覽景點和順序的

---

[1] 梁耀明:《聽曉山房續集》,自印本,1993年,第4頁。
[2] 同上,第4頁。
[3] 韓穗軒:《瀛寰紀事詩》,成記印刷廠,1985年,第58頁。

判定。通過比對他們的詩作發現,饒宗頤教授、梁鍥齋先生、韓穗軒先生和陳秉昌先生詩作的所寫的景點較多重合,如鄧尉、蘭亭、青藤書屋、大禹陵、國清寺、雁蕩山、天一閣等,除了陳秉昌先生的部分景點在詩作中收錄的順序與他人不同外,其他人的景點寫作順序基本是相同的(詳見表1)。再比對資料中的行程表和行程表背後的簡單路線圖,筆者根據他們所提到的景點,以及詩作順序整理後判斷他們浙東遊的大概路線爲:

香港→上海→昆山→蘇州→上海→杭州→紹興→上虞→嵊州→新昌→天台→臨海→黃岩→溫嶺→樂清→雁蕩山→順來時路→寧波→杭州→回港

從上面我們可以清晰地看到浙東遊的起因、路線、遊賞景點和同遊之人,也逐漸地勾勒出了1984年春季那一次風雅交遊的大致情形。

表 1

	1. 上海
饒宗頤	《西郊賓館喜誦鍥翁催花之什》(第一首)、《又作示程十髮》(第二首)
韓穗軒	《甲子春重履上海一別五十年矣夜宿西郊賓館》(第一首)
陳秉昌	《鄧尉探梅前夕步饒老韻》(第一首)
梁耀明	《寄梅》(第一首)
	2. 去昆山途中
饒宗頤	
韓穗軒	《出郊》(第二首)
陳秉昌	
梁耀明	《吳門途次》(第二首)
	3. 昆山
饒宗頤	《昆山亭林公園》(第三首)、《劉過墓》(第四首)
韓穗軒	《昆山亭林公園》(第三首)

續 表

陳秉昌	《昆山》（第七首）
梁耀明	
\multicolumn{2}{c}{4. 蘇州}
饒宗頤	《鄧尉候梅用東坡和秦太虛梅花韻》（第五首）、《蟠螭山石壁》（第六首）
韓穗軒	《催花詩和選堂韻》（第四首）
陳秉昌	《鄧尉》（第二首）、《滄浪亭》（第三首）、《靈巖山》（第八首）、《虛谷墓》（第九首）
梁耀明	《鄧尉探梅和選翁元玉》（第三首）、《石壁村》（第四首）
\multicolumn{2}{c}{5. 去杭州途中}
饒宗頤	
韓穗軒	
陳秉昌	
梁耀明	《過嘉興》（第五首）
\multicolumn{2}{c}{6. 杭州}
饒宗頤	《山陰道上和鍥翁》（第七首）、《放鶴亭》（第八首）
韓穗軒	《放鶴亭》（第五首）、《過錢塘江大橋》（第六首）
陳秉昌	
梁耀明	《湖堤垂柳与選翁》（第六首）
\multicolumn{2}{c}{7. 紹興}
饒宗頤	《青藤書屋》（第九首）、《禹陵用坡老遊塗山韻》（第十首）、《會稽山》（第十一首）、《禹廟》（第十二首）、《蘭亭三首柬青山翁》（第十三首）
韓穗軒	《蘭亭》（第七首）、《禹王祠》（第八首）
陳秉昌	《蘭亭》（第四首）、《大禹陵》（第五首）、《青藤書屋》（第六首）、《鑒湖》（第二十五首）
梁耀明	《訪蘭亭謁右軍祠》（第七首）、《禹陵》（第八首）、《青藤書屋》（第九首）
\multicolumn{2}{c}{8. 新昌}
饒宗頤	《過新昌》（第十四首）、《石城山大佛》（第十五首）
韓穗軒	《新昌大佛寺》（第九首）
陳秉昌	
梁耀明	

續　表

	9. 天台
饒宗頤	《天台賓館遣興》（第十六首）、《國清寺隋梅》（第十七首）、《赤城山》（第十八首）、《方廣寺》（第十九首）、《石梁飛瀑爲天台勝處》（第二十首）、《智者大師禪院》（第二十一首）、《訪唐梁肅撰智者大師修禪道場碑，碑在天台山華頂峰絕頂塔院，以道遠不克至悵賦》（第二十二首）
韓穗軒	《國清寺隋梅》（第十首）、《方廣寺》（第十一首）
陳秉昌	《國清寺》（第十首）、《天台山道中》（第十一首）、《方廣寺》（第十二首）
梁耀明	《天台山石梁飛瀑》（第十首）
	10. 去樂清途中過臨海、黃岩
饒宗頤	《臨海道中，懷故法國戴密微教授，用大謝廬陵王墓下韻》（第二十三首）、《黃岩》（第二十四首）、《虎頭山》（第二十五首）
韓穗軒	
陳秉昌	《過黃岩》（第十三首）
梁耀明	《過黃岩》（第十一首）
	11. 雁蕩山
饒宗頤	《雁蕩即事》（第二十六首）、《雙珠谷》（第二十七首）、《半月天峭壁》（第二十八首）、《小龍湫》（第二十九首）、《觀音閣》（第三十首）、《龍西鎮和鍥翁》（第三十一首）、《攀登顯勝門絕頂》（第三十二首）、《和鍥翁雁頂生朝》（第三十三首）
韓穗軒	《小龍湫觀瀑》（第十二首）、《碧水潭》（第十三首）、《北斗洞》（第十四首）、《合掌峰又名夫妻峰》（第十五首）、《顯聖門》（第十六首）、《含羞瀑和鍥齋》（第十七首）、《三宿靈峰》（第十八首）
陳秉昌	《宿靈峰旅舍》（第十四首）、《石谷坑》（第十五首）、《顯勝門》（第十六首）、《雁蕩山中壽鍥齋師伯》（第十七首）、《留別雁蕩》（第十八首）、《隱珠瀑》（第十九首）
梁耀明	《初登雁蕩》（第十二首）、《隱珠瀑贈謝軍》（第十三首）、《龍西》（第十四首）、《顯聖門含羞瀑下七三初度》（第十五首）、《中折瀑》（第十六首）
	12. 去寧波途中
饒宗頤	《別雁蕩山》（第三十四首）、《高椻道中》（第三十五首）
韓穗軒	《大溪墟集》（第十九首）
陳秉昌	《大溪市集》（第二十首）
梁耀明	《離雁蕩過樂清灣》（第十七首）、《過大溪集》（第十八首）
	13. 溪口
饒宗頤	

續　表

韓穗軒	《溪口停驂》（第二十首）
陳秉昌	《溪口》（第二十一首）
梁耀明	《溪口》（第十九首）
	14. 寧波
饒宗頤	《登天一閣》（第三十六首）、《喜見山谷狂草竹枝長卷真迹，嘆觀止矣》（第三十七首）、《題嘉興吳孟暉編〈淮海長短句〉》（第三十八首）、《天童寺次東坡道場山韻》（第三十九首）、《望四明山》（第四十首）
韓穗軒	《登天一閣》（第二十一首）、《阿育王寺禮佛》（第二十二首）、《保國寺》（第二十三首）
陳秉昌	《天一閣》（第二十二首）、《天童寺》（第二十三首）
梁耀明	《登天一閣》（第二十首）、《天童寺道中》（第二十一首）
	15. 去超山途中、超山
饒宗頤	《超山有唐宋梅各一株》（第四十一首）
韓穗軒	《超山看梅》（第二十四首）
陳秉昌	《曹娥江》（第二十四首）、《吳昌碩墓》（第二十六首）
梁耀明	
	16. 杭州
饒宗頤	《白堤夜步》（第四十二首）
韓穗軒	
陳秉昌	
梁耀明	
	17. 回港
饒宗頤	
韓穗軒	
陳秉昌	
梁耀明	《贈饒老》（第二十二首）、《歸程》（第二十三首）

四、餘　論

很顯然，饒教授十分看重這批與當年浙東之遊有關的材料，故而鄭重而仔細地存在一處。關於這批材料，中心還在進一步整理研究中，尚有其他一些問題需要確認，比如前述日本學者京戶慈光先生可能在這次浙東之行中的角色，便是頗有意思的一例。如前文所述，檔案中找到一張他的名片，乃爲法文，署名 Jiko Kyodo，機構爲法蘭西公學院日本高等研究所（Collège de France — Instituts d'Asie Hautes Études Japonaises），背面則有手書備註其漢字姓名，以及一地址，卻是東京淺草寺日音院。此外，尚有其 1985 年出版之英文論文抽印本 History and Thought of Buddhism（日文名：《佛教の歷史と思想》）一份，上書"饒宗頤樣"，並有朱印，爲其在東京淺草寺的地址。

據查，京戶慈光乃日本僧人，爲東京淺草寺勸學長。或因爲淺草寺所奉聖觀音宗爲天台宗傳日後之支系，他在天台宗歷史方面頗有研究。在上世紀 90 年代到本世紀初，與中國大陸之敦煌學界時有來往，亦曾與饒教授同場出現在 2000 年敦煌研究院舉辦的敦煌學國際學術研討會上。然而這兩份材料顯示，饒教授與京戶慈光之相識，應或遠早於此時。而在饒宗頤教授的遊覽線路中，有天台山這一處。而天台山是佛教"天台宗"的發源地，國清寺是天台宗的祖庭，饒宗頤教授與京戶慈光先生在天台山或有偶遇的可能，抑或曾與饒宗頤教授等同行過一段旅程，還有待進一步查證。

"《江南春集》檔案"從側面反映出了當時香港詩人、學者的一種交往狀態，也對研究當時香港和內地學術文化界的交流有着非常重要的作用。故此，資料整理之餘，中心還將進一步從其他旁證資料、或根據現有資料指示，尋找當年與這一次浙東遊相關的人物及歷史事件細節，以及由此行而產生文學藝術創作，亦盡量還原這一旅程的全貌。饒教授亦曾爲此行所見聞作畫多幅（見圖 8），而諸同行君子詩作中多次提到的程十髮先生的繪畫，目前仍在查尋中，尚未得見。必須注意的是，80 年代乃大陸改革開放，處于由封閉全面走向對外開放的轉型時期，這一時期內，香港文人、學者多造訪大陸，參觀和文化交流，對促進中港之間的文化理解和認同貢獻甚大，惟如今鮮有對此展開的具體研究；饒教授等人這一次浙東旅行，作爲這一文化風潮的縮影，頗具研究價值和意義。而饒教授途中詩歌酬唱之餘，亦寫生作畫，更不忘爲研究收集材料，足見其"學藝雙攜"貫穿一生起居的特點，值得饒學研究者注意。

圖 8 "山陰道上，選堂寫生"，作於 1984 年，有落款"甲子，選堂"。見《神州氣象——饒宗頤藝術創作匯集 III 中國山水》，香港：香港大學饒宗頤學術館，2006 年，第 12 頁。

（原文初次發表於 2013 年 12 月"第二屆饒宗頤與華學暨香港大學饒宗頤學術館成立十周年慶典國際學術研討會"。）

附　録

饒宗頤《輓季羨林先生 [用杜甫長沙送李十一(銜)韻]》補記

鄭煒明

> 遥睇燕雲十六州，
> 商量舊學幾經秋。
> 榜加糖法成專史，
> 彌勒奇書釋佉樓。
> 史詩全譯駭魯迅，
> 釋老淵源正魏收。
> 南北齊名真忝竊，
> 乍聞乘化重悲憂。
>
> （饒師宗頤詩）

饒師步杜甫詩韻以成此輓季老之作。步前人韻以成一己詩詞之作，實乃饒師常用的手法之一。饒師在詩中第七句更借用了杜甫原詩第七句的"齊名真忝竊"，以示謙遜。季老在學術史上有二事：一爲撰成鉅著《糖史》，二爲研譯吐火羅文《彌勒會見記》，即指季老的名著《吐火羅文〈彌勒會見記〉譯釋》,此二事學術界人所共知,饒師更曾以"人所不能爲"一語來稱頌季老這兩方面的學術貢獻。榜加,印度北部有龐加灣、龐加省,應即指此;佉樓,即佉盧文,亦即吐火羅文。這是饒師第三、四句詩的意思。印度有兩大史詩是魯迅極爲稱頌的,但一向缺乏好而全的中文譯本,季老後來將其中之一的《羅摩衍那》全部翻譯成中文,因有"駭魯迅"之句。至於"正魏收"一句,實指季老1990年在江西人民出版社出版的《佛教

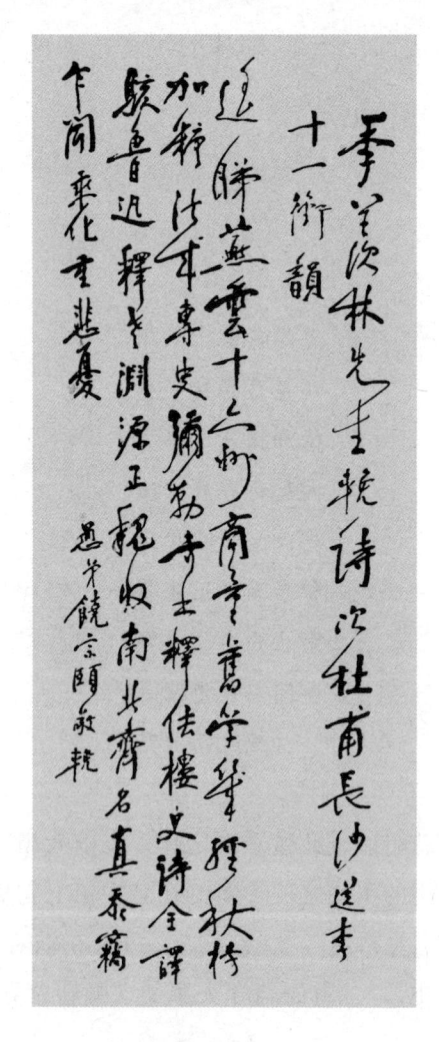

饒宗頤《輓季羨林先生［用杜甫長沙送李十一（銜）韻］》補記

與中印文化交流》一書，謂其中有很多發見，可訂正北齊時期著名史學家魏收（506—572）所著的《魏書·釋老志》。這是饒師第五、六句詩的意思。最後一句中"乘化"一詞，典出陶淵明《歸去來兮辭》之"聊乘化以歸盡，樂乎天命復奚疑"，當然亦暗含饒師與大家互勉的順自然、超生死的達觀思想；至於"重悲憂"，饒師的意思是悲老成之凋謝，而憂來者之難繼。

（原刊於香港《明報月刊》2010年10月號。）

丹青不老

——選堂先生九五華誕紀事

李焯芬

2010年8月8日晚上八時，國務院中央文史館、敦煌研究院及香港大學饒宗頤學術館在敦煌莫高窟聯合舉辦了題爲"莫高餘馥——慶祝饒宗頤教授九五華誕"書畫藝術特展開幕禮。當晚莫高窟九層樓外的露天廣場上張燈結彩、喜氣洋洋，五百多位中外學者和嘉賓爲饒教授舉行了既隆重又溫馨、節目多姿多彩的祝壽晚會。與會嘉賓中有三百多人來自香港，包括民政事務局局長曾德成先生，發展局局長林鄭月娥女士，駐京辦主任曹萬泰先生，香港大學校長徐立之教授及副校長周肇平教授，饒宗頤學術館之友、香港潮屬社團總會及潮州商會的各位會長，以及衆多香港知名人士。

一、百萬生日賀儀捐贈敦煌

北國的夜空裏，人們經常能看到閃亮的星星。八月八日晚上的敦煌夜空，更是星光燦爛，其中最耀眼的一顆星，自然是北斗星——我們學術界的泰山北斗饒宗頤教授。

饒教授在開幕禮上答謝（由筆者代爲恭讀）時，感謝大家不遠千里、在盛暑高溫的三伏天裏來到敦煌給他祝壽。特別令他感動的是：香港許多來賓好友把他們（共數百萬元）的生日賀儀，以他的名義捐獻給敦煌，作保護石窟藝術之用。尤其難得的是，饒宗頤學術館之友一衆會長即場捐出一百六十萬元，認購了展場內饒教授的一幅題爲《榆林秋色》的繪畫，然後連畫連錢一塊捐給敦煌。饒教授呼籲大家多關心敦煌、多關心文化保育事業，爲中華文化的復興多做貢獻。祝壽晚會上，香港潮屬社團總會及潮州商會又即席發起並即時募集了一百六十萬元善款，以饒教授的名義捐獻給甘肅南部舟曲地區，供泥石流災區賑災之用。晚會最後在"大愛無疆"的感人氣氛中圓滿結束，讓與會者感到溫馨無限、歷久難忘。

饒教授的九五華誕活動在敦煌舉行，實在饒有意義。饒教授自上世紀50年代初即開始研究敦煌學，成就輝煌、舉世矚目，是文化學術界極爲尊崇的敦煌學大師。他的許多專著，早已成爲敦煌研究的經典之作。是次展出的一百五十多件書畫佳作，包括了饒教授所臨摹及繪寫之敦煌風格白描及彩繪、寫經及木簡書風的書法；主題是敦煌佛教藝術和大氣磅礴的西北山水。

二、世界最大原址美術博物館

溯自漢初張騫通西域以降，敦煌便是漢地通往西域的千載國門。兩漢之間，佛教由印度經西域逐漸傳入中國。當時新疆境內的許多綠洲國家，如于闐、龜茲、焉耆、高昌等相繼接受了佛教，並以佛教爲國教。魏晉之間，五胡十六國最西端的是北涼政權，由匈奴人沮渠氏所建，其全盛時期之版圖曾包括高昌（今新疆吐魯番地區）。北涼因此亦逐漸接觸並接受了佛教，其王弟沮渠京聲並出家爲僧，成爲佛教史上有名的譯經師之一。敦煌亦是在北涼時期（公元4世紀末）開始在河谷山崖上開鑿洞室，修建石窟寺。佛教這種修建石窟寺的傳統，源自佛陀時期的結廈安居。印度的阿旃陀、中亞的巴米揚、新疆庫車的克孜爾及吐魯番的柏孜克里克，都是典型的石窟寺。敦煌的莫高窟及安西的榆林窟，當年亦是甚具規模的石窟寺。僧侶及信衆在石窟內禪修禮佛，並在窟中塑造佛像禮拜供養，又在窟內的牆壁上繪上佛菩薩像以及取材自佛經的故事畫，乃至反映當時社會生活的各種圖像。繪畫師大多是佛教徒。他們以恭敬的態度來描繪佛菩薩像，因此絕大部分敦煌壁畫都十分精美和莊嚴。這樣子歷朝歷代不斷加建洞窟，畫了一千多年的壁畫。今天的敦煌莫高窟，成了名副其實世界上最大的原址美術博物館。與此同時，莫高窟第十七窟出土的數以萬計的歷史文獻，儘管其中不少於上世紀初被外人取去，但仍成了研究當時社會及人民生活的重要史料，由是衍生了敦煌學這個專門學科。敦煌石窟的保育，對中國美術史和中外交通史的研究，以及中國文化藝術的傳承有着重大的意義。饒教授因此鼓勵大家多關心敦煌，多支持這項重要的文化藝術保育工作。

在祝壽晚會上，多位曾慷慨捐資支持敦煌石窟的維修保護和壁畫數碼化的仁者獲大會表揚。他們分別是余志明先生、莊氏昆仲（莊學山、莊學海及莊學熹先生）及翁裕雄醫生。此外，紀文鳳小姐等多位社會賢達亦曾爲敦煌壁畫的數碼化工程盡心盡意、出錢出力，教人感動。饒教授衷心希望敦煌這個藝術寶庫和珍貴的文化遺產能在大家的關心和支持下好好地保護和傳承下來。我們衷心祝願饒教授丹青不老、松柏常青。他永遠是我們學術及藝術領域中的北斗星。

丹青不老

饒公(左四)與(左起)饒宗頤學術館李焯芬館長、敦煌研究院樊錦詩院長、中央文史館袁行霈館長、饒宗頤學術館之友孫少文及許學之。

(原刊於香港《明報月刊》2010年9月號。)

記饒宗頤先生九五華誕研討會
—— 兼略述饒氏敦煌學成就

鄭煒明

饒宗頤教授（右）與敦煌研究院樊錦詩院長合影於敦煌。

　　饒師宗頤先生生於 1917 年，今年虛齡九十五歲，學術界同寅乃有為先生舉辦賀壽活動的提議，經過與先生及其家人的商討後，最終決定今年暑假在敦煌舉辦大型的祝壽活動，內容包括書畫藝術創作與敦煌學成就展、壽宴和敦煌學國際學術研討會。前二者的空前盛況，香港大學饒宗頤學術館館長李焯芬教授已有專文介紹（見《明報月刊》2010 年 9 月號），我就不再贅述了。下面，集中介紹研討會的情況，也順帶向各位讀者簡單介紹饒先生的敦煌學成就。

這一次國際學術研討會由中央文史研究館、敦煌研究院和香港大學饒宗頤學術館聯合主辦，2010年8月8至11日在敦煌研究院舉行。應邀出席的，有來自國內和法國、日本、澳大利亞等國家和地區的學者，總數超過一百二十位；他們絕大部分都提交了可代表自己最新階段性研究成果的高素質學術論文，以此來向德高望重的饒先生致敬。

一、論文精彩紛呈

研討會內容共分爲九大塊，依次爲："論饒宗頤"、"敦煌石窟考古・藝術"、"其他地區考古・藝術"、"敦煌歷史・文獻"、"歷史地理"、"敦煌宗教・文獻"、"敦煌文學・語言"、"敦煌文化・藝術"和"敦煌學史"。在會議上宣讀的論文約九十篇，精彩紛呈，其中不乏新題目、新資料、新方法和新觀點，我們有理由相信這一次研討會，將會在敦煌學的學術研究史上，刻下銘記。以我個人而言，這次會議給我留下最深刻印象的有下列多篇論文，例如馬德教授的《藝術人類學與敦煌石窟研究》、張元林教授的《"觀音救難"的形象圖示——莫高窟第三百五十九窟西壁龕內屏風畫內容新識》、朱天舒博士的《佛與法界不二——從法界到盧舍那佛》、菊地淑子博士的《敦煌莫高窟第二百一十七窟之膜拜的歷史》、王炳華教授的《羅布淖爾考古與樓蘭——鄯善史研究》、屈濤教授的《宋代地宮瘞埋制度的新變化——以麥積山頂舍利塔新發現爲中心》、楊富學教授的《榆林窟第十二窟回鶻文題記所見 Buyan-Qul Ong 考》、高啓安教授的《一張據說是"莫高窟藏經洞"照片的考索》、張德芳教授的《漢簡中的于闐及其與漢朝的關係》、杜斗城教授的《統一北方前夕時的北魏外交——以李順出使北涼爲中心的考察》、余欣博士的《漢唐人形方術研究》、鄭阿財教授的《經典、圖像與文學：敦煌"須大拏本生"敍事圖像與文學的互文研究》、徐俊教授的《敦煌唐詩寫本倉部李昂續考》、單周堯教授的《〈切韻〉殘卷 S. 2055 引説文考》、譚世寶教授的《悉曇（siddham）學入華傳播與浮屠、佛、敦煌等詞來源新探》、陳應時教授的《敦煌樂譜和龜兹舞譜》、陳明教授的《中古中外醫學交流新證：以杏雨書屋新刊羽 042R 和羽 043 號寫卷爲例》、何廣棪教授的《蘇瑩輝教授及其敦煌學論著目錄編年》等。從這些論文提出新命題或用上了新的研究方法，加上所涉範圍、所用資料和視角都與前有所不同、有所超越等來看，它們大部分都符合饒師在 2006 年所提出"敦煌學應擴大研究範圍"，包括應用新方法和開拓新視角的"廣義敦煌學"主張，這也是這次研討會一大特色。

二、湧現敦煌學研究新人

這次研討會另一最教人可喜和鼓舞的是湧現了一批敦煌學研究的新人。誠如敦煌研究院現任院長樊錦詩教授在會議作大會閉幕辭時所説的，這次研討會的確出現了一群年輕而又富有動力的學者，爲未來的敦煌學研究注入了新鮮的血液。作爲一名來自港澳地區的學者，我更注意到被樊院長提名的三十五歲以下的青年學者共四位，竟全屬香港大學饒宗頤學術館學術部的研究人員，他們是龔敏博士、羅慧小姐、余穎欣小姐、陳德好小姐，均爲這次研討會提交了論文。這無疑是對香港大學饒宗頤學術館學術部的工作最大的肯定。他們有的才二十多歲，我相信只要他們堅持下去，假以時日，一定可以在敦煌學方面做出一番成績來的。二十多年前，饒師創辦了香港敦煌吐魯番研究中心，並主持中心的工作近二十年。過去，我每每聽見他慨歎説自己實爲無兵司令，因此有許多想做的研究項目都未能開展。如今這個香港敦煌吐魯番研究中心已附設於香港大學饒宗頤學術館内，希望將來會有另一番新氣象。

三、饒氏敦煌學成就與貢獻

當代著名敦煌學家、北京大學中國古代史研究中心的榮新江教授，在這一次研討會的主題發言環節裏，發表了《敦煌：饒宗頤先生學與藝的交匯點》這篇講話。榮教授是很有見地的。他把向來主張和提倡學藝雙攜的饒師在學術研究和書畫藝術創作兩大方面的許多因緣，歸結於敦煌和敦煌學，雖説或尚未能涵蓋饒師的全部（這不怪榮教授，只因饒師實在是太多才多藝了），但已十分慧黠地得其十之七八了。而且我深信，饒師這一次選擇在敦煌以展覽和學術研討會的形式來過今年的生日，其用意或即要顯示他學藝雙攜的一個最爲突出的交匯點，就是敦煌和敦煌學了。

饒宗頤先生在敦煌學方面有八大成就，謹簡述如下：

（一）**敦煌道教研究**　先生在這方面的成就，主要體現在對《老子想爾注》一書的長期研究裏。自50年代起研究並於1956年4月出版《敦煌六朝寫本張天師道陵著老子想爾注校箋》，至1991年11月在上海古籍出版社再版此書，名爲《老子想爾注校證》爲止，前後研究此一課題垂四十年，其間數度修訂其學説，影響歐洲漢學家、我國道教史學者（特別是研究天師派的學者）超過半世紀。他的《老子想爾注》成書於"漢末説"，至今仍爲學術界兩大流派之一。[①]

---

① 詳參劉屹：《漢末還是南北朝？——〈想爾注〉成書年代之比較》；見《敦煌學》第二十八輯，（臺灣）南華大學敦煌學研究中心，2010年3月，頁145—164。

(二) 敦煌文學研究 先生在這方面的成就，主要體現在對唐代敦煌曲子詞的長期研究裏。1971 年出版《敦煌曲》，對詞的起源及敦煌曲子詞的各種問題，提出了討論和自己的看法，於敦煌曲子詞的年代、作者、詞之起源及其與佛曲之關係等領域，皆有所主張，尤於詞之起源於唐代一說，貢獻良多，在國際間的學術影響極大。但此書也受到任二北先生的質疑；相關問題的兩大學術流派從此成立，至今未墜。其後饒先生繼續研究敦煌曲子詞，包括對《雲謠集》及若干唐詞的研究，至 1996 年 12 月結集出版為《敦煌曲續論》一書，奠定了唐詞派的優勢。除了對曲子詞有深入的研究之外，先生也曾對敦煌本《文選》以及其他敦煌本子的文學作品做過研究，有所發表，但因篇幅問題，於茲略過。

(三) 敦煌樂舞研究 先生精通樂理，能操縵。1960 年即已發表論文《敦煌琵琶譜讀記》，1962 年又發表論文《敦煌舞譜校釋》，兩文皆突破前人，創獲頗多；其後二十餘年不輟研究，屢有發表，至 1990 年 12 月及 1991 年 8 月，先後編撰、結集和出版了《敦煌琵琶譜》及《敦煌琵琶譜論文集》兩部重要著作，為敦煌音樂和舞蹈研究樹立了一塊耀目的里程碑，對後來的研究者影響深遠。

(四) 敦煌書法研究 1965 年 2 月，先生發表《敦煌寫卷之書法》這篇論文，其後又不斷深入探討，自 1983 年起至 1986 年間，於日本二玄社先後編撰、出版《敦煌書法叢刊》共二十九冊這一大部頭研究敦煌書法的系列叢書；1993 年 11 月又再編纂《法藏敦煌書苑精華》（八冊本）。先生開創了敦煌書法研究的先河，從挑選敦煌遺書中的精品，到每一件被選作品的内容考證，到建構以書法史為目標的藝術鑑評角度等各個方面，皆為後來學者樹立了一個良好的規範。

(五) 敦煌繪畫研究 先生於 1969 年已在臺北中研院史語所集刊上發表《跋敦煌本〈白澤精怪圖〉兩殘卷（P. 2682、S. 6261）》，其後先生繼續研究在敦煌發現的畫稿，終於在 1978 年，出版了著名的

《敦煌白畫》一書，揭示了唐人畫稿中所呈現的繪畫技法。

（六）**悉曇學研究**　先生自60年代起，從未間斷對梵學的研究。他尤其關注梵語拼音與古漢語之間的文化關係，花了約二十年時間，寫了一系列的論文，終在1990年4月結集出版為《中印文化關係史論集　語文篇──悉曇學緒論》，為我國學者系統研究悉曇學的第一人；他並且填補了漢語史和中國語言學史中一頁至關重要的空白：自東漢末年印度梵學傳入中國，中國語言學曾受其影響；這一點是連我國最著名語言學家王力先生所著的《中國語言學史》都未見提及的。而過去論饒師敦煌學成就的學者，大概都沒有注意到先生此書所用資料，頗多乃敦煌石室所出，完全符合他自己所主張"廣義敦煌學"的意思，因此我斗膽地也把它列入先生的敦煌學成就範圍之內。

（七）**敦煌歷史學研究**　先生精研史學，於敦煌歷史研究方面，也曾有一系列的學術論文，在它們各自的題目範圍內，作出了超越前人的貢獻；其中如1964年發表的《神會門下摩訶衍之入藏兼論禪門南北宗之調和問題》、1968年發表的《維州在唐代蕃漢交涉史上之地位》、1971年發表的《論敦煌陷於吐蕃之年代──依頓悟大乘正理決考證》等論文，皆能理清一些敦煌歷史上懸而未決的問題，具見先生治史功力，足為後輩楷模。此外，先生自90年代起，又於香港敦煌吐魯番研究中心主持大型項目"補資治通鑑史料長編稿系列"，以近十餘年出土簡牘、石刻等材料，補過去史書記載的闕漏，至今已經刊行著作八種。在這個系列裏，他先後與李均明教授合作，在1995年9月出版了兩部書：《新莽簡輯證》和《敦煌漢簡編年考證》。這其實也就是他後來所提出"廣義敦煌學"的主張中一個最具體的表現。

（八）**創建廣義敦煌學的理論**　先生於2006年，以九十高齡，依然在為敦煌學拼搏。他在自己任主編之一的《敦煌吐魯番研究》第九卷上發表了由他口述、筆者整理成篇的《敦煌學應擴大研究範圍》

一文，明確指出"目前敦煌學界只注重以敦煌經卷和敦煌石窟的圖像史料爲主要的研究對象，這是有缺憾的"，主張首先要研究早期的敦煌，研究的材料對象也應擴大等等。先生將敦煌的歷史重新分期，並提出了新的研究方向性理論，這是很值得敦煌學界注意的。

四、藝事和學問融會貫通

先生長期主編"香港敦煌吐魯番研究中心叢刊"，至今已出版論著超過十種，並且透過自己所主持大型研究項目的機會，先後聘請國內不少中青年一代的敦煌學學者來港參與計劃，從而開拓了部分人的視野，也可算是先生對後輩的栽培之功。因此，在這次的研討會上，我國現任敦煌吐魯番學會會長郝春文教授稱譽先生說這是他在敦煌學方面一個重要的行爲成就。

先生又是當代傑出的書畫藝術家，我們必須注意在他的許多書法創作中，都含有敦煌書法的元素，例如他很早便已嘗試將流沙墜簡的書法，結合石門銘而創出自己的一種寫法。至於他所繪的敦煌人物畫、馬等等，其脫胎自敦煌畫稿就更明顯了；他在九十歲後又開創了西北宗山水畫，以敦煌及其附近地區的真實風光入畫，於南北二宗之外另闢新理論與新技法，來寫我國西北塞內外的河山，堪稱前無古人。先生嘗言：藝事亦即學問。如何將學術成果，轉化和應用到一己的藝術創作裏，相信也是他一直所關注的課題；他的好學深思，的確是匯合於敦煌學之中，可以無疑。學藝雙攜，天人互益，是先生近年常常強調的兩句話，其實他自己便是一個活生生的佳例。

（原刊於香港《明報月刊》2010年10月號。）

饒宗頤教授學藝年表
（1917—2013）

鄭煒明　鄧偉雄

1917	饒宗頤教授，字選堂，又字伯濂、伯子、百子，號固庵，齋名梨俱室；生於廣東省潮安縣城（今潮州市湘橋區）。
1929	從金陵楊栻習書畫，攻山水及宋人行草。
1932	續成其先人饒鍔先生之《潮州藝文志》。
1933	詠優曇花詩，一時驚諸老宿，競相唱和。
1935	任中山大學廣東通志館纂修。
1938	助王雲五編《中山大辭典》。 助葉恭綽編訂《全清詞鈔》。
1943	赴廣西任無錫國學專修學校教授。
1946	任廣東文理學院教授。 任汕頭華南大學文史系教授、系主任。 任《潮州志》總纂。 被推選爲廣東省文獻委員會委員。
1949	居港後，繪畫漸多。這時期繪畫是以元人爲師法。
1952	屢至臺北，參觀臺北故宮博物院所藏書畫。
1952—1968	任香港大學中文系講師，後爲高級講師及教授。
1954—1955	於日本東京大學講授甲骨文，及於日本京都大學從事甲骨學研究。
1958	遊意大利，在貝魯特晤高羅佩。出版《楚辭與詞曲音樂》。
1962	獲法國法蘭西學院頒授"漢學儒林特賞"。
1963	赴班達伽東方研究所作學術研究。

續　表

1964	再赴日本訪學。識林謙之，與水原琴窗、水原渭江父子談詞，到京都大原山聽梵唄，聽多紀穎信演奏日本雅樂，並在日本各地寫生。
1965	於法國國立科學中心研究巴黎及倫敦所藏敦煌畫稿及法京所藏敦煌寫卷。《敦煌白畫》定稿。開始研究敦煌白描畫法。
1966	在法國國立科學中心研究敦煌寫卷。與戴密微教授同遊瑞士，有詩《黑湖集》紀遊，後由戴密微譯爲法文。 《白山集》出版。 在白山及黑湖地區作出大量寫生。
1968	出版《固庵詞》。 《黑湖集》在瑞士所出。在歐洲創作大量山水寫生，多用元代黃公望、倪雲林兩家筆法。
1968—1973	任新加坡大學中文系首位講座教授及系主任。
1969	《星馬華文碑刻繫年》出版。
1970—1971	任美國耶魯大學研究院客座教授。 至美國、加拿大各地寫生。
1970	《香港大學馮平山圖書館善本書錄》出版。
1971	與法國戴密微教授合著《敦煌曲》，分中、法兩種文字在巴黎刊行。
1972	任臺灣中研院歷史研究所教授、法國遠東學院院士。 發表《詞與畫》論文。
1973	連續四年參加日本南畫院書畫年展。
1975	出版《選堂賦話》、《黃公望及富春山居圖臨本》。
1973—1978	香港中文大學中文系講座教授及系主任。
1978	一月，香港中文大學藝術系在香港大會堂主辦"饒宗頤書畫展"。 八月，於曼谷舉行個人書畫展。 《選堂詩詞集》、《敦煌白畫》出版。 創作《青天歌論書》長卷。 香港中文大學退休後，應聘爲法國高等研究院宗教部客座教授。
1978—1979	任教法國高等實用研究院。
1979	四月遊瑞士，過阿爾卑斯山入意大利，有《古村詞》紀遊。
1980	日本二玄社於東京主辦"饒宗頤教授個人書畫展"。 日本近代書道研究所《書道俱樂部》月刊出版《饒宗頤教授個展作品》特輯。 於日本京都大學、九州大學、北海道大學講學。 獲選爲巴黎亞洲學會榮譽會員。 澳門東亞大學（後改名爲澳門大學）文學院講座教授，後於研究院創辦中國文史學部，並任該部主任（1984—1988）。 十月，在武昌參加全國語言學會後，參觀國內博物館33所，足迹遍及14個省市，歷時三月。

饒宗頤教授學藝年表
☆（1917—2013）☆☆

續　表

1981	於新加坡舉行個人書畫展。
1982	獲香港大學頒授榮譽文學博士學位。 被邀爲國務院古籍整理小組顧問。 任香港中文大學中文系及藝術系榮譽講座教授。 獲授香港中文大學中文系榮休講座教授銜。
1983	日本二玄社請爲其出版之《虛白齋藏書畫選》作解題。 編纂《敦煌書法叢刊》，同由二玄社出版，全書 29 册，至 1986 年出齊。
1984	出版《選堂選集》。 於馬來西亞太平市舉行個人書畫展。
1985	香港三聯書店主辦"饒宗頤書畫展"。 香港芥子居出版《選堂扇面册》。 韓國東方研究會於漢城利馬美術館主辦"選堂韓國書畫展覽"。 於馬來西亞吉隆坡舉行個人書畫展。 任香港中文大學中國文化研究所榮譽講座教授。
1986	香港中華文化促進中心主辦"饒宗頤教授從事藝術、學術活動五十周年紀念——七十大壽書畫展"。 任香港藝術館名譽顧問。
1987	香港《書譜》雜誌出版《饒宗頤專輯》。 任香港大學中文系榮譽教授。 任中國敦煌研究院名譽研究員。
1989	香港中文大學出版社出版《饒宗頤書畫集》。 《甲骨文通檢》（一）出版。
1990	《敦煌琵琶譜》出版。
1991	"饒宗頤書畫展"在香港大學馮平山博物館舉行。
1992	香港藝苑出版社出版《選堂書楹聯初集》、《饒宗頤翰墨》。 於香港大會堂舉行個人書畫展。 於新加坡國家博物館舉行個人書畫展。
1993	巴黎索邦高等研究院頒授建院 125 週年以來第一個人文科學榮譽博士學銜和法國文化部頒授文化藝術騎士勳章。 出版《饒宗頤書畫》。 廣東美術家協會、廣州美術學院、嶺南美術出版社、廣東書法家協會、廣東畫院及廣東《畫廊》雜誌社於廣東畫院聯合主辦"九三廣州饒宗頤書畫展"。 由其倡議召開之"潮州學國際研討會"在香港中文大學舉行。
1994	中國美術家協會、中國書法家協會、中央美術學院、中國藝術研究院及中國畫研究院於北京中國書畫院聯合舉辦"饒宗頤書畫展"。

續 表

年份	事項
1995	潮州市饒宗頤學術館落成。 泰國華僑崇聖大學、泰國潮州會館聯合舉辦"饒宗頤書畫展"。 獲香港嶺南學院（現已改名爲嶺南大學）榮譽人文博士學位。
1996	香港大學美術博物館舉辦"饒宗頤八十回顧展"，展品有 32 尺寬巨幅荷花，同時出版《選堂書畫》。
1997	創辦《華學》。 獲香港藝術發展局頒發視藝成就獎。
1998	獲中華文學藝術家金龍獎"當代國學大師"榮譽。 商務印書館（香港）有限公司出版《符號·初文與字母——漢字樹》中文版，同時出版日文版，小早川三郎譯。
1999	九月，香港藝術館舉辦"澄心選萃——饒宗頤的藝術"展覽，同時出版《澄心選萃》書畫集。 十一月，澳門基金會主辦"清涼世界——饒宗頤書畫展"，於澳門教科文中心舉行，並出版書畫集。 獲香港公開大學榮譽人文科學博士學位。
2000	獲香港特別行政區政府頒授"大紫荆勛章"。 國家文物局及甘肅人民政府頒發"敦煌文物保護、研究特別貢獻獎"。 上海書店出版社出版《符號·初文與字母——漢字樹》國內版。
2001	七月，臨時澳門市政局、澳門藝術博物館主辦"選堂雅聚——饒宗頤書畫藝術展"，並出版書畫集及明信片。 於北京中國歷史博物館、上海、中山、深圳、澳門及潮汕地區舉行巡迴書畫展。 十月，北京中國歷史博物館爲主辦"古韻今情"饒宗頤書畫展覽，爲該館首次爲現代畫家舉行個展。 致贈該館 22 尺巨幅墨荷。出版《古韻今情》饒宗頤書畫集。 獲選爲（俄羅斯）國際歐亞科學院院士。
2002	七月，香港國際創價學會主辦"學藝雙携"饒宗頤書畫展。出版《學藝雙携》畫册。
2003	香港大學饒宗頤學術館成立並出版《古意今情·饒宗頤畫路歷程》。 《饒宗頤二十世紀學術文集》出版，全集共分十四卷，二十册，收入著作六十種。 獲香港科技大學文學榮譽博士學位。 獲香港中文大學榮譽文學博士學位。
2004	獲澳門大學人文科學榮譽博士學位。
2005	心經簡林樹立於大嶼山昂平。

饒宗頤教授學藝年表
☆（1917—2013）☆☆

續　表

2006	獲日本創價大學名譽博士學位。 與澳門藝術博物館合辦"普荷天地"饒宗頤九十華誕荷花特展。 與香港大學美術博物館合辦"心羅萬象"饒宗頤丙戌書畫展。 與香港大學圖書館合辦"饒宗頤教授與香港大學"展覽。 香港大學饒宗頤學術館主辦"光普照"心楷簡林攝影展，同時由 Movit Publishing Limited 出版《光普照》攝影集。 商務印書館香港有限公司出版《符號・初文與字母——漢字樹》第二版。 香港大學饒宗頤學術館與康樂及文化事務署及香港公共圖書館合辦"走近饒宗頤"饒宗頤教授學藝兼修展覽。 香港九所大學合辦"學藝兼修"漢學大師饒宗頤教授九十華誕國際學術研討會。 《饒宗頤藝術創作匯集》出版，全集共 12 冊，收入書畫作品約 1500 件。 潮州市饒宗頤學術館重建啟幕。
2007	任點校本"二十四史"及《清史稿》修訂工程學術顧問、遼寧師範大學名譽教授； 《紫荊》雜誌第一期特刊《走近饒宗頤》專輯出版。 十月，香港大學饒宗頤學術館與創價學會饒宗頤展籌備委員會主辦，於日本兵庫縣關西國際文化中心展覽館舉行"長流不息——饒宗頤之藝術世界"展覽，並出版展品圖錄。 十一月，《敦煌研究》刊出"繪畫西北宗說"，正式提出中國山水畫應有"西北宗"，也就是以新的線條與筆墨來表達中國西北地區的風土人情。
2008	"學藝兼修・漢學大師——饒宗頤教授九十華誕國際學術研討會"論文集（全6冊），以《華學》第九、十輯合刊形式出版。 八月，香港大學饒宗頤學術館與長安鎮政府合辦，於東莞長安鎮展覽館舉行"長樂安寧——饒宗頤教授東莞長安鎮書畫展"，並出版展品圖錄。 十月，香港大學與故宮博物院合辦，香港大學饒宗頤學術館執行，於北京故宮神武門大殿舉行"陶鑄古今——饒宗頤學術・藝術展"展覽，並出版展品圖錄。
2009	一月，香港大學饒宗頤學術館與深圳市文化局、香港藝術發展局合辦，於深圳美術館展覽廳舉行"我與敦煌——饒宗頤敦煌學藝展"展覽，並出版展品圖錄。 獲中華人民共和國國務院總理溫家寶聘請為中央文史研究館館員。 獲香港藝術發展局頒發終身成就獎。 八月，香港大學饒宗頤學術館與澳州塔斯馬尼亞博物美術館合辦，於澳州塔斯馬尼亞博物美術館美術廳舉行"心通造化——一個學者畫家眼中的寰宇景象"展覽，並出版展品圖錄。 中國人民大學出版社出版《饒宗頤二十世紀學術文集》簡體字版，全集共分 14 卷，20 冊。 十一月，香港大學饒宗頤學術館與第十五屆國際潮團聯誼年會、廣東潮人海外聯誼會、廣東畫院、廣東美術館合辦，於廣東美術館展覽廳舉行"丹青不老——饒宗頤藝術特展"，並出版展品圖錄。

续 表

2010	一月，香港大學饒宗頤學術館主辦"普荷天地——饒宗頤荷花展"展覽。 八月，中央文史研究館、敦煌研究院及香港大學饒宗頤學術館合辦，於敦煌研究院展覽廳舉行"莫高餘馥——饒宗頤敦煌書畫藝術特展"展覽，同時出版圖錄。 香港國際創價學會及香港大學饒宗頤學術館合作出版《敦煌白畫》，全集共分中、英、日文版3冊。 香港大學饒宗頤學術館出版《香港大學饒宗頤學術館藏品圖錄Ⅰ：饒宗頤教授藝術作品》。 齊魯書社出版《饒宗頤教授著作目錄新編》。 香港特別行政區政府民政事務局及香港大學饒宗頤學術館合辦，於上海世界博覽會香港館展覽區舉行"香江情懷——饒宗頤作品展覽"。 九月，中共中央黨校及中央人民政府駐香港特別行政區聯絡辦公室主辦，香港大學協辦，於中共中央黨校圖書館舉辦"天人互益——饒宗頤學藝展"展覽，同時出版圖錄。 十一月，香港大學饒宗頤學術館與香港大學美術博物館合辦，於香港大學美術博物館舉行"莫高餘馥——饒宗頤敦煌書畫藝術香港特展"展覽。 上海古籍出版社出版《西南文化創世紀——殷代隴蜀部族地理與三星堆、金沙文化》。 十二月，惠州市人民政府及香港大學饒宗頤學術館合辦，於惠州挂榜閣舉行"雪堂餘韻——饒宗頤惠州挂榜閣書畫展"展覽，同時出版圖錄。
2011	五月，獲澳洲塔斯曼尼亞大學名譽博士學位。 香港大學饒宗頤學術館出版《香港大學饒宗頤學術館藏品圖錄Ⅱ：館藏古籍珍善本》。 七月，海天出版社出版《饒宗頤書畫冊叢刊》上編，共4輯。 海天出版社出版《清暉集》修訂版。 八月，南方日報出版社出版《饒宗頤藝術經典》9冊。 十月，廣東省文化廳、潮州市人民政府及香港大學主辦，廣東省文物局、饒宗頤學術之友協辦，廣東省博物館、香港大學饒宗頤學術館及潮州市饒宗頤學術館承辦，於廣東省博物館舉行"嶺南風韻——饒宗頤書畫藝術特展"展覽，同時出版圖錄。 十月，南京紫金山天文台以國際編號爲10017的小行星命名爲"饒宗頤星"。 十一月，獲中國藝術研究院"中華藝文獎終身成就獎"，世界華文作家協會終身成就奖。 十一月，獲委任爲西泠印社第七任社長。 十二月，泉州市人民政府、香港大學、華僑大學、中國閩台緣博物館主辦，福建省美術家協會、香港大學饒宗頤學術館、華僑大學美術學院承辦，福建省逸仙藝苑、泉州市美術家協會、泉州市畫院、泉州市鯉城區美術家協會、石獅市美術家協會、香港南旋集團協辦，於中國閩台緣博物館舉行"通會境界——饒宗頤教授二十一世紀書畫新路向"展覽，並出版圖錄。 十二月，泉州市人民政府、華僑大學、香港大學主辦，泉州海外交通史博物館協辦，華僑大學文學院、香港大學饒宗頤學術館承辦，於泉州海外交通史博物館舉行"饒宗頤與華學國際學術研討會"。

饒宗頤教授學藝年表
☆（1917—2013）☆☆

續　表

2012	獲香港浸會大學名譽博士學位。 獲香港樹仁大學名譽博士學位。 二月，饒學研究基金在香港成立。 三月，由香港大學饒宗頤學術館主辦，饒學研究基金贊助，以饒宗頤教授命名的饒宗頤講座成立，並舉辦成立儀式暨首屆講座《中國傳統中至高的社會標準：文學的"文"和倫理的"仁"》，由法國知名漢學家汪德邁教授主講。 四月，銀閣慈照寺、香港大學專業進修學院及香港大學饒宗頤學術館主辦，承天閣美術館協辦，於京都相國寺承天閣美術館舉行"法相莊嚴——饒宗頤之佛教美術展"展覽，同時出版圖錄。 六月，饒宗頤文化館（第一期）開幕，同時舉辦"學藝雙攜——饒宗頤文化館開幕特展"，並出版圖錄。 六月，中華人民共和國國家文物局、香港特別行政區政府民政事務局、上海文化發展基金會新空文化藝術專項基金、西泠印社、香港大學、上海美術館主辦，饒學研究基金、Simon Suen Foundation Ltd.、Shanghai Sentrust Investment Co., Ltd. 協辦，於上海美術館舉行"海上因緣——饒宗頤教授上海書畫展"展覽，同時出版圖錄。 九月，香港大學饒宗頤學術館與佛山市文化廣電新聞出版局主辦，佛山市祖廟博物館及佛山市圖書館承辦，佛山市南海區大瀝鎮寶晉齋文化藝術有限公司協辦，於佛山市祖廟博物館舉行"選堂豪翰"展覽，同時出版圖錄。 十一月，西泠印社、中國書法家協會、浙江美術館主辦，香港大學饒宗頤學術館協辦，於杭州浙江省美術館舉行"藝聚西泠——饒宗頤社長書畫藝術特展"展覽，同時出版圖錄。 香港大學饒宗頤學術館、饒宗頤學術館之友、饒宗頤文化館、饒學研究基金、饒宗頤基金、饒宗頤美術館、饒宗頤學藝館聯合出版《饒宗頤書道創作匯集》，全集共12冊，收入書法作品約1660件。 十二月，香港大學饒宗頤學術館與饒宗頤文化館主辦，於饒宗頤文化館舉行"藝聚西泠"香港展覽。 同月，饒宗頤教授領銜主編之《上博藏戰國楚竹書字匯》由安徽大學出版社出版並舉行首發式。 同月，當選法蘭西學院銘文與美文學院外籍院士，爲亞洲首位獲此榮銜的漢學家。
2013	二月，香港大學饒宗頤學術館主辦"龍年氣象——饒宗頤教授壬辰年書畫作品展"展覽。 三月，山東文物局主辦，山東省文物總店、香港大學饒宗頤學術館、集古齋有限公司協辦，於山東美術館舉行"藝匯齊魯——饒宗頤教授山東書畫展"，並出版圖錄。 四月，香港大學饒宗頤學術館與饒宗頤文化館主辦，於饒宗頤文化館舉行"吃茶去——饒宗頤茶道藝術品展覽"，並出版圖錄。 四月，香港大學饒宗頤學術館、香港佛光道場及佛光緣美術館（香港館）主辦，於佛光緣美術館（香港館）舉行"佛光普照——饒宗頤佛教美術展"展覽。 五月，香港大學饒宗頤學術館主辦"銘刻相映——饒銘唐刻作品選展"展覽。

續　表

2013	六月，寧波天一閣博物館、香港大學饒宗頤學術館主辦，於寧波天一閣博物館舉行"書情畫韻——饒宗頤藝術展"。 八月，香港大學饒宗頤學術館主辦"道法自然——饒宗頤道教美術展"展覽。 九月，香港大學饒宗頤學術館、天津美術館及藝林山房主辦，集古齋有限公司、瀚墨文化藝術有限公司及包氏靈璧石苑協辦，於天津美術館舉行"雄偉氣象——饒宗頤教授天津書畫展"展覽，並出版圖錄。 十月，香港浸會大學饒宗頤國學院成立。 十月，榮任天一閣名譽館長。 十一月，長安饒宗頤美術館開幕，並與廣東省美術家協會、香港大學饒宗頤學術館、東莞市長安鎮人民政府聯合主辦"饒宗頤美術館（展覽廳）揭牌暨'藝匯長安——饒宗頤美術館館藏展'"及"饒荷盛放——饒荷的形成與發展"展覽，並同時出版《藝匯長安——饒宗頤美術館開期特展圖錄》。 十二月，香港大學饒宗頤學術館、華僑大學文學院、西泠印社、天一閣博物館、故宮博物院故宮學研究所主辦，香港饒宗頤文化館協辦，於香港大學舉行"第二屆饒宗頤與華學暨香港大學饒宗頤學術館成立十周年慶典國際學術研討會"。

編　後　記

　　《香港大學饒宗頤學術館十周年館慶同人論文集》三種（饒學卷、敦煌學卷、琴學卷）付梓在即，諸位在館同仁，以余十年來主館之學術部事，不能無一言以述其史云云，故囑爲編後記以代之。無計可辭，乃撮摘去年所撰之簡報以應。有云：

　　　　十年來，饒宗頤學術館已發展爲以學術研究爲首要任務，以推動海內外傳統中華學術文化研究與交流爲目標，以藝術收藏、展覽及其交流爲特色，兼具傳統藏書樓功能的綜合性學術機構。

　　　　學術館的學術研究涉略深廣，自建館以來，圍繞中華傳統文化研究，即饒教授倡導之"華學"，在文史哲藝各領域，均開展有研究項目，並取得了相當可觀的成果。迄今，已立項（包括進行中或完成的）研究項目三十餘種，其中包括合約項目十餘種（包括已完成的國家級研究項目子項兩種）。特別值得一提的大型項目有饒師宗頤先生領銜主編之《上博藏戰國楚竹書字彙》；饒師領銜主編、迪志文化出版有限公司資助的"迪志"電子版文淵閣四庫全書學術研究系列計劃；饒師領銜主持、香港意得集團有限公司資助、與黑龍江大學合作進行之"滿族文化搶救開發研究項目"等等。目前，館內的學術研究重點爲饒學與華學，於學術部之下更附設"饒學研究中心"、"香港敦煌吐魯番研究中心"等。

在積極開展各類研究項目的同時，學術館亦十分重視研究論著與刊物的編輯出版工作，參與主辦及出版有《華學》（2004年起）、《敦煌吐魯番研究》（2005年起）等重要國際學術期刊（兩種刊物現皆由饒師領銜主編）。自 2008 年起，創辦《香港大學饒宗頤學術館學術論文/報告系列》，爲學者提供發表有關中國文化研究之長篇論文與報告的國際交流平臺，迄今已出版三十七種，廣受學界好評。此外，自 2010 年起，編輯出版有《香港大學饒宗頤學術館學術研究叢書》第一輯共五種，已由濟南齊魯書社刊行。迄今爲止，學術館已經出版學術研究書籍五十五種，研討會論文集四種。另外，館內同人發表的期刊或研討會論文合計超過七十篇。

學術館積極與中外學術文化界進行密切交流，現已與二十餘所海內外著名學術機構訂有合作協議。

此外，更積極舉辦學術活動，十年來，除每年舉辦數次學術講座外，更主辦、參與主辦國際學術研討會多達十六次。其中包括 2006 年與香港另外八大公立高等院校共同主辦之"學藝兼修·漢學大師——饒宗頤教授九十華誕國際學術研討會"、2010 年與中央文史研究館、敦煌研究院共同主辦之"慶賀饒宗頤先生 95 華誕敦煌學國際學術研討會"、2011 年與泉州市人民政府、華僑大學共同主辦之"饒宗頤與華學國際學術研討會"等大型國際研討會、2013 年與華僑大學、天一閣博物館、故宮博物院故宮學研究所、西泠印社主辦之"第二屆饒宗頤與華學

編後記

暨香港大學饒宗頤學術館成立十周年慶典國際學術研討會"。自 2009 年起，與臺灣朝陽科技大學通識教育中心聯合主辦有"'古琴的音樂美學與人文精神'跨領域、跨文化國際學術研討會"系列，迄今已舉辦五屆，深受古琴學界認可。

十年來，學術館同人積極面向社會，已先後在兩岸四地主辦或主講公開學術講座超過七十五次。其中，自 2012 年起，創立了"饒宗頤講座"，講座每年舉辦一次，旨在通過邀請在中華文化研究領域最具傑出成就之名家學者來港作學術演講，促進海內外的學術文化交流與互動，迄今已舉辦兩屆。

在未來的歲月裏，學術館仍將以學術研究爲首要任務，並計劃編輯出版與饒師有關的一系列著作。學術館也會加強與國際性學術、文化與藝術機構的學術文化交流和合作，以進一步推動學術館在相關領域的發展。同時，也會兼顧向社會及校內提供更多的學術與文化教育方面的服務。在全面開展團隊項目的同時，學術館亦鼓勵研究人員努力提高個人研究水平；目前，學術館同人在多個領域皆有所建樹，更曾贏得多個學術獎項，特別在晚清民國詞學、澳門歷史與文化和饒學研究等領域，成果突出，爲學界所肯定。

上引固爲上呈領導閱覽之文字，然審視再三，同仁咸以爲所記所言仍無離於事實，甚感慰勉。而館慶紀念同仁論文集三種亦可誌吾人多年來之學術情誼，彌足珍惜。是爲記。

香港大學饒宗頤學術館高級研究員、學術部主任
鄭煒明
甲午大暑後一日
於香港大學鄧志昂樓

作者簡介

李焯芬教授

　　加拿大西安大略大學博士學位，主修岩土工程。中國工程院院士。香港大學前副校長，現任香港大學專業進修學院院長、土木工程系講座教授。2003年起，任香港大學饒宗頤學術館館長。長期從事核電、水利工作，曾發表國際學報論文二百七十餘篇，專著五冊。並致力於改善江河流域的生態環境，以達至心與自然之間的和諧共處。出版文學著作多種。

黃兆漢教授

　　澳洲國立大學哲學博士（道教史）。曾任教於澳洲國立大學、西澳洲墨篤克大學、巴黎索邦法國高等研究院、香港大學、澳門東亞大學，講授詞曲史、戲劇史和道教史，為博士、碩士研究生指導教授。現旅居澳洲，從事中國繪畫藝術創作及教學。2008年起，任香港大學饒宗頤學術館名譽研究員。

作者簡介

鄭煒明博士

　　北京中央民族大學文學博士。2003年起加入學術館，現爲香港大學饒宗頤學術館高級研究員、副館長（學術），兼任山東大學歷史文化學院博士生導師、客座教授，黑龍江大學客座教授。已編著出版學術著作五十餘種，發表學術論文二百餘篇。常用筆名葦鳴。曾於海內外多次獲得詩獎，並已出版文學創作專集和合集十種。

鄧偉雄博士

　　香港中文大學社會科學學士（新聞）、香港大學文學碩士（中國史）、香港大學哲學博士。2003年起加入學術館，現爲香港大學饒宗頤學術館副館長（藝術）。爲香港第一代電視專業人士，曾擔任港澳多個電視台要職，有文學藝術著作數十種，編輯藝術畫册多種。

龔敏博士

　　臺灣中正大學文學士、碩士，南開大學文學博士。2007—2013年間於學術館工作，離職前任香港大學饒宗頤學術館副研究主任、助理研究員。主要研究領域爲古典小説、文獻學、俗文學等。已出版專著數種及發表學術論文五十餘篇，參與主持學術研究課題十多項。

黄杰華博士

　　香港大學佛學碩士，中央民族大學藏學研究院博士。2010—2014年間於學術館工作，曾任香港大學饒宗頤學術館高級研究助理。研究興趣包括藏學、西夏學、敦煌學及佛學。已發表藏學相關論文數篇，並翻譯有外國藏學論文。

胡孝忠博士

　　山東大學歷史學博士。2011—2014年間於學術館工作，離職前任香港大學饒宗頤學術館博士後研究員。主要從事地方志和《資治通鑒》研究。已發表佛教史、澳門史論文多篇。

羅慧小姐

香港大學生物學理學士、香港中文大學電腦輔助翻譯文學碩士。2009年起加入學術館，現任香港大學饒宗頤學術館助理研究主任。研究方向包括翻譯研究、西方漢學史、中西文化交流史等。已發表相關論文數篇，並有譯作及文學創作多種。

孫沁小姐

南京解放軍國際關係學院英語文學學士，香港浸會大學中國語言、文化及文學系碩士。2012年起加入學術館，現任香港大學饒宗頤學術館研究助理。興趣包括詞學及歷史檔案學等。